나를
나이게 하는 것은
무엇인가

All human personalities

인간의 모든 성격

나를 나이게 하는 것은 무엇인가

초판 1쇄 발행 2018년 8월 20일
초판 3쇄 발행 2019년 12월 20일

지은이 　 최현석
펴낸이 　 이영선
책임편집 　 김선정

편집 　 강영선 김선정 김문정 김종훈 이민재 김연수 이현정
디자인 　 김회량
독자본부 　 김일신 김진규 정혜영 박정래 손미경 김동욱

펴낸곳 서해문집 | 출판등록 1989년 3월 16일 (제406-2005-000047호)
주소 경기도 파주시 광인사길 217 (파주출판도시)
전화 (031)955-7470 | 팩스 (031)955-7469
홈페이지 www.booksea.co.kr | 이메일 shmj21@hanmail.net

이 도서의 국립중앙도서관 출판예정도서목록(CIP)은 서지정보유통지원시스템
홈페이지(http://seoji.nl.go.kr)와 국가자료공동목록시스템(http://www.nl.go.kr/
kolisnet)에서 이용하실 수 있습니다.(CIP제어번호: CIP2018023532)

인간
개념어
사전

인간의 모든
성격

All human
personalities

나를
　나이게 하는
것은
무엇인가

최현석 지음

서해문집

4

'인간개념어사전' 시리즈의 네 번째가 되는 이 책의 머리말을 쓰면서 생각해보니, 첫 책인 《인간의 모든 감각》을 2009년에 출간할 때만 해도 이렇게 긴 세월 동안 이어지게 될지는 몰랐습니다. '인간개념어사전'이라는 타이틀을 만들어준 편집자의 안목일 수도 있겠다는 생각이 듭니다. 이 책 《인간의 모든 성격》의 원고를 쓰면서도 다음에는 '생각' 편을 써야겠다고 생각하게 된 것도 그 덕분일지 모릅니다.

《인간의 모든 감각》과 《인간의 모든 감정》의 원고를 쓸 때는 병원에서 진료하는 중이었고, 《인간의 모든 동기》와 《인간의 모든 성격》은 잠시 진료 활동을 그만두고 공부만 하면서 글을 썼습니다. 그래서 그런지 앞의 두 편과 나중 두 편은 약간 분위기가 다릅니다. 앞의 두 책이 의학적인 내용을 골간으로 했다면, 뒤의 두 책은 심리학이 뼈대가 되고 의학과 철학은 보조하는 분위기입니다. 그래서 전문 철학자나 심리학자가 이 책들을 읽고 어떻게 평가할지 내심 가슴 졸이고 있습니다.

제가 책을 썼다고는 하지만 새로운 생각이나 이론을 제시하는 것은 아니고, 다만 제가 의사로서 '인간'에 대해 더 궁금했던 것들을 공부하는 차원에서 기존의 연구 결과를 종합해 정리한 수준입니다. 그런데 이제 돌아보면, 제가 공부했던 지식을 가능하면 빠뜨리지 않고 공유하고 싶다는 의욕이 앞서서, 그 지식들이 매끄럽게 이어지지 못하고 참고문헌에 밝힌 자료들을 요약하는 정도에 머물렀을지도 모르겠다는 반성을 합니다. 그러나 앞서 출간한 세 권의 책 모두 독자의 반응이 차갑지는 않아서 새삼 감사한 마음입니다. 모쪼록 이번에 새로 출간하는 이 책 역시 관련 전문서적을 읽기에 앞서 충실한 안내자 역할을 할 수 있다면 좋겠습니다.

'감각'이란 외부 세계에 대한 자기 자신의 반응이라서 책을 읽으며 자신을 되돌아보게끔 하는 것이라면, '감정'이나 '동기'는 상대방을 파악하거나 때로는 어떻게 부려먹을까를 고민하면서 보는 책일지도 모릅니다. 또 '성격'을 알고자 하는 것도 어쩌면 자기 자신보다는 상대방의 성격을 이해하고 어떻게 관계를 잘 맺을까를 고민하면서 보는 책일 것 같습니다.

그런데 저는 《인간의 모든 성격》이라는 책을 쓰면서 제 자신을 돌아보는 계기가 되기도 했습니다. 나는 어떤 성격의 사람인가?

본문에 소개된 성격검사를 제 스스로 여러 차례 해보면서 검사 결과에 수긍하기도 하고, 그렇지 않기도 했습니다. 질문 문항이 애매한 경우에는 검사한 시점의 감정 상태에 따라 제가 체크하는 답이 달라지기도 했습니다.

흔히 자신의 행동을 되돌아볼 때는, 자신의 성격 때문이라고 생각하기보다는 자기가 그렇게 할 수밖에 없었던 외부 원인을 찾는 경향이 있습니다. 그리고 당시로서는 자기 나름의 적절한 반응이었다고 해석을 합니다. 반면 상대방이 어떤 행동을 한 이유를 이해하려고 할 때는 그 사람이 어떤 성격일까를 생각합니다. 그 사람만의 일관적인 특성이라고 여기는 것입니다. 하지만 제3자를 이야기할 때는 쉽게 '그 사람은 이런 문제가 있어'라고 하지만, 자신의 문제라면 이를 인정하는 사람은 매우 드물 것입니다. 자기가 어떤 말이나 행동을 할 때는 나름대로 다 이유가 있기 때문입니다.

사람이 어떤 행동을 하게 되는 데는 나름의 이유가 있습니다. 그래서 누군가를 성격적 결함 때문에 눈에 거슬리는 행동을 했다고 단정하기보다는, 그런 행동을 하게 된 이유를 물어보고 있는 그대로 받아들이도록 노력해야 합니다. 반면 누군가가 나의 성격적 결함을 이야기하면, 그렇지 않다고 반발하기 전에 '아, 누군가 나를 보면 그렇게 생각할 수도 있겠구나'라고 생각해보면 어떨까요. 그러면 서로가 이해하는 폭이 넓어질 것이라고 생각합니다.

저는 올해 봄에 새로이 요양병원을 열어 진료를 하고 있습니다.

'인간개념어사전'의 후속편으로 《인간의 모든 생각》을 쓰기 위해 종교와 죽음 등을 공부하는 중이었는데, 이 문제를 좀 더 현실적으로 가깝게 고민해볼 수 있는 시간이 되지 않을까 싶습니다.

2018년 여름
최현석

차례

7   성격요인 ④ : 원만성

8   성격요인 ⑤ : 성실성

9   인지구조

10 성격 발달

11 성격검사

1 |

성격유형
Personality type

1970년 3월 12일 〈동아일보〉에는 '한눈에 상대를 아는 감정법(鑑定法)'이라는 제목으로 다음 기사가 실렸다.'

"담배 쥐는 법, 립스틱 칠하는 법, 걷는 법 등 사소한 몸가짐도 그 사람의 성격을 나타낸다. (중략) (담배의) 불붙은 쪽을 손바닥 안쪽으로 드는 남성은 비밀형의 성격이고, 재떨이에 크게 비벼 끄는 사람은 항상 사람들의 주시를 받고 싶어 하는 인물이다. 립스틱을 입술의 선을 넘어서 그리는 여성은 로맨틱하고 플레이걸형이며, 극도로 엷게 칠하는 여성은 신경질적이다. 작은 안경을 좋아하는 여성은 내성적이며, 큰 안경은 빈털터리로 파티를 여는 형이고, 사각형은 자신만만한 형이며, 동그란 안경은 정숙한 타입이다."

우리가 사람을 '성격'이라는 틀로 평가할 때는 위의 신문 기사처럼 나름의 분류를 한다. 사람들을 몇 개의 유형으로 단순화해서 성격을 쉽게 이해하려는 노력은 오래전부터 다양하게 있었다. 체질이나 관상을 보고 성격유형을 나누는 전통은 고대부터 이어져 왔고, 20세기에는 혈액형으로 성격유형을 나누기도 했으며, 심리적인 특징만으로도 유형을 나누는 시도도 있었다.

체질

성격은 타고나는가 | 체질(體質)이란 타고난 신체의 생리적인 성질을 의미하는데, 2세기경 갈레노스(Galenos)의 기질이론은 체질에 따라 성격유형을 나누는 가장 오래된 전통에 해당한다. 갈레노스는 히포크라테스의 주장에 따라 사람을 네 가지 체액(humor)의 혼합에 기초하여 분류했다. 의학사에서는 이를 4체액설이라고 한다. 고대 그리스 철학자들은 우주는 공기·불·흙·물 등 4원소로 구성된다고 생각했는데, 히포크라테스는 우주의 4원소에 대응하여 인체도 4체액으로 구성된다는 이론을 정립했다. 4체액은 공기에 대응하는 혈액(red bile=blood), 불에 대응하는 황담즙(yellow bile), 흙에 대응하는 흑담즙(black bile), 물에 대응하는 점액(white bile=phlegm) 등이었다. 히포크라테스는 인체의 병은 이 4체액의 불균형 때문에 발생한다고 생각했다.[2]

갈레노스는 4체액설을 성격이론으로 확장시켰다. 체액들이 적당히 혼합되지 못하고 특정 체액이 과다해지면 다혈질(sanguine), 담즙질(choleric), 우울질(melancholic), 점액질(phlegmatic) 같은 기

| 그림 1 | 프랑스 베르사유궁전 정원의 동상 스케치 일부. 왼쪽부터 점액질, 우울질, 다혈질, 담즙질 기질을 표현한 동상을 스케치한 것이다.

질들이 나타나며 이는 성격으로 드러난다는 것이다.[3] 다혈질은 활달한 성격, 담즙질은 화를 잘 내는 충동적인 성격, 우울질은 신중하며 우울한 성격, 점액질은 사려 깊고 조용한 성격을 의미한다. 갈레노스의 기질이론은 중세시대 이슬람 세계를 거쳐 르네상스기에 다시 유럽에서 활발히 연구되었다. 이는 17세기 프랑스의 루이 14세가 베르사유궁전 정원을 장식한 동상들에도 영향을 미쳤다.[그림 1] 심리학의 창시자 분트(Wilhelm Wundt, 1832~1920)는 네 종류의 기질을 감정의 '강도'와 '변화', 두 개의 축으로 단순화하는 시도를 하기도 했다.[4] 그런데 이러한 종류의 기질에 대한 설명이나 정의는 시대에 따라 변화해왔고 여러 언어로 번역되면서 또 변

했기 때문에 통일된 일정한 정의는 없다.

동양 전통에서 체질이론은《황제내경黃帝內經》에 나타나는데, 음양오행설에 바탕을 둔다. 사람을 체형·성질·음양에 따라 태양인·태음인·소양인·소음인·음양화평지인(陰陽和平之人)의 5유형으로 나눴으며, 금(金)·수(水)·목(木)·화(火)·토(土) 등의 5행인(五行人)으로 나누기도 했다.[5] 조선 후기의 한의학자 이제마(李濟馬)가 주창한 사상의학(四象醫學)에서는 체질을 네 가지로 분류했다. 본래 사상(四象)은《주역周易》에 나오는 말로, 태극은 음양을 낳고 음양은 사상을 낳는다고 한 데서 유래했다. 이제마는 오랫동안 병을 앓으면서 많은 의서를 탐독했는데, 고전에 의거한 여러 약을 써봤으나 병이 낫지 않자 사람은 각기 체질이 다르다는 사실을 깨달았다고 한다.[6] 사상의학에 따르면 체질에는 태양·소양·태음·소음 등 네 종류가 있는데, 이는 인체생리·병리적인 현상뿐 아니라 윤리적 심성에까지 영향을 미치기 때문에 겉으로 보이는 체형으로 체질과 성격을 추론할 수 있다고 한다.

20세기 초반 서양 의학에서는 체형(body type)에 따라 성격을 분류하려는 시도가 나타났다. 독일의 의사 크레치머(Ernst Kretschmer)는 체형을 비만형(pyknic)·근육형(athletic)·허약형(asthenic) 등으로 분류하고, 이에 따라 성격이 다르며 각 유형이 극단적인 경우 정신장애를 앓게 된다고 주장했다. 살이 찌고 둥근 체형인 비만형은 사교적이고 호의적이며 의존적인 성격인데 극단적인 경우 조울증을 앓게 되는 반면, 마르고 가는 체형인 허약형

은 내성적이고 소심한데 극단적인 경우 조현병(調絃病, 정신분열병)을 앓게 된다고 한다.[7]

크레치머의 이론은 1940년대에 미국의 심리학자 셸던(William Sheldon)에 의해 좀 더 정교한 이론으로 발전했다. 셸던은 체형을 내배엽형, 중배엽형, 외배엽형으로 나눴다. 이는 당시의 배아 발생 연구 결과에서 아이디어를 얻은 것인데, 내배엽은 소화기관을 만들고, 중배엽은 근육조직을 만들며, 외배엽은 신경과 피부조직을 만든다. 셸던의 이론에서 내배엽형은 비만 체형을 말하는데, 이들은 유쾌하고 사교적이며 안락함과 음식을 즐기는 경향이 있다. 중배엽형은 근육 체형으로, 열정적이고 지배적인 성격이며 신체적 모험과 운동을 즐긴다. 외배엽형은 마른 체형으로, 내향적이고 예민하며 긴장을 잘하고 수면에 어려움을 겪으며 몸을 움직이지 않고 혼자 있는 것을 좋아한다.[8]

하지만 제2차세계대전 이후 의학에서 체질(constitution)이라는 개념이 비과학적이라는 이유로 폐기되면서 이와 관련된 체형과 성격의 관련성에 대한 연구는 사라졌다. 따라서 20세기 초반에 인기를 끌었던 크레치머와 셸던의 주장은 역사적 유물로 남게 되었다. 단지 비만이 사회적인 문제가 되면서 비만과 성격의 관련성은 종종 연구되는데, 2014년에 기존의 연구 결과를 종합한 바에 따르면 성격 특질(traits) 중 신경성(neuroticism)·충동성(impulsivity)·보상민감성(sensitivity to reward) 등은 과체중과 관련되었다. 일반적으로는 마른 사람이 예민하다고 생각하지만 통계학적으로는 상식과 반대 결과를 보였고, 성실성(conscientiousness)과 자기조절능력(self-control)은 과체중과 반비례적인 관계를 보였다.[9] 즉 체중이 과다할수록 예민하고 충동적인 성격을 보이며 성실하지 못한 경향이 있다는 것이다.

관상

점법에서 범죄생물학까지 ┃ 관상(觀相)이란 사람의 얼굴 등 생김새를 보고 운명을 판단하는 점법(占法)이다. 동주(東周)시대의 내사(內史) 숙복(叔服)은 노나라에 갔다가 재상인 공손교(公孫敎)의 아들 상을 봤는데, 그 예언이 적중했다고 해서 관상법의 창시자로 여긴다. 오늘날 관상학의 2대 상전(相典)은 《달마상법達磨相法》과 《마의상법麻衣相法》인데, 《달마상법》은 중국 남북조시대에 선종을 창시한 달마가 쓴 것이며, 《마의상법》은 송나라 초기에 마의도사가 구전이나 비전(祕傳)으로 내려오던 상법을 종합하여 썼다고 한다.[10] 관상학은 서양에서도 역사가 길다. 기원전 6세기의 피타고라스는 친구를 사귀거나 제자를 뽑을 때 관상이 마음에 들지 않으면 택하지 않을 정도였다고 하며, 관상학의 창시자라고도 한다. 하지만 관상학 전통은 고대 메소포타미아문명에도 있었다.[11]

관상학을 의미하는 physiognomy는 고대 그리스어 physis(자연) · nomos(법칙) · gnomon(해석)의 조합을 어원으로 하여, 말 자체는 '자연의 법칙에 대한 해석'이라는 뜻인데, 사람의 생김새를 통해 성격이나 운명을 추론하는 학문으로 정립되었다. 이는 육체가 내적인 미덕과 외적인 성품을 반영하는 거울과도 같다는 서양 고대 전통을 반영한 것이다.[12] 고대 그리스·로마시대에는 관상이 널리 시행되던 관행이었으며, 로마의 키케로가 전하는 소크라테스의 관상에 관한 일화는 다음과 같다. "어느 날 소크라테스의 제자는 이집트의 관상학자인 조피로스가 소크라테스에 대해 '그는 멍청할뿐더러 고루하다. 왜냐하면 쇄골에 움푹 팬 곳이 없기 때문이다. 게다가 여자를 밝힌다'라고 말하는 것을 들었다. 분노한 제자가 스승에게 이 사실을 일러바치자 소크라테스는 그 관상이 옳으며, 자신은 단지 이성을 통해 악덕을 극복하는 법을 배웠다고 말했다."[13]

유럽 중세시대에 가장 널리 알려진 관상서는《세크레툼 세크레토룸Secretum Secretorum》이었는데, '비밀 중의 비밀'이라는 뜻이다. 이 책에서는 관상이란 '몸의 생김새, 용모와 목소리 및 색깔에 나타난 상징적 특징을 보고 사람의 상태와 미덕과 매너를 판단하는 과학'이라고 정의했다. 16~17세기에 가장 유명했던 관상가는 나폴리 출신의 학자 포르타(Giambattista Porta)였다. 그가 1586년에 출간한《관상학physiognomy》은 관상학의 고전인데, 사람의 얼굴 특징을 동물들과 비교해 설명했다. 이 책에서는 사람들을 얼굴과 머리의 모양에 따라 사자·표범·부엉이·원숭이·개·당나귀·닭·양의 얼굴 등으로 분류했다. 또한 독수리의 뾰족한 부리처럼 각진 사람의 코는 자존심과 공격욕의 표시로 해석했

고, 얼굴 하반부의 선이 양처럼 둥근 것은 온순함과 겸손을 나타
낸다고 해석했다.[14]

서양에서 아직까지도 영향력을 행사하는 역사적인 관상학자는
18세기 스위스 취리히의 목사였던 라바터(Johann Lavater)다. 그
는 훤칠한 이마는 영리함과 고결함의 표시이며, 양 눈 사이가 좁
은 것은 교활함을 상징하고, 선이 반듯한 코와 뾰족한 턱은 냉철
한 이성의 상징이라고 주장했다. 라바터는 이마의 크기에서 지적
능력을 추론해내기 위해 인체를 수학적으로 계산할 수 있는 비율
을 찾으려고도 했다.[15]

관상학 전통은 19세기에는 두개골로 옮겨 갔다. 이 학문을 골상
학(骨相學, phrenology)이라고 하는데, 사람의 성격이나 성향은 뇌
의 특정 부위 기능에 의해 나타나며 이것이 머리뼈 외형에 반영된
다는 이론이다. 대표적인 학자는 독일의 프란츠 갈(Franz Gall)이
다. 그는 뇌를 서로 다른 기능을 하는 여러 기관으로 분류했으며,
두개골은 뇌의 모양을 반영하기 때문에 두개골의 모양을 보면 그
사람의 성향과 성격을 판단할 수 있다고 주장했다. 당시 골상학은
유럽뿐 아니라 미국에서도 선풍적인 인기를 끌었고, 제2차세계대
전 이전까지 강력한 영향력을 행사했다.[16]

19세기 말에는 관상학과 골상학이 범죄학 이론의 토대가 되기
도 했다. 사실 범죄자의 신체적인 특징이 구별된다는 주장은 오래
된 전통이었다. 16~17세기의 관상가 포르타는 도둑들이 '작은 귀,
짙은 눈썹, 작은 코, 자주 움직이는 눈, 날카로운 시선, 벌어진 입

술, 길고 가는 손가락'을 가졌다고 주장했다. 이런 전통을 기반으로 19세기 말 이탈리아 범죄학자 롬브로소(Cesare Lombroso)는 골상학을 범죄생물학으로 발전시켰다.[17] 그는 두개골, 귀의 모양, 얼굴뼈, 이마의 모양, 입술, 치아, 머리카락 등이 범죄성을 특징짓는 중요한 요소라고 지적했다. 제2차세계대전 중 일본 해군은 파일럿을 뽑을 때 관상 전문가의 도움을 받기도 했으며, 독일 나치는 외모를 통해 순수한 아리안족을 구별하기도 했다. '금발, 큰 키, 긴 두개골, 갸름한 얼굴, 우뚝 솟은 턱, 높고 뾰족한 코, 부드럽게 펴진 머리카락, 크고 연한 눈, 하얀 연분홍 피부'가 전형적인 아리안족의 모습으로 이상화되었다.[18]

지금도 관상은 우리 생활에서 보편화되어 있다. "이마가 벗어지면 공짜를 즐긴다"라거나 "귀가 작으면 앙큼하고 담대하다"라는 말은 속담처럼 회자되기도 한다. 사진을 보고 성격을 판단하는 것은 나름 근거가 있는데, 비록 정확성은 떨어지더라도 우연의 일치보다는 나은 수준이기 때문이다.[19] 또한 실제 대면에서는 사진 한 장보다 훨씬 많은 정보, 예를 들어 얼굴이 빨개지는 등의 신체적인 반응을 관찰하기에 첫인상에 의한 판단의 정확성이 상승할 수 있다. 그런데 같은 얼굴을 보고 느끼는 인상은 사람들마다 비슷하다. 그래서 능력 있어 보이는 정치가는 선출될 확률이 높고, 강한 얼굴의 군인은 동안(童顔)보다 진급이 빠르다. 반면 법정에서는 동안일 경우 무죄 판정 가능성이 높아진다. 미인이나 미남은 사회성이 좋다고 평가될 뿐 아니라 지적이라고도 생각한다.[20] 그러나 외

모와 성격의 관련성에 대한 연구 결과를 종합하면 확실한 관련성을 입증하기 어려웠다.[21]

손금

음양오행과 점성술이 손바닥에 손바닥의 손금은 손의 운동을 반영하는 구김살로, 태어날 때 이미 정해지지만 나이가 들면서 약간씩은 변한다. 손금을 보고 운수를 판단하는 방법을 수상(手相)이라고 하는데, 동양에서는 음양오행에 근거한 이론이고 서양에서는 점성술을 응용한 것이다. 우리나라에서는 중국 전통을 따르다가 점차 서양식이 병용되었고, 현재는 거의 서양식으로 변했다.[22]

성경《잠언》에는 "오른손에는 장수(長壽)가 있고 왼손에는 부귀와 영화가 있다"라는 구절이 나온다. 지금도 서양에서는 오른손에 생명운이, 왼손에 재산운과 성공운이 나타난다고 생각한다. 중세 말기에는 손바닥에 있는 어떤 점을 보면 그 사람이 마귀와 계약을 맺었는지 여부를 알 수 있다고 해서 손금이 마녀를 찾아내는 데 쓰이기도 했다.[23] 서양에서 근대 수상학(palmistry)을 만든 사람은 19세기 말 케이로(Cheiro)라고 불리는 워너(William Warner)인데, 당대에 유명한 점술가였다. 유명인들이 그를 찾아가 운명과 성격에 대한 점을 봤는데, 미국의 소설가 마크 트웨인은 케이로가 자신의 성격을 잔인할 정도로 정확하게 맞혔다고 말했다.[24]

서양 전통의 수상학에서는 손바닥에 천체를 배치하고 손금을 평가했는데, 손의 두께·탄력성·빛깔 등을 고려하기도 했다. 새끼손가락 쪽의 손바닥에서 시작하여 집게손가락과 가운뎃손가락 사이에서 끝나는 선은 감정선(heart line)이라고 하며, 감정적 성질을 나타낸다. 엄지손가락과 집게손가락 사이에서 시작된 주름은 조금 가다가 둘로 갈라져서 위의 선은 머리선(head line)이 되고 아래의 선은 생명선(life line)이 되는데, 머리선은 지적능력을 나타내고 생명선은 신체적 활력을 나타낸다.[25]

손가락의 길이와 성격이 관련된다는 주장도 있다. 의학에서는 집게손가락과 약손가락의 길이 비율을 '2D : 4D 비율'이라고 하는데, 태아기 때 안드로겐에 노출되는 정도를 반영하므로 남성호르몬기능장애를 진단하는 데 보조 수단으로 이용되는 지표다.[26] 이는 태아기의 남성호르몬이 약손가락을 길게 하는 효과가 있어서 나타나는 현상으로, 약손가락에 대한 집게손가락의 비율이 남성은 평균 0.9~0.96이고 여성은 평균 0.97~1.0이다. 남성과 여성 모두 약손가락이 집게손가락보다 약간 더 긴데, 남성호르몬이 많을수록 그 차이가 더 두드러지는 것이다.

손가락 비율과 심리적 특성 사이의 관련성이 밝혀진 연구 결과들이 있다. 여성의 경우 약손가락이 길수록 운동을 잘하며, 학령기 소녀들은 약손가락이 짧을수록 좋아하는 꽃을 분홍색으로 그린다. 남성의 경우 약손가락이 길수록 손을 쥐는 힘이 강하고 빨리 달리며, 참을성이 강하고, 성관계 파트너가 많으며, 얼굴 상반부가 넓고 턱이 튼튼하다. 실제로 남성호르몬은 얼굴 상반부 넓이와 턱이 튀어나오는 정도에 영향을 미친다.[27] 2D : 4D 비율은 테스토스테론의 영향을 반영하기 때문에 이 호르몬과 관련된 인간 행동을 설명하는 데 다양하게 이용될 수 있는데, 2015년에는 이 비율이 성행동과 관련 있다는 연구 결과도 발표되었다.[28]

점성술

"별자리의 힘에 끌려 천성을 따르네" │ 점성술은 천문학적인 현상이 인간세계에서 벌어지는 일과 관련이 있다는 믿음에 기초하여 개인의 성격을 파악하거나 미래를 예견하는 이론으로, 2세기경 프톨레마이오스의 연구에 근거를 둔다.[29] '네 권의 책'이라는 뜻을 지닌 그의 저서 《테트라비블로스*Tetrabiblos*》는 본인이 집필한 천문학서 《알마게스트*Almagest*》에 대한 안내서인데, 이 책의 서문에서 그는 천문 연구를 '천체의 움직임을 관찰하고 주기를 발견하는 것'과 '천체의 움직임이 가져오는 변화를 연구하는 것'으로 분류했다. 전자는 17세기 말의 과학혁명 이후 천문학(astronomy)으로 발전했고, 후자는 지금까지 점성술(astrology)의 전통으로 이어져오고 있다.[30] 프톨레마이오스에 따르면 인간 본성의 연대기적 출발은 임신의 순간이나 탄생의 순간에 결정되는데, 이 시점의 천체 움직임이 아이의 기질과 성향 그리고 신체의 형태에 영향을 미친다. 동쪽 지평선에서 태양이 지나는 길인 황도(黃道)에 떠오르는 별자리는 매일 달라지기 때문에 천체의 변화는 그날 태어나는 각 개인의 운명에 영향을 미친다. 이 별자리를 고대 그리스어로 오로스코포스(horoskopos)라고 했는데, 현재 천궁도(horoscope)로 발전했다.[31]

점성술은 기본적으로 황도 360도를 12등분으로 나눈 12궁도에 나타난 동물의 상징적인 특성으로 사람의 성격과 운명을 설명한다. 출생 시점의 별자리가 양자리이면 단순하고 즉각적인 성격이며, 황소자리이면 물질적이고, 사자자리이면 자기중심적이며 용기가 있다고 해석한다.[32] 이는 아주 초보적인 해석이고, 이 외에도 다양한 해석 방식이 있다. 점성술은 중세 후반기에 널리 퍼졌는데, 14세기 영국의 시인 초서의 《캔터베리 이야기》에 나오는 배스(Bath)의 아내는 이렇게 말한다.[33]

"금성은 내게 욕망과 욕정을 주었고
화성은 내게 대담을 주었네.
아마도 화성의 영향을 받은 황소자리에서 태어나서 그런가 보다.
아아, 끊임없는 사랑은 죄악!
내 별자리의 힘에 끌려 난 끊임없이 내 천성을 따르네."

점성술은 서양에서 과학혁명을 계기로 과학적인 근거는 상실했지만 대중적인 인기는 여전하다. 그래서 1985년 《네이처Nature》에는 저명한 점성술사 28명을 초청해서 일반인들의 성격을 예견하게 하고 심리학적인 성격검사 결과와 일치하는지를 비교한 연구 결과가 발표되었는데, 서로 일치하지는 않았다.[34]

중국 전통의 명리학(命理學)에서도 사람의 탄생 시점, 즉 사주

(四柱)를 기준으로 운명을 예견한다. 사주란 사람이 태어난 연 (年)·월(月)·일(日)·시(時)의 네 간지(干支)를 의미한다. 십간(十干)과 십이지(十二支)를 조합하여 60주기로 시간과 방위를 구분하는 간지 전통은 상(商)나라 때부터 있었는데,[35] 송(宋)나라의 서자평(徐子平)은 사주를 구성하는 여덟 글자[八字]에 나타난 음양과 오행의 배합으로 길흉화복을 점치는 이론을 만들었다. 그러니까 사주팔자는 그 사람의 기질을 나타내는 상징적인 부호라고 할 수 있으며,[36] 이를 해석하여 그 사람의 성격을 포함하는 전체적인 운명을 점친다.

혈액형

믿음의 사회심리학 | 혈액형과 성격의 관련성은 1927년 후루카와 다케지(古川竹二)가 학술지《심리학 연구心理学研究》에 발표한〈혈액형을 통한 기질의 연구〉라는 논문에서 처음 제기한 이후, 1931년 이에 대한 본격적인 연구 논문을 발표하면서 당시 일본에서 대중적인 인기를 얻었고, 일본 정부는 군인 양성과 선발을 위해 이 연구를 지원하기도 했다. 후루카와는 대만의 포모사인과 홋카이도의 아이누인을 대상으로 혈액형을 비교하는 연구도 실시했다. 일본이 대만을 통치하자 원주민이 점령군에게 저항한 이유가, 순종적이었던 홋카이도의 아이누인과 혈액형이 다르기 때문인지 밝히기 위해서였다. 연구 결과 대만인의 41퍼센트가 O형이었고, 아

이누인은 23퍼센트만이 O형이었다. 그는 이 결과를 대만인의 저항성은 유전적으로 결정된 것이라고 해석한 후, 대만인의 O형 비율을 줄이기 위해 일본인과 대만인의 결혼을 권장해야 한다고 주장했다.[37] 혈액형과 성격의 관련성은 1970년대에 다시 유행했는데, 방송인이었던 노미 마사히코(能見正比古)의 역할이 컸다. 그는 1973년 《혈액형 인간학血液型人間学》을 발표하고 혈액형과 성격의 관련성을 주장하는 대중 강연을 활발히 했다. 여기에 그의 아들 노미 도시타카(能見俊賢)가 동참하면서 일본에서 선풍적인 인기를 끌었다.[38]

혈액형과 성격의 관련성에 대한 연구는 일본뿐 아니라 서양 심리학계에서도 진행되었다. 결론은 '관계없다'에서부터 '관계있다'까지 매우 다양하지만, 미약하게는 관련되는 것으로 나타났다. 사실 혈액형은 인종에 따라 차이를 보이며 특정 질환과 연관되기도 하지만,[39] 혈액형과 질병의 관련성이 높지 않아 질병의 진단이나 예후 판단에 혈액형을 고려하지는 않는다. 혈액형은 유전적으로 결정되며 질병에도 유전성이 있는 만큼 서로 관련되었을 가능성은 있으며, 성격도 유전적인 부분이 많으므로 혈액형과 관련된다는 연구 결과가 전혀 의외는 아니다. 연세대학교 기술경영학과 교수 류성일은 2007년에 발표한 논문 〈혈액형 유형학 연구에 대한 개관〉에서 지금까지 연구된 바를 정리하여 다음과 같은 표로 정리했다.[40]

혈액형과 성격이 관련된다고 하더라도 연관성은 아주 미약하기

성격유형	혈액형의 위치	비고
외향성↔내향성	O B AB A ↓ ↓ ↓ ↓ -15 -10 -5 0 5 10 15	O〈B〈AB〈A
펠로십↔리더십	AB A B O ↓ ↓ ↓ ↓ -15 -10 -5 0 5 10 15	AB〈A〈B〈O
불안정↔안정성	B ABO A ↓ ↓ ↓ -15 -10 -5 0 5 10 15	B〈AB〈O〈A
감성적↔논리성	B AB O A ↓ ↓ ↓ ↓ -15 -10 -5 0 5 10 15	B〈AB〈O〈A
개인주의↔사려성	B O,AB A ↓ ↓ ↓ -5 0 5	B〈O,AB〈A

| 표 1 | 성격유형 척도별 각 혈액형의 위치

때문에 혈액형으로 성격을 판단하면 오류의 여지가 크다. 하지만 일본에서는 혈액형이 자기의 모든 것을 결정한다며 인생 설계와 배우자 선택에까지 적용하는 사람들이 생겼다. 더구나 혈액형을 성격 판단에 이용하는 기업이 나타나는 등 부작용이 발생하자 일본 후생노동성은 "혈액형은 직무능력이나 적성과는 무관하다"라고 발표하기도 했다. 또한 일본방송윤리·프로그램향상기구(BPO)

는 혈액형을 기초로 한 판단은 성인에게는 놀이라고 할 수도 있지만, 판단능력이 없는 아이들은 혈액형과 성격에 대한 고정관념을 형성할 위험이 있으므로, 혈액형에 따라 인간의 성격이 규정된다는 견해를 조장하는 일이 없도록 요망한다는 성명을 발표하기도 했다.[41] 혈액형과 성격의 관련성은 실제로 관계가 있다는 사실보다는, 이에 대한 믿음이 강할수록 자신의 성격을 그렇다고 판단한다는 사실이 사회심리학적인 의미가 있다.[42]

심리유형

다윈은 외향적 사고형, 칸트는 내향적 사고형 │ 심리유형이론은 융 (Carl Jung, 1875~1961)이 1921년에 출간한《심리유형 *Psychologische Typen*》이라는 책에서 처음 언급되었는데, 융의 이론 가운데 초기의 학설이다. 융이 후기에 제안한 이론은 무의식에 집중되었으므로 무의식에 대한 지식이 없는 사람들에게는 이해가 어려운 개념들이 많았지만, 심리유형이론은 이해하기가 어렵지 않아 상대적으로 보편화되었다.

융은 1906년부터 프로이트(Sigmund Freud, 1856~1939)와 교류하기 시작하다가 1912년에 결별했는데, 이 사건은 융에게 커다란 정신적 혼란을 초래했다. 이때 융은 자기가 프로이트와 왜 다른가를 고민했다고 한다. 그의 자서전에는 이런 고백이 나온다. "내가 프로이트나 아들러와 어떻게 다른가? 우리의 견해들은 어떤 차이

가 있는가? 내가 이 문제를 숙고했을 때 유형(type)의 문제에 부딪
히게 되었다. 왜냐하면 한 사람의 판단을 애초부터 결정하고 제약
하는 것은 심리학적 유형이기 때문이었다."[43]

융, 프로이트, 아들러(Alfred Adler, 1870~1937)는 모두 정신과 의
사로서 주로 신경증 환자를 치료했는데, 프로이트는 신경증적 증
상을 성(sexuality)으로 설명했고, 아들러는 사람을 이끌어가는 동
력을 힘(power)이라는 관점에서 설명했다. 융이 판단하기에 신경
증 사례의 일부는 프로이트의 설명이 맞고 다른 일부는 아들러의
설명이 맞았다. 그래서 융은 사람들이 각자 정해진 유형으로 생각
하고 느낀다는 결론을 얻고 이를 《심리유형》으로 정리했다.

융은 심리유형(psychological type)을 태도유형과 기능유형, 두
가지 측면으로 생각했다. 태도유형이란 내향적 또는 외향적 태도
를 말하는데, 세상을 바라보는 태도의 차이를 설명하기 위한 개념
이다. 어떤 사람의 태도가 객체를 주체보다 중요시하면 외향적이
고, 반대로 객체보다는 주체를 중요시하면 내향적이라고 한다. 그
리고 기능유형이란 정신적인 기능의 분류법인데, 융은 정신 기능
에는 사고(thinking) · 감정(feeling) · 감각(sensation) · 직관(intuition)
등 네 가지가 있다고 생각했다.[44] 사고와 감정은 판단의 기능이며,
감각과 직관은 인식의 기능이다. 이 정신 기능에 대한 융의 주장
은 다음과 같다.

사고(생각)란 주어진 관념 내용을 서로 연관시켜 판단하는 기
능인데, 그 원천은 자신의 주관적이고 무의식적인 원천과 외부의

객관적인 원천 두 가지다. 이 지점에서 사람은 '외향적 사고형'과 '내향적 사고형'으로 나뉜다. 외향적 사고형은 객관적인 자료와 지식에 근거해서 결론을 내리고자 한다. 이들은 이런 기준으로 좋고 나쁨, 아름다움과 추함 등을 판단한다.[45] 반면 내향적 사고형은 지적인 판단을 한다는 점에서는 같지만, 객관적인 사실보다는 이념이나 관념에 따라 생각하고 판단한다. 외향적 사고형이 백과사전적인 풍성한 사실들로 지적인 활동을 한다면, 내향적 사고형은 하나하나의 관념에 대한 깊은 통찰을 통해 지식을 심화시킨다. 예를 들어 다윈이 외향적 사고형이라면, 칸트는 내향적 사고형이다.[46]

감정이란 쾌(快)·불쾌(不快)에 따라 판단하는 기능이다. '외향적 감정형'은 객관적인 상황과 보편적인 가치에 따라 살아간다. 여성이 배우자를 선택할 때 남성의 연령·사회적 지위·재력·외모·체격·가족 배경 등 객관적인 조건에 맞는 남성을 사랑한다면 외향적 감정형이다. 이들은 쉽게 친구를 사귀고 주위 사람들을 즐겁게 만들어줌으로써 인간관계를 잘 풀어간다. 반면 '내향적 감정형'은 객관적인 조건보다는 자신의 감정에 따라 배우자를 선택하며, 사회생활에서는 자신을 잘 드러내지 않고 남에게 영향을 끼치려 하지도 않는다.[47]

감각이란 지각(perception)과 같은 것으로, 외부 자극을 인식하는 기능이다. '외향적 감각형'은 객관적인 사실을 인식하는 능력이 발달하여 현실적인 경험을 계속 쌓아가는 사람들이다. 이 유형은 남성에게 많으며, 특히 실무에 밝은 행정가·기업가·기술자 등에서 흔하다. 반면 '내향적 감각형'은 주관적으로 느끼는 감각을 중요시한다. 이 성향이 극단으로 치달으면 사람·짐승·철도·집·강·산 등이 자비로운 신처럼 보이기도 하고, 더러는 악의에 찬 귀신처럼 보이기도 한다.[48] 긍정적으로는 창조적인 사람에게서 나타나며, 부정적으로는 정신병을 앓는 사람에게서 나타난다.

정신의 네 번째 기능인 직관이란 일종의 직감이다. '외향적 직관형'은 어떤 객체가 가지는 가능성을 파악하는 데 비상한 능력을 발휘한다. 이 유형은 기업가·상인·정치가 등에게서 많이 나타난다. 이들은 무슨 사업에 장래성이 있는가, 앞으로 무엇이 유행할 것인가 등을 직감적으로 안다. 반면 '내향적 직관형'은 직관 기능이 내적인 세계로 향한다. 이 유형은 사람의 마음 깊은 곳에 있는 원시적인 요소들이 어떻게 변해가는지 알아차리는 능력이 발달하여, 종교적 예언가나 정신과 의사 등에서 많다. 원시사회라면 혼령의 세계와 교통하며 이를 통해 환자를 치료하는 샤먼과 같은 사람들이다.[49]

에니어그램

아홉 개의 점이 있는 도형 | 에니어그램(Enneagram)은 성격을 서로 연결된 아홉 가지 유형으로 구분하는 이론이다. 그리스어로 9를 뜻하는 ennear와 도형을 뜻하는 grammos의 합성어로, '아홉

개의 점이 있는 도형'이라는 의미를 가지며, 아홉 가지 성격유형과 그 유형들의 연관성을 표시한 것이다. 에니어그램의 아홉 꼭짓점은 삼각형과 육각형의 조합인데, 삼각형의 꼭짓점에는 번호 3·6·9가 있고, 육각형은 1을 7로 나눈 숫자인 0.142857의 순서로 번호가 정해지며, 이들은 원으로 연결된다. 이 아홉 가지 성격은 각각 다음과 같다.[50]

- 1번: 개혁가. 완벽함을 추구하는 사람.
- 2번: 조력자. 타인을 도우려는 사람.
- 3번: 성취자. 성공을 추구하는 사람.
- 4번: 개인주의자. 특별한 존재를 지향하는 사람.
- 5번: 사색가. 지식을 탐구하는 사람.
- 6번: 충실한 사람. 안전을 추구하고 책임감이 강한 사람.
- 7번: 풍류가. 즐거움을 추구하는 사람.
- 8번: 지도자. 강함을 추구하고 주장이 강한 사람.
- 9번: 중재자. 조화와 평화를 바라는 사람.

이 아홉 가지의 성격유형은 어떤 것이 더 좋고 나쁘다고 말할 수 있는 것은 아니고, 각기 독특한 성격특징, 장단점, 집착과 열정, 대인관계 방식을 가지며 에니어그램의 연결선에 따라 밀접한 관계를 가진다. 에니어그램은 종종 영적 성숙을 위한 도구로 이용되는데, 그 목적은 자신의 성격유형을 인식함으로써 그 성격유형에서 나오는 자동적인 반응을 멈추게 하는 것이다. 즉 어떤 상황에서 자기도 모르게 나오는 자동적인 반응을 의식적으로 제어하여 영혼의 자유와 성숙을 가능케 한다. 에니어그램으로 파악된 성격 유형은 그 사람의 일생을 통해 변하는 것은 아니지만, 각 유형이 건강한 방향으로 나아가서 그 유형의 특성에 덜 묶이게 될 때 어떤 특성이 나타날지 예측할 수 있다. 예를 들어 자기주장이 강한 8번 유형은 스스로를 방어하고 통제당하지 않으려는 성향이 있는데, 자신의 특성인 자기 방어적 태도를 이해하고 극복하면([그림 2]에서 성장의 에니어그램 참고) 2번 유형처럼 사람을 보살피는 것이 얼마나 좋은지를 깨닫는다. 반대로 8번 유형의 사람이 스트레스가 강한 상황에서는 무의식적이고 충동적인 행동을 하는데, 이때는 퇴행의 방향인([그림 2]에서 퇴행의 에니어그램 참고) 5번 유형처럼 행동을 한다. 이 경우는 5번 사색가의 부정적인 모습이 나타나 두려움이 많고 은밀해진다.[51]

에니어그램의 기원은 고대로부터 구전으로 전해 내려오던 자료를 20세기 초반 소련의 신비주의자 구르지예프(Georgei Gurdiiev)가 정리한 것이다. 그는 인간의 정신을 변화시킬 완전한 과학이 고대에 있었다고 믿었으며, 그리스, 중동, 인도 등의 성지를 찾아다니면서 고대로부터 내려오는 지혜를 깨달았다고 한다. 그는 모든 존재를 하나임을 상징하는 원과 원 안에 있는 세 가지 힘이 작용하는 삼각형으로 설명하고, 이것이 계속 변화하고 진화한다는 개념을 육각형으로 설명했다. 그러면서 에니어그램은 정체된 것

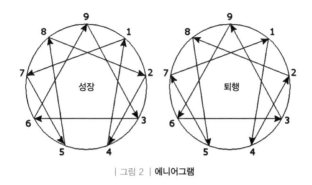

| 그림 2 | 에니어그램

이 아니라 역동적으로 움직이는, 살아 있는 상징으로 받아들여져야 한다고 주장했다.[52]

현재의 에니어그램 성격유형론은 볼리비아의 이카조(Oscar Ichazo)가 만들었는데, 그는 개인의 자아가 생의 초기에 고착되는 아홉 가지 방식을 발견했다. 그리고 이러한 자아고착(Ego fixation)이 자기상의 핵심을 이루며, 그 주변으로 심리적인 성격이 발달한다고 봤다. 그는 1950년대에 자기계발 프로그램 활동을 활발히 했으며, 미국으로 이주 후 '성격의 에니어그램'이라는 용어를 만들었다. 이카조의 제자였던 나란조(Claudio Naranjo)는 독자적으로 가톨릭 사제를 대상으로 영성계발 에니어그램을 사용하기 시작하는 등 1980년대에는 많은 사람들이 에니어그램에 대한 책을 출간하면서 다양한 주장이 제기되었다. 이카조와 나란조 사이에도 내분이 있었고, 통일된 이론은 아직 없다. 따라서 과학적인 검증은 이뤄진 바 없으며, 현재 에니어그램은 심리학계보다는 기업체나

종교기관에서 자기이해와 자기계발을 위해 사용된다.[53]

디스크(DISC)

지배냐 설득이냐, 순종이냐 동조냐 DISC는 지배(Dominance), 설득(Inducement), 순종(Submission), 동조(Compliance)의 첫 자를 조합한 단어로, 미국의 심리학자 마스턴(William Marston)이 제시한 인간의 행동 특성에 대한 평가 방법이다. 마스턴은 1941년에 원더우먼의 캐릭터를 만든 사람으로도 유명한데, 1928년에 출간한 《일반인의 정서 *Emotions of Normal People*》에서 사람들은 자신의 감정을 네 가지 행동유형을 사용해서 설명한다고 주장했다. 그는 행동유형을 '주변 환경을 호의적이라고 보느냐, 적대적이라고 보느냐'라는 지각(perception)의 축과, '환경에 대한 자신의 관계를 적극적으로 보느냐, 수동적으로 보느냐'에 따라 다음 네 유형으로 분류했다.[54]

① 지배형(Dominance): 적대적인 환경에서 적극적인 경우

② 설득형(Inducement): 우호적인 환경에서 적극적인 경우

③ 순종형(Submission): 우호적인 환경에서 수동적인 경우

④ 동조형(Compliance): 적대적인 환경에서 수동적인 경우

자신이 처한 환경을 어떻게 인식하느냐와 자신이 얼마만큼 영

향력을 발휘할 수 있느냐의 기준으로 사람의 행동을 분류한 것인데, 1956년에 미국 산업심리학자 클라크(Walter Clarke)가 문항평가 방식으로 DISC 평가 도구를 개발했다.[55] DISC 이론은 현재 직장에서 직장인으로서의 성격을 평가하는 데 많이 사용한다. D형(지배형)은 환경은 좋지 않지만 자신의 영향력을 강하다고 인식할 때 나타나는 적극적인 행동파로, 단호하고 신속하게 지시적으로 행동하지만 따뜻하고 공감적인 태도는 부족하다. I형(설득형)은 환경이 우호적인 데다가 자신의 영향력도 강할 때 나타나는데, 사교적이고 낙관적인 태도로 열정적으로 일하지만 산만하다는 단점이 있다. S형(순종형)은 환경은 우호적이지만 자신의 영향력은 약할 때 나타나는데, 성실하고 협력적이며 평온하고 안정적인 생활을 추구하지만 소극적이고 수동적이다. C형(동조형)은 환경도 우호적이지 않고 자신의 영향력도 약할 때 나타나는데, 매우 조심스럽고 신중하며 치밀하지만 실수를 두려워하고 과감하지 못하다.[56]

포러효과

성격 예측의 아이러니 │ 포러효과(Forer effect)란, 사람들에게 그 자신의 성격을 묘사한 특정 내용을 제시하면 그것이 모호하고 일반적인 내용임에도 불구하고 자신에게 매우 정확하게 해당한다고 생각하는 현상을 말한다. 이는 1949년에 미국의 심리학자 포러(Bertram Forer)가 발표한 연구 논문에서 유래했다.[57]

심리학 입문 수업을 진행하던 포러는 학생들로부터 성격검사를 해달라는 요청을 받았고, 일주일 후 학생들을 상대로 검사를 실시했다. 이 성격검사에는 자신에 대한 태도, 권위자에 대한 태도, 현실적으로 사고하는 정도, 이상적으로 사고하는 정도 등에 관한 질문이 포함되었다. 그로부터 일주일 후 포러는 검사 결과를 봉투에 봉인해 학생들에게 배부했고, 봉투를 열어 결과지를 읽어보되 옆 친구들과 비교하지 말라고 당부했다. 한 학생의 결과지는 총 13개 항목으로 구성되었는데, 다음과 같았다. "당신은 다른 사람들로부터 사랑받고 존경받고 싶은 욕구가 매우 강한 편입니다. 당신은 스스로에게 비판적인 성향을 갖고 있습니다. 당신은 몇 가지 성격적인 약점을 가지고 있습니다. 하지만 대체적으로 이런 약점을 상쇄시킬 수 있습니다." 결론으로는 "당신이 인생에서 추구하는 중요한 목표 가운데 하나는 안정성입니다"라고 기술되어 있었다.

포러는 학생들에게 결과지가 자신의 성격을 얼마나 정확하게 드러내는지 평가하게 했다. 한 명을 제외한 모든 학생이 5점 만점에 4~5점을 줬고, 전체적인 평균점은 4.26이었다. 그리고 한 학생에게 자신의 결과지를 큰 소리로 읽어보라고 했다. 그러자 교실에 있던 학생들은 웃을 수밖에 없었다. 모두가 똑같은 결과지를 받았던 것이다. 포러는 마치 개인적인 특성이 반영된 결과지를 제공한 것처럼 행동했고, 이 같은 속임수는 기대한 효과로 이어졌다. 심리학자들은 포러의 연구가 '학생들이 매우 순진하며 권위 있는 사람이 제공하는 피드백을 필요 이상 적극적으로 수용하려는 성향을 갖고 있다'는 증거라고 해석했다. 그리고 이렇게 쉽게 속임수에 넘어가는 사람이 1초에 한 명씩 생겨난다고 이야기한 미국의 서커스 운영자 바넘(Phineas Barnum)의 이름을 따서 '바넘효과'라고 이름을 붙였다. 바넘은 실제로도 장난삼아 사람들을 아주 잘 속이기로 악명이 높았다고 한다. 현재는 포러효과와 바넘효과 두 용어를 혼용하는데, 동일한 현상을 가리키는 말이다.

포러는 학생들이 별점이나 손금을 비롯한 미신에 지나치게 휘둘리지 않도록 주의를 주기 위해 이 같은 실험을 진행했다고 한다. 실제로 그가 학생들에게 나눠준 결과지는 뉴스 가판대에서 팔리는 점성술 책자에서 문구를 골라 적은 것이었다.[58] 포러의 연구는 인간의 보편적인 특징과 개별적인 특징 사이에는 아주 밀접한 관계가 있으며, 이 두 가지를 구분하기는 매우 어렵다는 의미를 내포한다. 포러가 참고한 점성술사들은 오랜 세월 동안 많은 사람들에게 보편적으로 적용 가능한 성격에 대한 축적된 정보를 가지고 있을 뿐 아니라, 이런 설명을 매우 보편적으로 적용할 수 있다는 사실을 대다수 사람들이 모른다는 점도 잘 알고 있었다.[59]

2 ㅣ

성격 개념
Personality concept

—
인격
성격
기질
개성

성격(性格)의 성(性)은 마음[心]과 삶[生]이 결합된 글자로, 타고나
는 마음이나 능력을 의미한다. 그리고 격(格)은 나무[木]와 '곧장
다다르다'는 뜻의 각(各)이 결합된 글자로, 똑바로 자란 높은 나무
란 뜻인데, '바르다 → 바로잡다 → 규칙 → 뼈대'의 뜻으로 변화
되어 주변 상황에 어울리는 분수, 품위, 격식 등을 의미할 때 사용
한다.[1] 그래서 한자로 성격이란 말의 뜻을 풀이해보면 개인이 본
래부터 가지는 고유의 성질로 인간관계의 기능을 하는 것이라고
할 수 있다. 그런데 성격이라는 말 자체는 근대에 만들어진 한자
어로, character와 personality의 번역어로 서양에서 도입된 개념
이다.

인격

인격(人格)이란 사람의 격(格)이란 뜻인데, 어떤 분야에서 사용하느냐에 따라 의미가 달라진다. 법률에서는 권리능력을 의미하는 말이며, 철학에서는 행위의 주체가 되는 개인을 뜻한다. 그리고 심리학에서는 개인의 지적·정서적·의지적 특징을 포괄하는 정신적 특성이라는 의미로 쓰인다.[2] 철학자 진교훈은 "동양 사상에서 인격은 짐승과 다른 존재로서 덕을 행하는 사람다움을 의미한다"라고 했다.[3]

인격(人格)은 메이지시대의 일본의 철학자 이노우에 데츠지로(井上哲次郎)가 철학 개념이었던 영어 personality, person을 번역하면서 한자로 조합하여 만든 단어다.[4] 당시에는 서양에서도 person과 personality라는 개념이 분화하기 전이어서 모두 인격이라는 말로 번역한 것이다.

person과 personality는 근대에 발달한 개념인데, 고대 라틴어 페르소나(persona)에서 유래했다. 페르소나는 로마시대 극장에서 배우들이 쓰고 나오는 마스크(mask)였다. 이때 페르소나는 '가면'이라는 속임의 의미보다는 배역의 특성을 최대한 나타내기 위한, 그러니까 보여주는 겉모습이라는 의미였다. 융은 이 페르소나라는 개념을 심리학에 도입해서, 외부로 드러나는 개인의 심리적인 현상을 묘사하는 데 사용했다. 덕분에 현대인은 '페르소나'라고 하면 융의 개념을 많이 떠올린다.

4~5세기 기독교 교리에 대한 논쟁이 일었을 때 페르소나의 추

상적 의미가 삼위일체의 개념을 설명하는 데 이용되었다. 삼위일체란 하나의 신(God)을 세 페르소나(tres personae), 즉 성부·성자·성령으로 설명하는 교리인데, 이때 페르소나는 자연(nature)과 대비되는 개념이었다. 6세기의 고대 로마 철학자 보에티우스는 person을 '지적 본성을 가진 개별적인 존재'라고 규정했는데, 이는 person에 대한 고전적 정의가 되었다.[5]

중세시대까지만 해도 인간을 의미하는 보편적인 개념은 없었다. person은 '사람'을 가리키는 말이 아닌 형이상학적인 개념이었다. 13세기에 사람을 의미하는 영어로는 man과 people 등이 있었는데, man은 고대 영어에서는 용감한 사람이나 하인 등의 의미로 사용되다가 13세기에는 여성을 의미하는 wife에 대응하는 남성이라는 의미로도 사용되었고,[6] people은 군중이라는 의미였다. 그리고 human은 man에 속하는 성질을 표현하는 형용사였다가 점차 명사로 발전했다. 당시에는 사람의 모습이라고 할지라도 문화가 다르고 언어가 통하지 않으면 자기와 같은 인간으로 취급하지 않았으며, 한 사회에서도 계급에 따라 인간으로 취급되지 못하는 사람들이 있었다. 아메리카 대륙이 발견된 이후 인디언을 인간으로 간주해야 할지를 두고도 논란이 많았다.

사람 형태를 한 생명체가 하나의 범주로 확립된 시기는 스웨덴의 식물학자 린네가 1758년에 출간한 《자연의 체계》에서 호모 사피엔스(Homo sapiens)라는 개념이 나온 이후다. 현재 통용되는 '인간'이라는 보편적인 개념은 생물학적으로 탄생한 근대적인 산물이라고 할 수 있다.

철학적으로 person을 말과 행동의 주체로서 처음 규정한 사람은 17세기 영국의 철학자 홉스였다. 그는 《리바이어던》에서, person이라는 말이 고대 시대에 배우들의 마스크를 의미했다는 것을 상기시키면서 그 뜻을 재해석했다. 무대에서나 일상적인 대화에서 person은 배우와 같은 역할을 했기 때문에, person은 배우 그 자신이라고 해도 된다는 주장이었다.[7] person을 성부·성자·성령이라는 신적인 존재가 아닌 자연인(natural person)으로 처음 해석한 것이다.[8] 한편 철학자 로크는 사고하는 능력은 지녔지만 자기의식이 없는 신체(body)를 man이라고 했으며, 사고 활동을 하면서 자기의식을 가진 존재를 person이라고 했다.[9] 즉 man이 생물학적인 존재라면, person은 이성과 반성의 주체로서의 존재인 것이다.

한편 18세기 독일의 철학자 칸트는 이성적 존재로서의 person을 오직 수단으로서의 상대적 가치밖에 가지지 못하는 사물과 구별해 목적 자체로서의 절대적 가치를 지닌다고 주장했으며, person과 personality도 처음으로 구분했다. 칸트는 사람이 가지는 기본적 능력을 animality, humanity, personality로 구분했다. animality는 자기보존을 추구하는 본능적인 성향이고, humanity는 이성적 본성이며, personality는 자율성의 존재라고 정의했다.[10] 즉 personality는 자신의 삶이 수동적으로 결정되는 존재가 아니라 자기가 스스로 결정하는 존재라는 의미다.

프랑스에서는 1795년에 personality란 개념을 인간의 고유한 특성(a distinctive character)이란 의미로 처음 사용했는데,[11] 19세기에 개인주의가 발흥하면서 personality는 이런 의미로 정착되었다. 이후 칸트가 의미했던 사물(thing)과 구별되는 사람(person)의 특성으로서 자율성을 나타내는 personality 개념은 철학에서만 통용되었다.

우리나라에서 personality는 처음에는 '인격'으로 번역되었지만 점차 인격과 성격으로 혼용되다가, 2000년대 이후 심리학과 정신의학 모두에서 '성격'으로 통일되어가고 있다. 현재 인격이라는 말은 일반적으로 '사람의 됨됨이를 알 수 있는 각자의 성격적 특성'을 의미할 때 사용하고, 통상적으로 좋은 성격을 표현할 때 사용한다. 그래서 인격이란 말에는 인간에 대한 가치적 판단이 포함되어, 사람으로서의 가치를 갖는 데 필요한 정신적 자격을 뜻하기도 한다. 예를 들면 "그는 인격자다"라는 말은 그 사람이 훌륭한 사람이라는 의미다. 이렇게 볼 때 인격의 반대말은 '성질'이나 '성깔'이 된다.

성격

'personality'와 'character' │ 심리학이 일본에 처음 소개될 때 personality는 이미 철학적 개념인 인격(人格)으로 번역되어 있어서, character는 성격(性格)으로 번역되었다. 그러나 현재

우리나라와 일본에서는 personality와 character를 문맥에 따라 인격·성격·인성 등으로 다양하게 혼용하여 번역한다. 혼동을 방지하기 위해서 때로는 캐릭터(キャラクター)라는 말을 그대로 사용하기도 한다.[12] '성격'을 한영사전에서 찾아보면 character와 personality 두 가지가 다 나오고, '인격'이나 '인성'이란 항목을 찾아봐도 두 가지가 다 나온다.

윤리학자 정창우는, character는 personality에 비해 도덕적 의미가 담겨 있다고 해석하면서 다음과 같이 구별했다. "personality에는 타인과 차별성을 갖게 하는 '특수성'이 강조되는 데 비해, character에도 이러한 의미가 내포되어 있지만 personality에 비해 상대적으로 약하다. 그렇다고 하더라도 character를 도덕성과 너무 가까이 관련짓는 것은 잘못이다. character에는 morality보다 인간관계와 자신의 행복에 영향을 미치는 것들이 보다 폭넓게 반영되어 있다. good character는 덕을 표현하는 의미이지만, good personality는 매력적이라는 의미를 가지고 있다. 이렇게 볼 때 personality, character, morality의 순으로 도덕적 어조가 강해진다는 것을 알 수 있다."[13]

어떤 심리학자들은 personality에는 기질(temperament)과 캐릭터(character) 두 요소가 있다고 생각하는데, 이때의 character는 정창우가 설명한 개념에 해당하며 인성·인품·성품 등으로 번역된다. character라는 말은 '각인(scratch)'을 의미하는 고대 그리스어 kharakter에서 기원했는데, 14세기부터 몸에 표현된 상징

(symbol)이라는 의미로 쓰였고, 17세기부터는 연극이나 소설의 등장인물을 의미하기 시작했다.[14]

칸트는 기질과 캐릭터를 구분하여 기질은 타고난 것이고 캐릭터는 학습된 것이라고 했는데, 그가 생각한 character는 도덕적 선(moral goodness)이라는 의미였다.[15] 또한 19세기 영국의 철학자 존 스튜어트 밀은 character를 인간의 도덕적 동기의 근원으로서 유덕한 인격(virtuous person)이라는 의미로 사용했다.[16] 빅토리아 시대라고 불리는 19세기의 영국과 미국에서는 character란 중산층이 가져야 하는 도덕성과 의무감 등을 의미했다. 미국의 문화역사가 서스먼(Warren Susman)은, 미국은 20세기 초반에 도덕적이고 좋은 품성을 중요시했던 'character의 문화'에서 'personality의 문화'로 전환되었다고 했는데, 그가 말하는 'personality 문화'란 인간의 개별성을 중요시하는 문화를 의미한다.[17]

1930년대에 성격심리학(personality psychology)을 창시한 미국의 심리학자 올포트(Gordon Allport, 1897~1967)는, character는 '도덕적 가치'를 의미하기 때문에 철학적 주제이지 객관적인 실재를 연구하는 심리학의 주제는 아니라고 하면서 심리학적 연구 대상에서 배제하고 personality만을 연구 대상으로 삼았다.[18] 그리고 독일의 정신과 의사 슈나이더(Kurt Schneider)는 1923년에 《정신의학편람》의 한 부분으로 《비정상 성격Psychopathic Personalities》을 출간했는데, 이 책은 후대에 큰 영향을 미쳤다. 이후 정신과 영역에서는 personality만 사용되었고, 이와 경쟁적으로 사용되던

temperament(기질)와 character라는 용어는 사라졌다.[19]

기질

타고나는 개별성 │ 심리학에서 기질이라는 말은 영어 temperament의 번역어로 사용되는데, 중국 전통에 이미 있었던 개념이다. 기질(氣質)이라는 한자어는 '기(氣)로부터 만들어진 물(物)의 성질(性質)'을 의미하며, 성리학에서는 인간의 신체적·정신적 특성을 의미했다. 주희(朱熹)에 따르면 인간의 성(性)은 본연지성(本然之性)과 기질지성(氣質之性) 두 가지다. 본연지성이란 인간이라면 모두 잠재적으로 가지는 도덕적 본성이며, 기질지성이란 인간이 태어날 때 인체를 구성하는 기의 특성에 따라 달라지는 개개인의 본성이다.[20] 주희가 이렇게 정의한 기질을 바라보는 입장은 성리학자들마다 다르기는 하나, 공통적으로 기질은 태어날 때부터 정해지지만 수양을 통해서 변화 가능한 이중적인 것으로 인식했다.

현재 심리학적 개념으로서의 temperament라는 용어는 2세기 갈레노스의 저작 《기질론De temperamentis》에서 유래한 것으로, 어원적으로 혼합(mixture)이라는 의미다. 갈레노스의 기질이론은 르네상스시대 이후 다시 유행했고, 현대 성격심리학에도 영향을 미쳤다.[21] 19세기 말에 심리학이 시작할 때까지도 기질은 연구 대상이었지만, 20세기에 성격에 대한 연구가 personality라는 개념으로 이동하면서 기질 개념으로 성격을 연구하는 전통은 약해졌다. 지금은 주로 태어나면서부터 발견되는 소아의 성격특성으로서 연구된다.

개성

개인과 개인주의 │ 개성(個性)이란 다른 사람과 구별되는 고유의 특성을 의미하며, individuality의 번역어로 1900년대 초부터 사용되기 시작한 말이다.[22] '개인'을 의미하는 영어 individual은 '더 이상 나눌 수 없다'는 의미의 라틴어 individuus에서 유래했는데, 보에티우스가 그리스어 atom(원자)을 individuus라고 번역하면서 이 단어를 '단일하고 특정하며 더 이상 나눌 수 없는 실체'라는 의미로 처음 사용했다. 애초에 원자를 의미했던 말이 개인을 의미하게 된 것은 16세기 이후 사회조직의 최소 단위를 찾는 과정에서 individual이라는 용어가 선택되었기 때문이다.[23]

고대 그리스의 사회조직은 도시국가였고, 도시국가를 구성하는 기본 단위는 공민(公民, citizen)이었다. 공민은 통치에 참여하고 법정에서 심판을 하는 사람이라는 의미인데, 로마 사회에서도 마찬가지였다. 공민은 해당 지역에 거주하는 사람이어야 하고, 정치에 참여할 능력을 갖춘 이성적 존재여야 했다. 여성·아동·노예는 이성이 없는 존재로 애초에 공민에서 배제되었고, 남성이라도 재산이 없으면 스스로 독립해서 정치에 참여할 능력이 없기 때문에 공민이 될 수 없었다. 중국 전통에서도 오직 소수의 엘리트인 군자(君子)만이 정치와 통치에 참여할 수 있었다. 군자는 공민에 해당했다고 할 수 있는데, 서양에서 individual이란 개념이 도입되기 전까지 중국에서는 사회조직이 개인으로 구성된다는 관념은 없었다.[24] 사람을 표현하던 개념으로는 기(己, 자기), 일인(一人), 인(人) 등이 있었는데, 이는 독립적이고 개별적인 개인을 의미하는 것은 아니었다.

17세기 프랑스 철학자 데카르트가 "나는 생각한다. 고로 나는 존재한다"라고 주장한 이후 홉스·로크·루소 등은 모두 개인이 자기 삶의 주체임을 주장했고, 개인이 자신의 목적을 충족시키기 위해 계약을 통해 사회를 형성한다고 주장하는 사회계약설이 출현했다. 이때 individual이란 개념이 비로소 사회조직의 기본 단위가 되었다.

'개인' 관념의 보급은 개인주의를 탄생시켰다. 1820년대 프랑스에서 개인주의(individualisme)라는 용어가 만들어진 후 프랑스 정치가 토크빌의 저작이 영어로 번역되면서 영어권에 유입되었다. 당시 프랑스 학자들은 개인을 사회보다 더 중시하면 이기주의의 성행과 정치의 해체를 초래할 수 있다고 지적하면서 개인주의를 부정적인 의미로 사용했는데, 개인주의 개념이 널리 보급되면서 사회에 따라 다르게 이해되었다. 독일에서는 낭만주의와 결합해서 개인의 주체성과 창조성을 찬양하는 이념으로 작용했고, 영국과 미국에서는 자유주의와 결부되어 인식되었다.[25]

사실 세상에 다양한 사람들이 존재한다는 인식은 오래전부터 있었지만, 이런 별의별 사람들이 개성적인 존재로 존중받게 된 것은 개인주의라는 개념이 생긴 이후였다. individual은 한 사람이란 뜻이면서 동시에 man, human, person과는 달리 자유롭고 평등한 추상적인 인격을 의미한다. 일본에서는 1800년대 전반부에 individual이 일개인(一個人), 독일개인(獨一個人) 등으로 번역되어 쓰이다가 점차 일개인(一個人)으로, 그리고 다시 개인(個人)으로 정착되었다.[26] 우리나라에서는 1897년의 대한제국 관보(官報)에 처음 일개인(一個人)이란 표현이 등장했다.

개성이란 개인성(個人性)의 준말로 '개인'이란 개념과 함께 들어왔는데, 1922년에 출간된 사전인 《현대신어석의現代新語釋義》에서는 개성을 '개인이 선천적으로 가진 성질이나 타인과 공통되지 않는 개개인의 특유한 성질'을 의미한다고 정의했다.[27]

3 |

성격특질
Personality traits

올포트가 성격심리학이란 분야를 1930년대에 처음 만든 이후 성격에 대한 많은 정의들이 있었다. 올포트는 성격이란 '바로 그 사람인 것(What a man really is)'이라고 했는데,' 일반적으로 우리는 성격이라는 개념으로 한 개인의 독특성(uniqueness)과 일관성(consistency)을 설명한다. 독특성은 다른 사람과 구별되는 개인의 정서·동기·인지·행동 등에서 표현되며, 일관성은 시공간의 변화에도 변하지 않는 행동유형의 안정성(stability)을 의미한다.

성격심리학의 시작

'바로 그 사람인 것'은 무엇일까 | 20세기에 성격심리학이 정립되기 전에도 사람마다 다른 특성을 가진다는 기록은 있었다. 최초의

성격심리학 저서는 고대 그리스의 테오프라스토스가 쓴《성격론 *Characters*》이다. 테오프라스토스는 아리스토텔레스의 제자로 아리스토텔레스의 리케이온을 운영하던 학자였는데, 29가지의 좋지 않은 성격을 기술했다.[2] 또한 갈레노스는 사람을 네 가지 기질로 분류함으로써 성격을 유형별로 정리했다.

성격이 '변하지 않는 속성'이란 것을 처음 밝힌 사람은 19세기 영국의 골턴(Francis Galton)이었다. 인류학자이자 유전학자였던 골턴은 최초의 통계학자이기도 했다. 그는 자료를 수집하고 통계학적으로 분류한 결과, 뛰어난 음악가는 음악가 집안에서, 판사는 판사 집안에서, 시인은 시인 집안에서 배출된다는 사실을 발견하고, 1869년에《타고난 천재 *Hereditary Genius*》를 출간했다. 이전까지만 해도 사람들은 개인 간에 존재하는 차이는 노력이나 의지 때문이라고 생각했는데, 골턴은 이러한 차이의 대부분은 타고난 것이며 노력으로 극복되지 않는다고 밝혔다.[3]

골턴보다 300년 전에 이탈리아 과학자 갈릴레이는 "측정할 수 있는 모든 것을 측정하라. 그리고 이제까지 한 번도 측정된 적 없던 것들도 측정할 수 있게 하라"고 했는데, 골턴은 인간 행동을 처음 측정했고 이런 측정을 '테스트(test)'라고 처음 명명했다. 그는 여러 사람들의 지문을 관찰해서 두 개의 지문이 같을 확률은 '640만분의 1'이라고 주장했으며, 기도가 어떤 효과를 보이는가에 대해서도 통계학적으로 연구를 해서 목회자들이 상당히 많은 기도를 함에도 불구하고 더 일찍 죽는다는 사실을 밝히기도 했다. 그는 런던에 인간 능력을 측정하는 기구들을 갖춘 사무실을 운영했는데, 당시 사람들은 그곳에 가서 돈을 내면 자신의 재능을 측정하고 검사받을 수 있었다고 한다.[4]

골턴은 성격심리학의 연구 방법에 선구적인 기여를 했는데, 사전 목록에서 인간의 특성을 나타내는 1000여 개의 단어를 찾아 분류했다. 이는 이질적인 단어 목록에서 처음 질서를 찾은 것으로, 나중에 올포트는 이를 성격심리학으로 체계화했다.[5]

미국 태생인 올포트는 1922년 하버드대학교에서 심리학 박사 학위를 받고 유럽 유학 중 오스트리아 빈의 프로이트를 방문했다. 올포트는 1921년에 《성격특질*Personality Traits*》이란 책을 출간하기는 했지만 아직 심리학계의 초년생이 당시에 이미 세계적인 인물이었던 프로이트를 만나러 간 것이다. 처음 만났을 때 어색한 침묵을 피하기 위해 올포트는 사무실로 오는 도중 전차에서 봤던 아이 이야기를 프로이트에게 들려줬다고 한다. 아이는 네 살 소년이었는데, 엄마에게 "저기 앉고 싶지 않아요. 더러운 남자가 내 옆에 앉도록 하지 마세요"라고 했다는 것이다. 올포트는 그 소년이 가진 먼지혐오증이 엄마의 청결함에 대한 강박의 결과라는 이야기의 핵심을 프로이트가 빠르게 알아차리리라 생각했다. 그런데 프로이트는 올포트가 이야기를 끝냈을 때 다음과 같이 물었다고 한다. "그런데 그 소년이 당신이었나요?" 올포트는 매우 놀라면서 프로이트가 현재의 경험을 현재적 동기나 의도가 아닌 과거 어린 시절의 무의식 차원으로 환원시킨다는 것을 깨달았다. 이는 올포트가 심리학이 사람을 이해하기 위해서는 무의식 상태를 탐색하기 전에 현재 상황과 의식적인 동기에 좀 더 주의를 기울여야 한다고 생각하는 계기가 되었다.[6]

성격특질

다른 자극, 그러나 일관된 반응 구조 │ 올포트는 1936년 웹스터 영어사전에 수록된 40만 단어를 모두 검토한 끝에, 인간과 관련된 단어 1만 7953개를 찾아냈다. 그런 다음 성격을 나타내는 4504개의 단어를 골라 네 범주로 나누고, 이를 특질이라고 명명했다.[7]

특질(特質)은 trait의 번역어인데, 특성(特性)이라고 번역하기도 한다. trait는 라틴어 tractus에서 유래한 말로, 다른 것과 구별되는 특별한 모습이나 질(質)을 의미한다. 올포트는 1937년에 출간한 저서《성격Personality》에서, 특질을 '많은 자극을 기능적으로 동등한 것으로 받아들여 일관적인 행동을 만들어내는 신경생리학적인 구조'라고 정의했다.[8] 어떤 사람에게 서로 다른 자극이 주어졌을 때 행동으로 나타나는 반응이 동일하다면 그 반응 구조를 하나의 특질이라고 할 수 있다는 의미다. 이 정의는 성격심리학의 역사에서 중요하지만, 그가 말한 '신경생리학적 구조'는 80년이 지난 지금도 밝혀지지 않았다. 그래서 일반적으로 특질을 '생각이나 행동의 습관적인 패턴'으로 이해한다.

올포트는 특질들을 위계적(서열적)인 세 단계(level)로 구분했다. 가장 높은 차원의 특질은 한 인간의 삶을 지배하는 기본특질(cardinal traits)로, 개인의 지배적인 동기와 행동 패턴을 결정한다. 예를 들어 지배욕(ruling passion)을 가진 사람은 권력의 자리를 차지하려고 노력한다. 뿐만 아니라 가정에서는 배우자를 지배하려고 하며, 심지어 딸과 하는 탁구 게임마저 필사적으로 이기려 한다. 중간 단계인 중심특질(central traits)은 모든 사람에게 어느 정도 나타나는 일반적인 특성이다. 이는 기본특질처럼 한 사람의 성격을 지배하는 하나의 지배적인 특질은 아니고, 몇 개의 중심특질이 모여 인간의 행동을 결정한다. 예를 들어 누군가를 지적이고 성실하며 친절하고 정직하다고 설명할 때, 지적임·성실함·친절함·정직함 등이 중심특질이라고 할 수 있다. 세 번째 단계인 이차특질(secondary traits)은 특수한 상황에서 나타나는 부차적인 성질이다.[9]

올포트처럼 특질이라는 개념으로 성격을 연구하는 이론을 특질이론이라고 한다. 사람마다 성격이 차이 나는 것은 특정 특질이 표현되는 정도가 다르기 때문이므로, 한 사람에게서 관찰되는 특질들을 종합하면 그 사람의 성격을 파악할 수 있다는 이론이다. 올포트 이후 특질을 몇 가지로 나누고 어떻게 정의할 것인가는 계속 변해왔는데, 특질이론을 한 단계 발전시킨 대표적인 사람은 커텔(Raymond Cattell, 1905~1998)이다. 그는 1929년에 런던대학교에서 심리학 박사학위를 받았는데, 대학에 다니는 동안 골턴의 제자였던 통계학자 스피어먼(Charles Spearman)의 조교로 일하면서 '요인분석'이라는 통계학적 방법을 배워 특질이론을 발전시켰다.

상관관계

4504개 성격특질에서 16개 요인을 추출 | 특질이론의 발전에는 상관계수와 요인분석이라는 통계학적 방법이 지대한 공헌을 했다. '상관(correlation)'이란 개념은 골턴이 처음 만들었는데, 그의 제자 피어슨(Karl Pearson)이 상관계수(r)를 구하는 방법을 개발했다.[10] 피어슨은 런던대학교에 세계 최초로 통계학과를 개설한 학자이기도 하다.

영국의 심리학자 네틀(Daniel Nettle)은 상관관계를 다음과 같이 설명했다.[11] 영국인 500여 명에게 성격 관련 질문을 하고, 각 질문에 대해 1점에서 5점까지 점수로 대답하게 한다. 다음은 질문에 나온 두 가지 사례다.

- 사교 활동에 얼마나 많은 시간을 쓰고 있습니까?
- 여행을 얼마나 좋아하십니까?

사교 활동에 쓰는 시간(A)과 여행을 얼마나 좋아하는지(B)에 대한 사람들의 점수를 하나는 X축에, 다른 하나는 Y축에 표시하면 A와 B의 상관관계가 표현된다. 피어슨의 방법대로 계산한 A와 B의 상관계수는 0.2였다. 상관계수(r)는 A라는 변수가 달라질 때 B

가 얼마나 달라지는지를 나타내는 것으로, 상관계수가 1이라면 A의 변화에 따라 B도 똑같이 변한다는 의미이고, 상관계수가 0이라면 둘 사이에는 아무런 관계가 없다는 의미다. 일반적으로 두 변수의 상관관계를 정확히 계산하려면 많은 사람을 대상으로 측정해야 하는데 적어도 몇백 명은 되어야 한다.

키와 몸무게의 상관관계는 0.68인데, 일반적으로 성격심리학 연구에서는 상관계수가 0.1이면 적은 관계, 0.3 정도면 중간 정도의 관계, 0.5 이상이면 상당히 많은 관계가 있다고 해석한다. 상관계수가 0.7이나 0.9에 다다르면 두 변수가 극히 비슷하거나 같은 개념을 나타낸다고 간주하기도 한다.[12] 상관관계를 분석할 때 변수가 두 개면 한 개의 상관계수가 나오고, 변수가 세 개면 세 개의 상관계수, 변수가 열 개면 46개의 상관계수가 나온다. 그래서 변수가 많을수록 상관계수는 데이터를 이해하는 데 별 도움이 안 된다. 이럴 때 요인분석(factor analysis)을 한다. 요인분석은 상관계수가 높은 변수들을 하나의 요인으로 묶어서 변수들의 중복을 피하고 데이터를 간결하게 정리하는 방법이다.[13]

올포트가 1936년에 영어사전에서 추출한 성격특질은 모두 4504개였다. 그는 이 특질들을 분류해서 사람의 성격을 파악할 때 사용할 수 있는 기본특질과 중심특질을 추려냈지만 성격을 간단명료하게 파악하기에는 부족한 점이 많았다. 커텔은 올포트가 정리한 4504개의 특질들 중 비슷한 단어를 제외하는 방법으로 171개의 단어를 일단 골라냈다. 그다음 생활분석·설문조사·심리테스트 등을 통해 이 특질들에 대한 요인분석을 해서 상관관계가 높은 특질들을 몇 개의 범주로 묶었다. 이 결과 16개의 근원특질 (source trait)이 추출되었다.[14]

커텔은 16개의 근원특질을 성격요인(personality factor)이라고 불렀으며, 이를 측정하는 설문지를 개발했다. 그가 1965년에 만든 '16성격요인검사'는 성격과 관련된 질문에 답을 하는 방식으로, 보통 35~50분 정도 소요된다. 결과로는 온정성·사고능력·안정성·지배성·정열성·도덕성·대담성·민감성·경계성·추상성·은폐성·불안·개방성·자기신뢰·완벽주의·긴장 등 16개 항목에 대한 점수 프로필이 나온다. 커텔의 16성격요인검사는 여러 방면에서 이용되었다. 특히 직업을 선택할 때도 도움을 준다는 연구 결과가 많이 발표되었다. 설문지를 작성하면 자신의 성격 프로필을 받게 되는데, 이 프로필을 자기 직무를 잘 수행하고 있는 특정 직업인들의 프로필과 비교한다. 비교 대상이 되는 특정 직업인이란 그 직장에 만족하고 오래 일한 사람들을 말하는데, 이들과 성격 프로필이 유사할수록 설문지를 작성한 당사자도 그 일에 만족할 가능성이 높다고 해석한다.[15]

5요인모델

성격의 '빅 파이브' ┃ 특질이론을 발전시킨 세 번째 심리학자는 아이젠크(Hans Eysenck, 1916~1997)다. 그는 독일 베를린 출신으로 커텔이 공부했던 런던대학교에서 1940년에 박사학위를 받았다. 아이젠크는 일반인뿐 아니라 정신병 환자도 연구하면서 외향성과 신경성이라는 요인을 발견했으며, 후에 세 번째 차원인 정신병성(psychoticism)을 추가하여 특질들을 외향성·신경성·정신병성 등 세 가지 유형으로 분류했다.[16]

특질이론은 올포트·커텔·아이젠크를 거쳐 발전해왔지만 특질을 몇 가지로 해야 할지 무엇으로 해야 할지 논란은 계속되었는데, 1980년대 이후에는 다섯 가지로 설명하는 5요인모델이론이 주류가 되었다. 성격을 다섯 가지의 하부 개념(특질)으로 설명할 수 있다는 주장은 이미 1949년의 피스크(Donald Fiske)와 1961년의 투페스와 크리스탈(Ernest Tupes & Raymond Christal) 등에 의해 있었고, 1980년 골드버그(Lewis Goldberg)는 이를 '빅 파이브(Big Five)'라는 용어로 정리한 바 있다. 그리고 1985년에 맥크레(Robert McCrae)와 코스타(Paul Costa Jr.)가 최종적으로 확립했다.

맥크레는 미시간대학교에서 철학을 공부하고 보스턴대학교에서 심리학 석·박사학위를 받은 후 성격특질이 일생에 걸쳐 일관적으로 유지된다는 확신을 가지고 연구를 진행하던 중 코스타를 만나게 되었다. 코스타는 시카고대학교에서 심리학 박사학위를 받은 다음 미국국립보건원(NIH)의 노화연구소(Gerontology Research Center)에서 일하면서 맥크레를 만나 성격에 대한 공동연구를 시작했는데,[17] 처음에는 그동안 성격요인으로 확실히 입증된 신경성과 외향성 등 2요인을 연구했다. 그런데 곧 개방성·원만성·성실성 등 추가적인 요인을 발견하고 5요인모델을 확립했다.

5요인모델에서 다섯 요인에 대한 명칭은 연구자마다 조금씩 다르지만 일반적으로 코스타와 맥크레의 개념을 따른다. 코스타와 맥크레가 정리한 5요인은 신경성·외향성·개방성·원만성·성실성이며, 각 요인에는 다음과 같은 여섯 개씩의 하위 척도가 있다.[18]

① 신경성(neuroticism)
- 불안(anxiety)
- 적대감(angry hostility)
- 우울(depression)
- 자의식(self-consciousness)
- 충동성(impulsiveness)
- 취약성(vulnerability)

② 외향성(extraversion)
- 따뜻함(warmth)
- 사교성(gregariousness)
- 자기주장(assertiveness)
- 활동성(activity)
- 흥분 추구(excitement seeking)
- 긍정 정서(positive emotions)

③ 개방성(openness to experience)
- 공상(fantasy)
- 심미안(aesthetics)
- 감성(feelings)
- 실행력(actions)
- 아이디어(ideas)
- 가치(values)

④ 원만성(agreeableness)
- 신뢰성(trust)
- 솔직성(straightforwardness)
- 이타심(altruism)
- 순응성(compliance)
- 겸손함(modesty)
- 온유함(tender-mindedness)

⑤ 성실성(conscientiousness)
- 유능성(competence)
- 질서 정연함(order)
- 책임감(dutifulness)
- 성취 추구(achievement striving)
- 자기규율(self-discipline)
- 신중성(deliberation)

5요인모델은 성격을 기술하는 언어에 대한 요인분석을 통해서 도출되었기에 성격의 내부 구조를 설명하는 이론적 기반이 취약하다는 점 등에서 비판되고 있지만, 1980년대 이후에는 인지주의 성격이론과 함께 성격심리학의 양대 축이 되는 이론이다.[19]

성격을 분류하는 방법에는 범주(category)적 분류와 차원 (dimension)적 분류 두 가지가 있는데, 차원적 분류의 대표적인 방법이 5요인모델의 특질이론이다. 이는 성격을 몇 가지 특질로 구분하고 각 개인이 특정 특질을 얼마나 가지는지를 평가하기 때문에 결과는 특질별로 집단에서 차지하는 상대적 위치로 표현된다. 이와 대비되는 범주적 분류란 성격을 체질·혈액형·심리유형·에 니어그램 같은 유형으로 나누어 개인을 범주화하는 방법으로, 동일한 유형에도 개인차가 많이 존재할 수밖에 없다. 결정적인 문제는 이런 식으로 사람의 성격을 구분하는 것이 타당하다는 연구 결과가 거의 없다는 점이다. 따라서 성격심리학자들은 성격유형이론을 부정확한 것으로 여긴다.[20]

4 ┃

신경성
Neuroticism

—

신경

신경증

신경성

걱정

불안

짜증을 잘 내면 흔히 신경질을 부린다고 표현한다. 짜증이란 말은 1880년《한불자전韓佛字典》에 처음 나오고,[1] 신경질이란 말은 비슷한 시기에 서양 의학의 '신경'이란 개념이 들어오면서 만들어졌다. 신경질(神經質)의 사전적인 의미는 '신경이 너무 예민하거나 약해서 사소한 일에도 곧잘 흥분하는 성질'로, 성격의 5요인모델에서 보면 신경성(neuroticism)에 해당한다.

신경

신경질에서 노이로제까지 │ 신경이란 단어의 의미는 '①신경세포의 돌기가 모여 끈처럼 된 구조, ②어떤 일에 대한 느낌이나 생각' 등 두 가지다.[2] 신경을 뜻하는 영어 nerve는 해부학적인 의미로는 우리말과 동일하지만, 다른 쓰임새로는 용기(courage) 또는 걱정하고 불안한 느낌(being nervous) 등을 뜻하기도 한다. 이는 신경이란 말이 우리나라에 소개된 지 100여 년이 지나면서 자체적으로 진화한 결과 우리말이 영어 nerve와 의미가 달라졌기 때문이다.

신경(神經)은 일본 에도시대의 의사였던 스기타 겐파쿠(杉田玄白, 1733~1817)가 요한 쿨무스(Johann Kulmus)의 《타펠 아나토미아 *Tafel Anatomia*》라는 책을 1774년에 《해체신서解體新書》라는 제목으로 번역·출간할 때, 신기(神氣)의 神과 경맥(經脈)의 經을 조합하여 만든 말이다.[3] 우리나라에는 개화기 때 일본을 통해 서양 의학이 알려지면서 이 단어가 처음 소개되었고, 1920년대에는 성질을 의미하는 질(質)과 병을 의미하는 증(症)이란 말이 붙은 '신경질'과 '신경증'이란 말이 사용되기 시작했다.

1921년 6월 22일 〈동아일보〉에는 종로경찰서에서 구류 중인 피고인이 도망친 사건을 기술하면서 신경질이란 단어를 다음과 같이 사용했다. "종로서의 신경은 거의 신경질이 되도록 날카라워저서 날이 갈사록……." 그리고 같은 날짜의 '지방청년의 특색'이라는 사설 기사에는 "그 안색이 창백하며 안력(眼力)이 쇠퇴하고 그 행위에 무리와 허위(虛僞)가 수다(數多)하도다. 이와 갓흔 특징을 일언이폐지(一言以蔽之)하면 신경질이라 할지니……"라고 신경질에 대한 정의도 나온다.[4]

1939년 7월 21일에는 〈동아일보〉에서 '아동의 신경질'에 대한 다음과 같은 글을 실었다. "아이들의 신경질은 유전적으로 타고

나는 경우도 잇고, 난 후에 백일해나 홍역을 한 뒤끝에 쇠약해지
거나 오랫동안 영양불량 혹은 기생충이 잇기 때문에 또는 임신 중
어머니가 몹시 걱정되는 일이 만히 잇어서 그 결과 신경질인 아이
를 낫는(낳는) 경우가 잇습니다. 어찌하엿든 신경질인 아이는 몹시
약하고 그대로 자라면 성격적으로 되고 맙니다. 그리된다면 후일
에 사회에 나간대도 훌륭하게 자기가 할 만한 활동을 하기가 어렵
게 될 것이니까 어렷을 때 반드시 교정하여야 합니다."[5]

1920~1930년대의 〈동아일보〉 기사를 보면 신경질은 신경질환
에서 시작되어 성격으로 굳어지는 성질이었다. 반면 신경증은 신
경질환에 의한 통증과 같은 증상을 설명할 때 사용되는 말이었다.
1925년 2월 25일 〈동아일보〉 '가정위생 유행감기'라는 제목의 칼
럼에서는 감기 증상을 다음과 같이 설명했다. "신열과 함께 여러
가지 신경증이 발하여 사지가 쑤시고 허리가 몹시 압흐며 뼈마듸
마다 쑤시고 특별히 두통이 심하고 혹은 불면증이 생기고 혹은 너
머지는 증세가 생기는 것."[6]

1957년 11월 26일 〈동아일보〉는 3년간 미국에서 유학하고 돌
아온 정신위생학자 오석환(吳碩煥)과 인터뷰한 기사인 '정신위생
(精神衛生)이란 무엇인가'라는 제목의 기사에서, 정신위생학에서
다루는 병을 다음 네 가지로 구분하고 이에 대한 설명을 덧붙였다.

① 정신병: 광증(狂症)

② 신경질(神經質): 공포증과 강박관념

③ 히스테리: 기질적인 변화가 전연 없는데도 눈이 안 보인다거나 귀가 안 들리는 경우

④ 성격과 행동의 장해(障害): 감정을 억제할 수 없이 그대로 행동해버리는 것인데, 그 즉후로 후회와 반성을 하게 되지만 또다시 그렇게 번복되고 만다.

기사에는 다음의 글이 이어진다. "우리나라에 있어서는 아직까지 여기에 대한 학자가 헤아릴 정도이고 환자의 수도 통계학적인 정확한 수가 나타나지 않고 있으나 (중략) 육이오(6. 25)동란 이후 군대와 그 밖의 민간에서도 이러한 환자를 많이 볼 수 있는데 이것은 갑작스런 주변의 변화와 충격을 당했을 때 그것에 적응할 수 없는 경우는 정신병(精神病)과 신경증(神經症)으로 나타나게 되는 것이다."[7]

오석환의 정신질환에 대한 분류는 미국정신의학회가 발표한 1952년의 《정신질환진단통계편람(DSM-Ⅰ)》의 기준을 따른 것인데, neurosis를 신경질과 신경증으로 번역했다. 이처럼 1950년대 당시 신경질과 신경증은 서로 혼용된 것 같은데, 1960년대 이후에 신경질은 '신경이 날카로운 성질'과 같은 개인의 성질을 의미할 때만 쓰이게 되고, 신경증은 '심리적 원인에 의해서 나타나는 정신-신체 증상'을 의미할 때 사용하게 되었다. 또한 이 시기에 neurosis의 독일어 '노이로제(Neurose)'란 말을 사용하기 시작했다.

노이로제란 말은 우리나라 신문에서 1957년 이후부터 등장했

는데, 1958년 12월 8일 자 〈동아일보〉와 12월 9일 자 〈경향신문〉은 '노이로제라는 문명병과 그 요법'이라는 동일한 제목으로 동일한 내용을 보도했다. 다음은 그 내용 중 일부다. "문명사회의 부산물이라고 할 수 있는 노이로제(우울증)는 현대 인류문명이 급작스럽게 피기 시작하던 20세기 초까지는 그실 확정한 병으로서 의서상에는 기록도 되어 있지 않았었다. 그러나 불과 반세기 남짓한 동안 고도의 문명 발달과 아울러 복잡을 극한 사회생활 속에서 인류는 '노이로제'라는 새로운 난치병으로 괴로움을 받고 있다. (중략) 우울증 환자는 민감하고 지나치게 긴장하고 있다. 모든 것이 그에게는 귀찮다."[8]

노이로제라는 개념은 이처럼 처음에는 우울증과 유사한 의미로 소개되었지만 점차 '쓸데없이 신경을 쓰고 걱정하는 상태'라는 의미로 변했다. 그러다가 국민대 국어학 교수 송민은 1990년 7월 23일 〈경향신문〉 기고문에서, '신경을 쓰다'라는 말은 1980년 전후에 처음 들었다고 하면서, '신경'을 칼날처럼 세우고 살아가는 서글프고 우울한 현대인들의 심리 상태를 나타내는 표현으로 천박하고 유치하니 '마음 쓰다'로 순화하자고 주장했다.[9] 그러나 1922년에 발행된 보통학교 교과서에도 '신경 쓰다'라는 표현이 나오기 때문에,[10] 이 말은 이미 '신경질'이란 표현과 함께 사용되어왔던 것으로 보인다. 현재 '신경(을) 쓰다'의 사전적 의미는 '사소한 일에까지 세심하게 주의를 기울이다'로 나와 있다. 그러니까 과도하게 신경을 쓰는 것이 노이로제이고 신경증이라고 할 수 있다.

신경증

20세기 최대의 유행병 │ 신경증(神經症)이란 말 그대로 해석하면 신경에 생기는 증상을 뜻하며, 영어 neurosis의 번역어다. neurosis라는 말은 1777년 영국의 의사 컬런(William Cullen)이 처음 사용했는데, 당시에는 감각이나 운동 등 신경계의 질병을 의미했다.[11] 영어 '-osis'는 비정상적인 상태(abnormal condition)란 뜻으로 병명에 붙는 접미사인데, 당시의 neurosis는 정신착란 같은 정신질환뿐 아니라 소화불량이나 심장 두근거림, 건강 염려증 등의 증상을 포함하는 개념이었다. 즉 당시의 의학 수준으로 설명이 어려웠던 신체질환은 미지의 해부학적 구조였던 '신경'에서 유래한 것으로 설명했다. 그러나 100년이 흘러 1860년대부터 프랑스 의사 브로카(Paul Broca) 등에 의해 신경질환의 원인들이 규명되기 시작하면서 뇌졸중, 간질, 파킨슨병 등이 신경증에서 점차 분리되었다. 결국 신경증으로 계속 불리는 질환은 정신병과의 경계가 모호해지게 되었다.

정신병이라고 번역되는 psychosis란 용어를 처음 사용한 사람은 독일의 의사 칸스타트(Karl Canstatt)인데, 1841년 그는 신경계에서 발생하는 질환을 psychosis라고 불렀다.[12] 이는 neurosis(신경증)와 같은 의미였다. 그런데 1845년 포이히터슬레벤(Ernst Feuchtersleben)이 psychosis를 정신질환으로 정의하면서, psychosis는 제정신이 아닌 상태를 의미하는 것으로, neurosis와 대비되는 개념으로 사용되기 시작했다. 즉 망상이나 환각 증상이 있어서 현실에 대한 판단능력이 없으면 정신병(psychosis), 이 능력이 보존되면 신경증(neurosis)이라고 했다.

19세기 말에는 신경질환·신경증·정신병 등에 대한 구분이 확실해져서 프랑스의 심리학자 자네(Pierre Janet)는 신경증(neurosis)을 히스테리와 신경쇠약이라는 두 범주로 정리했고,[13] 독일의 정신과 의사 크레펠린(Emil Kraepelin)은 정신병(psychosis)을 조현병(정신분열증)과 조울증 등으로 분류했다.

현재 일반적으로 통용되는 신경증(neurosis) 개념을 정립한 사람은 프로이트다. 그는 신경증을 어린 시절에 근원을 둔 억압된 정신적 갈등을 상징하는 증상이라고 했다. 프로이트는 정신질환을 분류하고 체계화하는 것보다는 질병의 심인성 기전을 밝히는 것을 중요시했기 때문에 신경증 자체에 대한 정의는 모호한 측면이 있다. 또한 나중에는 현실신경증이라는 개념을 도입함으로써 개념상의 혼동을 초래하기도 했는데, 현실신경증(actual neurosis)은 어린 시절의 갈등 때문이 아니라 현재의 성적 충동이 방출되지 못했을 때 발생하는 성기능부전이라고 했으며, 심리적인 원인으로 발생하는 신경증은 정신신경증(psychoneurosis)이라는 하위 범주를 만들어 설명했다. 정신신경증이 프로이트가 의도한 본래적인 의미의 신경증이며, 이는 어린 시절의 성적 갈등 때문에 나타나는 정신질환을 의미한다.[14]

프로이트가 신경증의 개념을 정립하면서 신경증은 20세기 사람들이 앓는 유행병이 되었고, 따라서 신경증에 대한 이론도 많아졌다. 융은 신경증을 '마음의 고통'이라고 생각했지만, 인격 성숙의 기회라고 여겼다. 이는 프로이트가 신경증치료의 목표를 신경증 없애기에 둔 것과는 아주 다른 접근 방식이다.[15] 융은 신경증이란 도덕적인 의식이 무의식적인 욕구를 포용하지 못할 때 나타나는 마음의 고통이기 때문에, 신경증을 잘 분석하면 무의식적 욕구와 이를 억압하는 의식적 자아를 이해할 수 있고, 그러면 자아가 무의식적 욕구를 포용하여 한층 더 성장하게 된다고 주장했다.

프로이트의 현실신경증 개념은 프로이트 사후 폐기되었지만, 정신신경증 개념은 1952년 미국정신의학회의《정신질환진단통계편람(DSM-Ⅰ)》에 반영되었다.《DSM-Ⅰ》에서 정의한 정신신경질환(psychoneurotic disorder)의 주요 특징은 불안증(anxiety)이었는데, 불안반응·해리반응·전환반응·공포반응·강박반응·우울반응 등이 포함되었다.[16] 당시의 질병분류를 보면, 정신분석학 전통에 따라 증상은 인격의 의식적인 부분의 방어 기전에서 발생한다고 믿었기에 질병(disorder)보다는 반응(reaction)이라는 개념을 사용했다. 1968년에 개정된《DSM-Ⅱ》에서 정신신경증은 신경증(neurosis)이라는 개념으로 바뀌었는데 내용은 동일했다.

1970년대에는 정신분석학으로 정신과 환자를 진료하는 것이 잘못된 방법이라는 연구 결과가 많이 나오면서, 미국정신의학회는 1980년에 발표한《DSM-Ⅲ》에서 신경증이라는 병명을 삭제했다. 신경증이라는 개념이 과학적으로 입증 불가능한 무의식적인 갈등을 병의 근원으로 간주한다는 이유였다. 대신 과거 신경증에 속했던 병들은 불안장애(anxiety disorder)라는 범주로 분류되었다.

1980년대 이후에는 정신질환이나 신경질환에서 신경증이라는 병은 존재하지 않는 셈인데, 사람들 사이에 이미 많이 사용되던 신경증이라는 개념이 금방 사라지지는 않았다. 의학이 발전해도 여전히 설명 불가능한 수많은 정신적 증상들에 대해서는 신경증이라는 병명이 의사와 환자 사이에서 편안한 진단이기 때문이다. 시대마다 20세기 초중반의 '신경증'과 같은 사회적 역할을 담당하던 병명이 있었는데, 신경증 이전에는 신경쇠약(neurasthenia)이 이런 역할을 담당했고,[17] 신경증 이후에는 스트레스가 그 대용으로 등장했다. 스트레스로 유발되는 질병들이 계속 보고되고 있지만, 스트레스란 정확히 평가할 수 없는 개념이어서 잘 모르는 증상에 대해 스트레스성이라고 하면 의사나 환자나 모두 받아들인다. 사실 우리나라와 일본 의사들이 지금도 사용하는 '신경성위염(neurotic gastritis)' 같은 용어는 학계에서는 1960년대에 이미 폐기되었다.

신경성

적절치 않은 불안 | 의학계에서는 neurosis가 사라졌지만 심리학에서는 이를 neuroticism으로 변경하여 여전히 사용한다. neurosis와 neuroticism은 모두 '신경증적인(neurotic) 성향'이라는 의미인데, 우리말로는 신경성·신경증·신경증성·신경과민성·

신경증적 경향성 등 여러 가지로 번역된다. 한국심리학회의 심리학용어사전에는 '신경증'으로 나와 있다.[18]

신경성(neuroticism)을 성격심리학에서 처음 정의한 사람은 아이젠크다. 그는 1985년 성격특질을 외향성·신경성·정신병성 등 세 가지 유형으로 분류하면서, 각 유형은 서로 대비되는 성향인 내향성-외향성, 안정성-신경성, 충동조절성-정신병성 등으로 나뉜다고 주장했다. 그는 신경성을 상황과 현실에 적절하지 않은 불안함이라고 정의했다. 아이젠크에 의하면 신경성은 교감신경계가 쉽게 활성화되는 상태인데 이는 심박동수·혈압·손의 차가운 정도·발한·근육긴장 등으로 측정이 가능하며, 반대 성향인 안정성(stability)이 높은 사람은 큰 스트레스에 직면했을 때만 이런 반응을 보이고 일상적인 상황에서는 감정적으로 안정된 모습을 보인다.[19]

아이젠크의 이 주장은 설득력 있게 받아들여져 신경성에 대한 신경학적 연구가 활발히 이뤄졌다. 지금까지 밝혀진 바를 정리하면 신경성은 구조적으로는 공포 반응에 관계하는 편도를 비롯해 해마·우측 전두엽 등과 관련되고, 화학적으로는 아드레날린·코르티솔·세로토닌 등과 관련된다.

신경성에 대한 1980년대 이후의 심리학적 연구는 5요인모델을 통해서 이뤄졌다. 신경성은 '정서적 안정성(emotional stability)'이라는 개념을 사용하기도 한다. 신경성과 정서적 안정성은 서로 반대되는 성향을 뜻하므로 신경성은 '정서적 불안정'과 같은 의미다. 코스타와 맥크레가 1990년에 제시한 신경성에 대한 정의를 보면 신경성이 높은 사람은 불안증을 많이 느끼고, 좌절로 인한 적대적인 분노를 자주 느끼며, 우울한 기분에 빠지고, 수치감과 같은 자의식이 강하고, 충동적인 만족을 추구하고, 스트레스에 매우 취약하다.[20] 그러니까 신경성이 높으면 평소에 우울한 기분에 젖어 있고 걱정이 많은 성격이기 때문에 정신과적으로 우울증과 불안증을 많이 앓게 된다. 뿐만 아니라 조울증, 조현병, 경계성 성격장애, 조현형 성격장애, 회피성 성격장애, 의존성 성격장애 등을 동반하는 경우가 많다.[21]

5요인모델에서 성격을 테스트하는 가장 간단한 방법 중 하나인 영국 뉴캐슬대학교 성격진단표(NPA, Newcastle Personality Assessor)의 신경성 항목은 다음 두 문항으로 되어 있다.

① 울적하거나 우울함을 느낀다.
② 스트레스나 걱정을 느낀다.

이때 전혀 아니면 1점, 별로 아니면 2점, 중간이면 3점, 약간 그렇다면 4점, 매우 그렇다면 5점을 준다. 두 문항의 점수를 합산한 결과가 2~4점이면 하위 25퍼센트, 5~6점이면 중하 25퍼센트, 7~8점이면 중상 25퍼센트, 9~10점이면 상위 25퍼센트에 속한다.[22]

한국인이 사용하는 성격 묘사 단어를 연구한 교육학자 최태진이 '정서적 동요'라는 범주로 묶은 말들은 '신경질적이다, 발끈하다, 성급하다, 화 잘 내다, 불평 많다, 딱딱거리다' 등이었고, 이에 반대되는 성향은 '느긋하다, 여유 있다, 무신경하다' 등이었다.[23] 이 단어들이 한 범주로 묶이는 것은 요인분석이라는 통계학적 방법을 사용한 결과인데, 이는 한국인이 이 단어들을 유사한 의미로 서로 교체하여 자주 사용한다는 뜻이다. 그래서 우리나라 사람들은 신경질이나 짜증을 자주 내는 사람을 보면 정서적으로 불안하고 성급하다고 생각한다.

걱정

신경성이 극단적으로 낮으면 사이코패스? | 사람들이 걱정하는 내용을 분석한 바에 따르면 평균적으로 모든 걱정의 80퍼센트는 쓸데없는 것이다. 이는 발생 가능성이 매우 희박하다는 의미인데, 신경성이 높은 사람들이 하는 걱정은 100퍼센트 가까이 쓸데없다.[24] 대부분의 사람들은 걱정도 많이 하지만 낙관적인 태도도 가지고 있기 때문에, 설령 부정적인 사건이 일어난다 해도 걱정과 낙관의 균형을 유지한다. 그러나 신경성이 높은 사람은 사소한 부정적인 사건들에서 발생할 수 있는 위험성을 과대평가한다.

성격이란 항상 양면성이 있어서, 신경성이 높으면 과도한 걱정에 시달리지만 너무 낮으면 위험성을 과소평가해 실제 위험에 처할 가능성이 높다. 때로는 미래에 대한 우울한 판단이 정확한 판단일 수 있는데, 이를 '우울한 현실주의'라고 한다. 작가·시인·예술가들에게서 우울증이 많은 것도 이런 이유 때문이고, 사고능력을 요하는 분야에서는 신경성이 높을수록 성공 가능성이 높아지는 측면도 있다.[25] 19세기 말 노르웨이의 극작가 입센의 희곡 〈페르 귄트〉에는 과도한 낙관주의와 우울한 현실주의 간의 거래에 관한 이야기가 나온다. 산속의 마왕은 페르 귄트에게 근심 없는 영생의 삶을 제안한다. 그 제안을 받아들이면 완전히 행복한 삶을 살 수 있다. 그 대가로 페르 귄트는 한쪽 눈을 뽑아내고 남은 한쪽 눈으로는 분홍색만 봐야 했다. 아무런 고통이 없는 행복을 택할 경우 페르 귄트는 세상을 있는 그대로 볼 수 없게 된다.[26]

영국의 사회학자 매켄지(James McKenzie)는 대학생의 학업성취도를 예측하는 지표로서 신경성을 연구하면서, '자아강도(ego-strength)'가 높은 학생들은 신경성이 높을수록 학업성취도가 높다는 사실을 발견했다.[27] 매켄지가 정의한 자아강도란 '체계적인 사고와 자기수양 정도'를 말하는데, 성실성과 같은 개념이다. 따라서 연구 결과를 재해석하면, 높은 신경성이 높은 성실성과 결합하면 걱정이 많을수록 더 노력해서 좋은 성적을 낸다는 것이다.

걱정이란 미래에 발생할지 모르는 불행한 사태를 미리 점검해서 조심하게 하는 기능이 있다. 따라서 걱정이 너무 없으면, 즉 신경성이 낮으면 위험에 처할 수도 있다. 스포츠심리학자 숀 이건(Sean Egan)이 해발 5364미터 높이에 있는 에베레스트산 베이스캠프에서 등정을 준비하던 39명의 성격을 아이젠크의 3요인(외향성·신경성·정신병성)으로 조사한 결과를 보면, 이 등반가들의 신경성 점수는 일반인에 비해 월등히 낮았다.[28] 에베레스트산 등정이라는 위험한 일에 도전하는 사람들의 불안감이 매우 낮았다는 것은 상식에 합당한 결론이다. 그런데 위험을 감수한다는 것은 실제 위험에 더 많이 처하게 된다는 것을 의미한다. 에베레스트산 등반 통계를 보면 2012년까지 등정 시도는 5600번 정도 있었는데, 이 중 223명이 사망했다(손 이건도 2005년 에베레스트산 등반 도중 사망했다).[29] 신경성이 극단적으로 낮은 또 다른 그룹은 사이코패스다.[30] 이들은 처벌에 대한 두려움이 별로 없기에 사기를 포함한 범죄행위에 능숙하며, 냉혹하고 이기적이기 때문에 사회적으로 성공하기도 한다.

불안

신경안정제 등장이 불안증 진단을 늘렸다 │ 20세기 초반에 만들어진 신경증 개념은 20세기 중후반에는 불안증과 거의 동일시되었는데, 20세기에 등장한 실존주의 철학은 불안을 인간의 존재적 특성이라고 여겼다. 실존주의에 따르면 삶에서 중요한 태도는 타인의 지시가 아닌 개인 자신이 목표를 선택하고 추구하는 자유가 있음을 인식하는 것이며, 대신 우리는 불안을 감수해야 한다. 19세기의 덴마크 철학자 키르케고르는 이런 불안감을 '자유의 현기증'이라고 표현했다.[31]

정신분석학과 실존주의 철학으로 불안을 분석한 심리학자는 미국의 롤로 메이(Rollo May)다. 그는 결핵에 걸려 뉴욕 북부 외곽에 위치한 요양소에서 몇 년을 보냈는데, 이 기간은 매우 우울한 시간이었으며 수차례 죽음의 문턱에 이르기도 했다고 전해진다. 병중에 그는 키르케고르와 프로이트의 불안에 대한 연구를 비교했다. 메이는 프로이트는 불안과 관련된 인간의 반응을 명석하게 분석했지만 불안에 대해 가장 명확하게 알고 있는 사람은 키르케고르라고 하면서, 정상적으로 불안은 존재에 대한 위협에 비례해서 나타나고 건설적으로 직면된다고 했다. 그런데 정상적으로 발생하는 불안을 억압해서 제대로 표현하지 못하면 신경증적 불안이 생긴다고 주장했다.[32]

불안이란 개념이 20세기 인간의 존재적 특성으로 된 것은 신경안정제의 등장과도 관련이 있다. 1955년에 출시된 첫 안정제인 밀타운(Miltown)은 1년 만에 새로운 문화 현상을 만들었다. 영화배우 등 유명인들이 밀타운을 술과 같은 스트레스 해소용으로 이용했던 것이다. 당시 로스앤젤레스 어느 신문에는 다음과 같은 칼럼이 실렸다. "영화계에서 일단 알 만한 인물이 될 만큼 올라왔다면 긴장감과 정신적 스트레스에 무릎까지 빠진 기분일 것이다. 정상에 오르기까지 고군분투하며 느꼈던 불안감은 정상에 오르고 나면 여기 계속 머무를 수 있을 것인가 하는 불안감으로 바뀐다. 그러니 유명 배우건 무명 배우건 하나같이 약통에 조그맣고 신비로운 알약을 가득 채운다." 당시 촬영 세트장에는 늘 밀타운이 구비

되어 있기도 했다.[33]

　밀타운의 선풍적인 성공 이후 보다 효과적인 벤조디아제핀 계열의 많은 안정제가 출시되었다. 덕분에 불안증으로 괴로운 사람들은 정신과를 찾았고 의사들은 안정제를 처방했다. 현재 불안장애(anxiety disorder)로 분류되는 많은 질환들은 바륨(valium) 등 불안증 치료약들이 미국 제약시장에서 1등을 하던 시기에 개정된 1980년판 《DSM-III》에 처음으로 등록된 것들이다. 불안 증상을 효과적으로 조절할 수 있는 약품의 등장은 불안증 진단을 남발하게 만들었고, 현재 불안장애는 정신질환 중 가장 흔한 병이 되었다. 미국인의 25퍼센트는 평생을 통틀어 한 번은 불안장애 진단을 받는다.[34]

5ㅣ

성격요인②
외향성
Extraversion

—

'외향적(外向的)이냐 내성적(內省的)이냐'라는 평가는 성격을 표현할 때 가장 많이 언급되는 범주다. 사람들과 잘 어울리고 적극적이면 외향적인 성격을 가졌다고 하며, 사람들과 어울리기를 어려워하고 소극적이면 내성적이라고 한다. 내성적이라는 말은 내향적(內向的)이란 말과 같은 의미다.

외향성–내향성

주체를 보는가, 객체를 보는가 │ 외향성(extraversion)과 내향성(introversion)이란 말은 융이 1921년에 출간한《심리유형》에서 처음 사용했다. 그는 외향성을 "사교적이고 활발하며 상황에 쉽게 적응하고, 잠정적 불안 요소에 아랑곳하지 않고 미지의 상황으로 돌진해나가는 특성"이라고 했고, 내향성은 "사려 깊고 대상으로부터 물러나 관조하며, 방어적이어서 신뢰할 수 없는 상황에 대해서는 뒤로 물러나 신중히 검토하는 특성"이라고 했다.[1]

융에 따르면 외향형은 외부 기준에 부합되는 방향으로 판단하고 행동하기 때문에 주체를 소홀히 할 위험이 있다.[2] 외향적인 사람은 그에 대한 보상으로 무의식 차원에서는 내향적 성향을 가지는데, 외향성이 너무 과도하면 그동안 억눌렸던 원시적이고 유치한 내향적 성향이 그대로 드러나게 된다. 다음은 《심리유형》에 소개된 성공한 인쇄업자의 예다.

"그는 말단 사원으로 시작해서 몇 년 노력해 마침내 번창하는 사업장의 소유주가 되었다. 사업이 확장될수록 사업이 옥죄는 강도가 심해졌다. 그러다 사업이 그의 모든 관심사를 삼켜버리기에 이르렀다. 사업에 대한 절대적 관심에 대한 무의식적 보상으로 어린 시절이 생생하게 떠올랐다. 그는 어릴 때 그림을 그리면서 큰 기쁨을 누렸다. 그런데 그림 그리기를 보상적 취미로 발전시키지 못하고 사업에 접목시키면서 제품을 예술적으로 장식할 수 있을 것인가를 고민하기 시작했고, 불행히도 그것이 구체화되었다. 자신의 원초적이고 유아적인 취미에 어울리는 제품을 만들어낸 것이다. 그래서 몇 년 뒤 사업은 망하고 말았다. 그는 모험적인 기업인은 모든 것을 단 한 가지 목표에 집중해야 한다는 우리 시대의 이상(理想)에 맞춰 행동했다. 그러나 그는 지나치게 멀리 가버렸으며 그 결과 자신의 유아적 욕구의 힘에 희생되고 말았다."[3]

내향형은 외향형과 달리 대상이나 객관적인 자료의 영향을 받지 않고 주관적인 요소의 영향을 받는다. 내향적 의식도 당연히 외적 조건들을 알고 있지만 의식은 주관적인 요소에 의해 결정한다.[4] 즉 내향형은 자기를 들여다보며 이에 입각해서 판단하고 행동하며 항상 주관적인 속성이 결정적인 역할을 한다. 이것을 두고 자기중심적이고 주관적이며 이기적이라는 비판이 있지만, 융은 이런 비난은 외향적인 태도에서 보는 편견이라고 했다.[5]

외향형에 내향적 경향이 있듯이 내향형에도 외향적 경향이 있어서, 적절하게 서로 보상함으로써 내향적 태도를 보다 효과적으로 관리할 수 있다. 그러나 내향적 태도가 극도에 다다라서 외향성이 의식적인 차원에서 완전히 배제되면 무의식에서는 외향적 경향이 나타나게 된다. 무의식에 억압된 객체적인 요소는 유아적이고 원시적인 모습을 띠게 되는데, 이것이 외계에 투사되면 외부 세상이 마치 마력을 지닌 존재처럼 여겨진다. 즉 의식 세계에서 '나'를 내세우면 내세울수록 그의 마음 깊숙이 '남'에 대한 두려움이 싹트고 바깥세상을 두려워하며, 심하면 은둔 생활을 하게 된다.[6]

1930년 2월 5~6일 자 〈동아일보〉는 '정신분석학의 분파'라는 제목으로 융의 이론을 소개했는데, 다음과 같은 대목이 있다. "외향형의 것은 흥미주의가 객관적 사물로 향하며 사회적으로 승인된 도덕리법(道德理法)이 그의 행위를 지도한다. (중략) 내향형의 것은 외계에 대하야 흥미가 업고 환경으로부터 멀리 떨어저잇서 주관적 견지에 의하야 행동한다."[7]

외향성과 각성 수준

외향형은 초콜릿을 좋아해 │ 융의 외향성-내향성 개념은 1940년
대 아이젠크에 의해 실증적인 모델로 발전했다. 현재 우리가 사
용하는 외향적-내향적 개념은 융보다는 아이젠크의 개념에 가
깝다. 아이젠크에 따르면 외향형(extravert)은 흥분되는 일을 좋아
하고 외부 현실을 지향하며 사회적이고 충동적인 반면, 내향형
(introvert)은 조용하고 자신 내부 현실을 지향하며 질서가 잡힌 생
활을 좋아하고 자기성찰적인 사람이다.[8]

아이젠크는 융의 무의식이론을 버리고 실험 결과에 근거한 이
론을 만들었다. 그는 외향적인 사람과 내향적인 사람은 뇌줄기
(뇌간)에서 대뇌로 전달되는 상행망상활성시스템(ARAS, ascending
reticular activating system)의 작용이 다르다고 주장했다. 망상(網狀)
활성시스템은 1949년에 처음 발견되었는데, 뇌줄기에 있는 신경
섬유다발로 가느다란 망처럼(reticular) 생겼다. 이것이 활성화되면
각성 상태가 되고 그렇지 않으면 수면 상태가 된다고 해서 활성시
스템이라고 하는데, 활성화된 자극이 위쪽의 피질로 전달되기 때
문에 상행이라는 말이 붙었다. 이 ARAS가 활성화되면 사람은 각
성되어 활동할 준비를 한다.[9]

외부 자극이 ARAS를 활성화시키는데, 아이젠크는 ARAS가 외

부 자극에 반응하는 정도는 외향형과 내향형이 다르다고 주장했다. 내향형은 약한 자극에도 쉽게 활성화되기에 자극이 적고 안정된 환경을 좋아하는 반면, 외향형은 약한 자극으로는 활성화가 안되기에 강한 자극이 있는 사교 모임이나 새로운 환경을 좋아한다는 것이다.[10] 이것은 좋은 가설로 보이지만 정말 사실인가? 내향적인 사람과 외향적인 사람 간의 각성 수준에 타고난 차이가 있다면 잠을 자거나 휴식을 취하고 있을 때도 차이가 있어야 한다. 하지만 뇌파와 양전자단층촬영(PET, positron emission tomography) 등으로 아이젠크의 가설을 검증해봤으나 모두가 인정할 만한 성과는 없었다. 굳이 성과라고 한다면 아주 미미한 차이를 보일 뿐이었다. 따라서 아이젠크의 이론을 그대로 수긍할 수는 없다. 그러나 외향적인 사람과 내향적인 사람은 보통 자극에 다른 반응을 보인다는 연구 결과들은 많다.[11] 예를 들어 미국의 심리학자 랜드럼(Eric Landrum)은 외향형이 내향형보다 초콜릿이나 커피, 차, 콜라 등의 음료를 더 많이 소비한다는 사실을 발견했다.[12] 이런 음료는 모두 각성 효과가 있는 카페인을 함유하는데, 다른 연구들에서도 카페인은 내향형과 외향형에 미치는 영향이 달랐다. 커피를 기준으로 한 잔 정도는 내향형이나 외향형 모두에서 학업 수행을 향상시키지만, 이보다 더 많은 양의 커피를 마시면 외향형은 커피의 양에 비례해서 꾸준히 수행능력이 향상되었으나 내향형은 감소했다.[13]

미국의 심리학자 캠벨과 홀리(John Campbell & Charles Hawley)

는 1978년과 1979년 두 번에 걸쳐, 도서관에서 공부하고 있는 대학생 57명과 55명을 외향성-내향성에 따라 분류하고 이들이 도서관 어디에서 공부하는지, 공부하는 동안의 소음·혼잡함·사교 활동 기회의 수준 등이 성격과 관련 있는지를 조사했다. 그 결과 내향형은 조용한 장소를 선호하고 개인 열람실에서 공부하는 경향이 있는 반면, 외향형은 다소 소란하고 사교 활동이 가능한 붐비는 장소에서 공부하는 것을 선호했으며 단조로운 학습 시간을 지루해하고 휴식 시간을 갖는 횟수가 훨씬 많았다.[14] 영국의 심리학자 펀햄과 브래들리(Adrian Furnham & Anna Bradley)는 대학생 88명을 대상으로 성격검사를 한 후 외향성-내향성의 정도가 강한 20명을 선택했다. 그런 다음 음악이 있는 조건과 조용한 조건 등에서 기억력과 독해능력 등 다양한 인지능력을 테스트해봤는데, 복잡한 과제를 수행해야 하는 경우 음악이 있는 조건에서는 내향형이 외향형보다 성적이 저조했다.[15]

학생을 대상으로 한 연구들을 보면 내향적인 학생에게는 집중에 방해가 되는 외부 자극을 최소화하는 환경이 중요하고, 외향적인 학생에게는 적절한 각성 수준에 도달할 정도의 외부 자극이 있는 환경이 좋다는 사실을 알 수 있었다. 이는 학생뿐 아니라 직업인에서도 그 차이가 나타났다. 미국의 심리학자 데이비스와 파라슈라만(David Davies & Raja Parasuraman)은 야간작업을 필요로 하는 업무에서 외향형이 내향형보다 쉽게 지치고 결과적으로 실수할 가능성이 높다는 것을 발견했다. 그래서 품질 관리가 필요한

업무나 항공교통 관제사, 보안검색대 요원 같은 업무에는 내향형이 더 적합할 수 있다.[16]

외향성

외향적인 사람의 사회성과 행복감 | 코스타와 맥크레가 정립한 5요인모델이론에 따르면 외향성이 높은 사람은 타인에게 관심이 많고 사교적이며, 자기주장이 강하고 활동적이며, 자극적인 일을 추구하고 긍정적인 정서를 많이 경험한다. 반면 내향적인 사람은 말이 적고 침착하며, 처음 보는 사람과 친해지는 데 시간이 걸리고, 인간관계에서 상대방에게 주도권을 넘겨주는 경향이 있으며, 지나치게 바쁜 생활을 싫어하고 평온한 상태를 좋아하며, 쾌락을 적극적으로 추구하지 않는다.[17] 뉴캐슬 성격진단표(NPA)의 외향성 항목 문항은 다음과 같다.

① 모르는 사람에게 먼저 말을 건다.
② 회식, 파티, 사교 모임을 계획한다.

이때 전혀 아니면 1점, 별로 아니면 2점, 중간이면 3점, 약간 그렇다면 4점, 매우 그렇다면 5점을 준다. 두 문항의 점수를 합산한 결과가 2~4점이면 하위 25퍼센트, 5~6점이면 중하 25퍼센트, 7~8점이면 중상 25퍼센트, 9~10점이면 상위 25퍼센트에 속한다.[18]

외향성에 대한 개념은 융이나 아이젠크, 그리고 코스타와 맥크레의 정의가 각각 상이하다. 특히 아이젠크가 외향성의 핵심적인 특징이라고 꼽은 사회성(sociability)이 과연 외향적인 사람의 특성인지는 논란이 많다. 외향적인 사람은 사교 활동에 더 많은 시간을 쓰고, 말을 더 많이 하며, 모임을 더 좋아하고, 타인의 관심 대상이 되고 싶어 하며, 사람을 더 빨리 사귀기는 하지만 그렇다고 꼭 인간관계를 잘 유지하는 것은 아니기 때문이다. 외향적인 사람은 모임에 가서 새로운 사람들과 신나게 놀고 취하면서도 한편으로는 싸우기도 잘한다.[19] 또 다른 논란은 외향형과 행복감의 관계다. 외향형은 기분을 좋게 하는 환경과 체험을 찾아다니기 때문에, 긍정적인 감정, 삶의 만족도, 삶의 질에 대한 느낌, 사람들과 어울려야 하는 분야에서의 성공 등을 측정한 결과를 보면 다른 조건이 모두 동일할 경우 외향적인 사람이 우세하게 나타난다.[20]

그렇지만 사람의 기분은 시간과 상황에 따라 변한다. 외향적인 사람이라고 해서 항상 사람을 만나고 싶어 한다거나 모험을 즐기는 것은 아니며, 내성적인 사람도 어떤 경우에는 매우 외향적인 모습을 보이기도 한다. 사람은 누구나 때로는 혼자만의 공간에 있고 싶은 반면, 자신감으로 가득 차 온 세계를 품을 수 있을 것 같은 순간도 있다. 미국 심리학자 윌리엄 플리슨(William Fleeson)은 순간순간 변하는 외향성이 기분에 어떤 영향을 미치는지를 연구했다.[21] 대학생 46명이 연구에 참여했는데, 먼저 성격 질문지를 통해 이들의 외향성-내향성을 조사했고 실험은 2주 동안 진행되었다. 학생들은 이 기간 동안 매일 다섯 번 보고했으며, 이때 보고하기 전 몇 시간 동안 자기가 얼마나 말을 많이 했는지, 활동적이었는지, 자기주장을 내세웠는지, 모험적이었는지 등 네 가지 항목에 대해 각각 1점에서 7점까지 점수를 매기도록 해서 외향성을 평가했다. 동시에 긍정적인 정서를 어느 정도 체험했는지도 평가했다.

처음에 외향형으로 분류되었던 학생들은 2주 동안 외향성을 유지했고, 내향형도 자신의 특성을 유지하기는 했지만 순간순간 변화는 있었다. 기분에 관한 평가 역시 우울함이 지속적으로 지배적인 학생도 있었고 지속적으로 쾌활함을 보인 경우도 있었지만, 대부분은 변동을 보였다. 긍정적인 기분과 외향성-내향성의 연관성을 분석해보니 행복한 시간의 대부분은 외향적일 때였다. 사교적이고 활기찰 때 대개 즐거움을 같이 느꼈다. 성격평가에서 내향적이라고 판정된 사람들도 외향적일 때 더 기분이 좋다고 느꼈다.

플리슨은 연구를 좀 더 진행했다. 외향성과 '좋은 기분'의 관계는 우연의 일치인가, 아니면 실제 연관이 있는가를 알아보는 연구였다. 이를 위해 학생들에게 토론 과제를 주고 임의로 두 그룹으로 나누어 한 그룹은 외향형 역할을 하도록 했다. 즉 말을 많이 하고, 적극적이고 정력적으로 활동하는 역할을 맡겼다. 다른 그룹은 말을 삼가고, 수동적이고 조심성 있게 행동하는 내향형의 역할을 하도록 했다. 두 번째 토론 시간에는 학생들이 반대 역할을 하게 했다. 연구 결과는 두 번의 토론에서 모두 외향형을 연기한 경우가 내향형 연기를 할 때보다 자신의 역할을 즐겼고, 본디 내향형들도 외향형 역할을 할 때 더 즐거워했다.

외향적인 사람이 인간관계에 관심을 갖는 본질적인 이유는 이들이 야망을 가진 경우가 많고 높은 지위와 사회적 관심을 즐기는 경향이 있기 때문이다. 이들은 목표를 추구하는 데 에너지를 쏟아붓고, 매우 활동적이며, 섹스와 파티를 좋아하고, 변화 없는 생활에 지루해하며, 결혼 횟수도 내향형에 비해 많다.[22] 외향형이 왜 이런 특징을 보이는지에 대한 하나의 해답은 뇌 보상체계의 활성화에 있다.[23] 외향적인 사람은 뇌의 보상체계인 복측피개영역 ― 측좌핵 ― 전전두피질의 도파민 회로가 쾌락적인 자극에 쉽게 활성화된다.[24] 보상체계가 활성화되면 금전, 지위, 명예, 섹스 등 보상이 주어지는 경우 위험을 감수한다.

외향성-내향성은 여러 성격특질 중 하나이기 때문에 외향형이 모두 개방적이고 친화적인 성격을 가지는 것은 아니다. 마찬가지로 내향형이 모두 폐쇄적이고 자기중심적인 성격을 가지는 것도 아니다. 그리고 외향성-내향성에 대한 성격검사를 해보면 대부분은 중간 수준의 점수를 받고 약간씩만 외향성이나 내향성으로 치우친다. 이런 중립지대의 범주(ambiversion)는 1979년 아이젠크가 실시한 성격검사에서 발견되었는데,[25] 이들을 양향성자(ambivert)라고 한다. 양향성자는 내향적인 특성과 외향적인 특성의 중간 수준을 적절하게 유지한다. 펜실베이니아대학교 와튼스쿨의 조직심리학자 애덤 그랜트(Adam Grant)가 영업 분야에서 외향성자나 내향성자보다 양향성자가 더 좋은 성적을 올린다는 연구 결과를 발표한 이후[26] 양향성자는 월스트리트의 주목을 받고 있다.

자기계발과 내향성

내향적인 성격이 장애라고? | 융이 처음 제안했던 외향형-내향형 이론이 자기계발운동과 연관되어 발전하면서 사람들은 외향성을 더 좋은 것으로 인식하게 되었다. 자기계발운동은 우리나라에서는 IMF구제금융 이후 신자유주의 흐름을 타고 성황이었는데, 근원은 20세기 초반 미국에서 시작되었다.

자기계발운동의 선구자는 데일 카네기(Dale Carnegie)다. 카네기는 미국 중서부 미주리주의 작은 시골에서 가난한 농가의 아이로 태어났는데, 어렸을 때 날마다 새벽 3시면 일어나 부모가 키우는 소의 젖을 짜야 했다고 한다. 그러던 어느 날 셔토쿼(Chautauqua) 연사가 마을에 왔다. 셔토쿼운동이란 1873년에 뉴욕 북부를 중심으로 시작된 성인교육 프로그램으로, 강사들을 시골 마을에 보내 문학·과학·종교 등을 강연하는 운동이었다. 이 강연을 듣던 카네기는 카리스마 넘치는 화법을 개발해서 부자가 되었다는 한 강사의 이야기에 감명을 받았다.[27] 대학에 입학한 카네기는 웅변대회에서 우승하는 학생들이 지도자로 인정받는다는 사실을 깨닫고 대회마다 참여하면서 부단히 연습했으며, 결국 대회에서 우승까지 하게 되었다.

카네기가 1908년 대학을 졸업할 무렵 그의 가족은 여전히 가난

했지만 미국은 급속도로 성장하고 있었다. 헨리 포드가 모델 T 자동차를 대량 생산하기 시작했고, 전기가 일반 가정집에 들어오고 화장실이 실내에 생기기 시작하던 시기였다. 경제가 이렇게 급변하자 판매원이나 사교 기술이 뛰어난 사람들이 사업을 주도해나가기 시작했다.[28] 카네기는 대학 졸업 후 회사에 취직해 베이컨·비누·돼지기름 등을 판매했는데, 노력 끝에 1등 판매원이 되었다. 그리고 자신의 성을 Carnagey에서 철강왕 카네기(Andrew Carnegie)의 Carnegie로 바꾸고 뉴욕시의 YMCA 야간학교에서 강의를 하기 시작했다. 강의가 선풍적인 인기를 얻자 그는 자신의 이름을 딴 데일카네기연구소를 설립한 후 인간경영학을 연구하고 출판과 교육 활동을 본격적으로 하기 시작했다. 그리고 1936년에는《카네기 인간관계론How to Win Friends and Influence People》을 출간하면서 조직적인 학습을 통해 대인 기술을 발달시킬 수 있다고 주장했다. 카네기의 책이 나오기 전에는 사람을 대하는 능력은 천성적으로 타고나는 것으로, 즉 태어날 때부터 사람을 다루는 기술이 뛰어나거나 그렇지 못함이 정해져 있다고 생각했다. 그러나 그는 이러한 믿음을 바꿨다.[29]

카네기가 농촌 소년에서 성공적인 판매원으로, 다시 대중 연설가로 변신해가는 이야기는 '외향성'의 부상과 시대적인 맥락을 같이한다. 문화역사가 워런 서스먼(Warren Susman)은 20세기 초반에 미국이 '인격(character)의 문화'에서 '성격(personality)의 문화'로 전환되었다면서, 새로운 성격의 문화에서 가장 각광받는 역할

은 연기자였고 너 나 할 것 없이 연기하는 사람이 되어야 했다고 말했다.[30]

서스먼은 19세기의 인격 지침서들에서 추천되는 좋은 자질들은 '시민으로서의 자질, 의무, 일, 고귀한 행위, 명예, 명성, 도덕성, 예절, 진실성' 등이었는데, 20세기 지침서들에서는 '자석처럼 끌리는, 마음을 사로잡는, 충격적으로 멋진, 매력적인, 눈부신, 지배적인, 강력한, 에너지 넘치는' 등으로 기준이 바뀌었다고 지적했다.[31] 1920년대와 1930년대에 미국인들은 영화배우에게 사로잡혔고, 이들을 스타(star)라고 부르기 시작했다.

1920년대 미국 학교에서는 좋은 성격을 개발하는 데 중점을 두기 시작했고, 부모는 아이가 사람들과 어울리기 좋아하는 성격이 이상적이라고 생각했다. 어떤 부모는 아이가 클래식음악 감상 같은 혼자서 즐기는 취미는 하지 못하도록 했다. 외향적인 성격이 사회적·경제적 성공을 가져올 것이라고 믿었기 때문이다. 부모는 아이를 점점 어린 나이에 학교를 보냈고, 학교에서는 아이들과 어울리는 법을 가르쳤다. 잘 어울리지 못하는 내향적인 아이는 문제아로 지적되었다.[32]

1956년에 출간된 윌리엄 화이트(William Whyte)의 《조직인간 The Organization Man》은 1950~1960년대 미국 직장인의 삶을 그린 책인데, 여기에 당시 부모와 교사가 조용한 아이를 어떻게 개조하려 했는지가 나온다. 한 어머니는 이렇게 말한다. "조니는 학교생활을 잘하지 못했어요. 선생님 말씀이, 아이가 공부는 잘하는

데 기대만큼 사교적이지 않다더군요. 조니는 애들 한두 명하고만 놀고 때로는 그냥 혼자 있어도 즐거워해요." 부모들은 학교에서 내향적인 아이를 고쳐주려고 노력하는 것에 고마워했다. 당시 한 대학 학장은 이렇게 말했다. "고등학교에서 받은 지원서를 검토할 때 대학이 원하는 것이 무엇이냐는 점뿐 아니라 4년 뒤에 기업에서 신입사원에게 원하는 것이 무엇이냐는 점도 고려하는 게 상식이라고 생각합니다. 기업들은 아주 사교적이고 활동적인 유형을 원합니다. 그래서 가장 좋은 학생이란 평균 80점에서 85점 받으면서 과외활동을 폭넓게 하는 아이라고 봅니다. 총명하지만 내향적인 아이는 쓸모가 없습니다."[33]

이제 미국에서는 숫기 없음이나 소심함 등은 고쳐야 할 좋지 않은 성격이 되었고, 1970년대에는 내향성이 성격장애로 등록되기도 했다. 1978년에 발표된 세계보건기구(WHO) 질병분류(《ICD-9》)의 정신질환 목록에는 성격장애(personality disorder)로 열 가지가 등록되었는데, 이 중 하나인 조현성 성격장애의 하부 항목으로 내향성 성격(introverted personality)이 들어갔다.

1988년에 출간된 이정균의 《정신의학》에는 내향성 성격장애가 다음과 같이 설명되어 있다. "내향성 인격장애(introverted personality disorder)는 사회적인 관계 형성의 능력이 결여되어 있고 내향적이고 정서가 빈곤한 이상성격을 말한다. 그들은 사회 참여에 관심이 없고 친구도 별로 없이 언제나 혼자 지낸다. 칭찬이나 비판을 받고 주는 것에도 관심이 없고 다른 사람의 느낌이 어떤 것인가도 관심이 없다. 외부와 담을 쌓고 혼자 즐길 수 있는 독특한 취미에 몰두하기도 한다. 나쁜 감정이든 좋은 감정이든 표시할 줄 모르고 유머가 없고 냉정하고 언제나 거리감이 있다. 남성의 경우는 이성 교제를 할 능력도 없고 결혼하는 경우도 드물지만 여성의 경우는 피동적으로 결혼하기도 한다."[34]

1978년 WHO의 정신질환 분류에 큰 영향을 미친 집단은 미국정신의학회였는데, 당시 미국정신의학회에서도 DSM 분류를 새로이 하기 위해 1974년부터 팀을 운영했다. 팀의 책임자였던 스피처(Robert Spitzer)는 1978년에 '내향성 성격장애'를 성격장애에 포함시킬 계획을 발표하고 기준을 어떻게 정할지에 대한 의견을 수집했다. 기존에 있던 조현성 성격장애와 비사회성 성격장애 등이 '극단적인 내향성'을 정확하게 기술할 수 없었기 때문이다. 조현성(schizoid)이란 표현은 조현병(schizophrenia)을 연상시키고, 비사회성(asocial)이란 표현은 반사회성(antisocial)을 암시하기 때문에, '내향성'만을 특징으로 하는 성격장애를 기술할 용어가 필요했다.[35] 이미 WHO의 질병분류에도 포함되어 있으니 미국의 정신질환 분류에도 포함되는 것은 당연해 보였다.

그러나 스피처의 이런 움직임에 대해 정신의학계와 심리학계에서 많은 반대가 있었다. 미국의 심리학자 나오미 쿠엔크(Naomi Quenk)는 다음과 같이 말했다. "우리 사회에서 자기 역할을 훌륭하게 담당해내는 소중한 존재인 내향적인 구성원들의 정상적이고 건강한 삶의 태도에 병리학 꼬리표를 붙이는 행위는 잔인합니다. 정신의학계가 외향성에 경도된 우리 사회의 편견을 부추기기에 나선 사실은 실망스럽습니다. 따라서 전혀 정당화되지 않는 질병을 만들어내는 것이므로 그 같은 명명체계의 변화를 재고해주시기를 촉구합니다."[36]

미국 정신의학자 조셉 피니(Josep Finney)는 내향성을 질병으로 만들려는 노력 자체가 진단분류체계의 문화적 편견을 반영한다고 주장했다. "우리 문화는 외향성 중심으로 흘러가고, 따라서 내향적인 이들에게 오명을 씌우는 경향을 보인다. 일본의 상황은 그 반대로 내향적인 이들이 정상으로 간주되고 외향적인 이들은 비정상으로 여겨진다"라고 지적했다.[37]

실제 미국인의 33~50퍼센트는 자신이 내향적 성격이라고 생각하는데,[38] 내향성 성격장애가 정신질환으로 등록되면 혼란이 예상되었다. 결국 성격자문위원회는 1980년의 최종안 《DSM-Ⅲ》에서는 '내향성 성격장애'란 병명을 포기하고, 내향성 성격장애에 포함시키려 했던 내용을 조현성 성격장애에 포함시켰다. WHO의 《ICD-9》에 있었던 내향성 성격장애라는 범주도 1994년에 개정된 《ICD-10》에서는 삭제되었다.

6 |

성격요인③
개방성
Openness

―

개방성
예술
몽상
창조성

'개방적(開放的)'이란 생각이나 태도가 열려 있는 것을 의미하는데, 성격심리학에서는 개방성(openness)이라는 개념으로 연구되었다. 미국의 심리학자 피스크(Donald Fiske)는 1949년에 성격을 표현하는 단어 22개의 상관관계를 연구해서 이를 다섯 범주로 정리했다.' 자기표현(self-expression), 사회적응성(social adaptability), 순응성(conformity), 감정통제(emotional control), 지적추구(inquiring intellect) 등이다. 이것이 첫 5요인 성격특질이론인데, 이때의 '지적추구'가 현재 '개방성' 특질의 초기적 개념이었다. 1963년에는 이것을 미국 심리학자 노먼(Warren Norman)은 문화(culture)라고 했으며, 1989년에는 골드버그가 다시 지능(intellect)이라고 했는데, 최종적으로 1992년 코스타와 맥크레가 '경험에 대한 개방성(openness to experience)'이라고 명명했다.

이렇게 심리학자들마다 지적추구·문화·지능·개방성 등 그 정의는 다르지만 영어권에서는 서로 바꿔 사용할 정도로 공통점이 있기에 요인분석 결과 같은 범주로 분류되어왔다. 최종적으로 코스타와 맥크레는 '경험에 대한 개방성'을 '자신의 경험을 중요시하고 추구하는 성향'으로 정의했다. 이에 따르면 개방성이 높은 사람은 상상력이 풍부하며, 예술과 미(美)를 중요시하고, 자신의 느낌과 감정을 무시하지 않으며, 새로운 경험을 추구하고, 지적인 호기심이 강하며, 기존의 가치관을 재점검하려는 준비가 되어 있다.[2]

개방성과 지능의 연관성을 연구한 바에 따르면 약간의 상관관계($r=0.3$)가 나온다. 지능과 개방성은 완전히 별개가 아니라 서로 관련한다고 할 수 있는데,[3] 어떻게 보면 당연한 결과다. 여러 분야에 관심이 많으니까 다양한 지식을 쌓게 되고 지식들의 연관 관계를 파악하는 능력이 생길 것이기 때문이다. 개방성은 뇌 전두엽의 인지회로 효율성과 관련한다는 연구 결과도 있다. 그렇다고 개방성을 '지능'과 같은 범주로 간주하기는 어렵다. 지능이 높은 사람들 중에는 생각이 폐쇄적인 사람도 많으며, 개방적인 사람들 중에도 지능이 낮은 사람이 많기 때문이다. 과거 심리학 이론에서 개방성을 지칭했던 '문화'라는 범주는 사회적·경제적 수준에 영향을 받는 요인이다. 그런데 개방성이 높은 사람은 새로운 경험을 추구할 때 돈이 없다고 해서 그 기회를 쉽게 포기하지 않는 반면, 개방성이 약한 사람은 돈이 많아도 비생산적인 미술관이나 음악

회를 찾지 않는다.[4] 그래서 문화와 개방성은 서로 다른 개념이다.

개방성

유일하게 지능과 관련 있는 성격 | 뉴캐슬 성격진단표(NPA)의 개방성 항목은 다음 세 문항으로 이뤄진다.

① 글, 그림, 음악을 창작한다.

② 철학적이거나 영적인 문제를 생각한다.

③ 어려운 단어를 사용한다.

이때 전혀 아니면 1점, 별로 아니면 2점, 중간이면 3점, 약간 그렇다면 4점, 매우 그렇다면 5점을 준다. 세 문항의 점수를 합산한 결과가 8점 이하면 개방성이 하위 25퍼센트, 9~10점이면 중하 25퍼센트, 11~12점이면 중상 25퍼센트, 13~15점이면 상위 25퍼센트에 속한다.[5]

개방성이 낮은 사람은 확실한 원칙이 있는 세상을 좋아하며, 권위와 전통을 존중하고 안정과 질서를 중요시한다. 융통성이 없고 고리타분하다는 평가를 받을 수도 있지만 주관이 확실하다는 평가를 받는다. 오래전부터 해오던 습관과 익숙한 일을 유지하려 하며 시험 삼아 뭔가를 해보는 것은 싫어한다. 그래서 새로이 시도되는 현대예술은 별로 좋아하지 않으며, 비현실적인 논쟁도 싫어하기 때문에 우주에 지구 같은 행성이 있어서 지적인 생명체가 존재하는지, 네안데르탈인이 호모 사피엔스와 교류하지 않았는지 같은 질문이나 고민은 싫어한다.

개방성은 새로운 가치체계를 수용하려는 태도를 포함한다. 이를 '열린 마음(open-mindedness)'이라고 한다. 지식이나 신념은 새로운 증거에 따라 수정되어야 한다고 생각하며 늘 새로운 가능성을 고려하는데, 이는 인간의 보편적인 성향을 거스르는 특성이기도 하다. 사람들은 스스로 자신이 믿고 싶어 하는 정보를 접하는 기회가 훨씬 많다. 예를 들어 보수주의자는 보수주의 신문을, 진보주의자는 진보주의 신문을 주로 본다. 때문에 기존의 신념에 대한 증거가 계속 강화될 뿐 아니라, 중립적인 정보보다는 극단의 정보에 훨씬 많은 영향을 받고, 사람들을 자기편과 반대편으로 구분하는 경향을 자연스럽게 가지게 된다. 그런데 열린 마음이란 이런 성향을 의도적으로 거부해야 한다. 결국 개방성은 자연스러운 경향에 반하는 노력을 해야 하는 것이기에, 윤리학자들은 개방성을 교정덕목(corrective virtue)이라고도 한다.[6]

개방성은 타인의 생각이나 주장을 인정하는 것뿐 아니라 본인에게 떠오르는 이상한 느낌이나 경험도 수용하려는 성향도 포함한다. 그래서 자신이 경험하는 초자연적인 현상을 단지 헛것이라고 치부하지 않는다. 우리가 정체성을 유지하기 위해서는 머리에 떠오르는 온갖 잡념과 상상 그리고 비현실적인 꿈 등에서 중요하지 않은 정보는 선별적으로 걸러내야 한다. 개방성이 낮은 사람은 이런 선별력이 높기 때문에 실제적인 문제에 집중하고 실용적인 해결능력이 우수한 반면, 개방성이 높으면 우연히 떠오르는 생각과 이미지를 걸러내지 못해 많은 정보에 압도되어 현실 문제에 대한 대처능력이 떨어지고, 종종 이상하고 괴이한 생각을 하기도 한다.

개방적인 성격은 호기심이 강하다. 호기심(好奇心)이란 새롭고 기이한 것을 좋아하는 마음을 말하는데, 모든 사람은 새로움을 찾는 속성을 가지므로 호기심이 전혀 없는 사람은 있을 수 없고 호기심의 정도에서 차이가 날 뿐이다. 호기심은 그 대상에 따라 앎에 대한 지적 호기심과 새로운 경험을 즐기려는 감각적 호기심 등 두 종류가 있는데,[7] 스릴을 추구하려는 성향은 후자에 속한다. 호기심으로 새로운 경험을 한다는 것은 불확실성에 따른 위험을 감수한다는 의미로, 조심성(cautiousness)과 반대 성향이다. 나이가 들면서는 조심성이 증가하는데, 영역을 세분해보면 주로 모험을 추구하는 감각적 호기심은 줄어들고 지적인 호기심은 유지된다.[8]

다양한 의견이 허용되는 환경에서 자란 아이는 새로운 자극에서 오는 불안을 잘 견디고, 새로운 경험에 대한 개방적인 태도가 발달한다.[9] 또한 개방성은 인지 발달과 밀접한 관계를 가지므로 교육 수준이 높아질수록 증가한다. 따라서 개방성은 교육과 훈련에 의해 강화될 수 있는 성격적 특성이기도 하다.[10] 성격의 다섯 특질 중 유일하게 지능지수와 관련이 있는 항목이 개방성이기도 하다. 그렇다고 개방성과 지능이 완전히 비례하지는 않는다. 개방성 수치가 높은 사람은 초자연적이거나 영적인 것에 대한 호기심도 높으며 이들이 실재한다고 수용하려 하기 때문에, 최면에도 잘 걸리고 독특한 믿음을 갖는 경우가 많으며 이국적인 종교를 추구하기도 한다. 그런데 이런 성향은 지능과는 마이너스의 상관관계를 보인다.[11]

예술

"풀잎 하나가 별들의 운행에 못지않다" 코스타와 맥크레는 홀랜드(John Holland)와 함께 직업유형과 성격의 관계를 연구했는데, 예술형과 개방성의 상관관계가 아주 높았다($r=0.49$).[12] 홀랜드는 미국의 진로발달심리학자로, 사람들이 가지는 직업적 흥미(interest)에 따라 사람들을 현실형(realistic)·탐구형(investigative)·예술형(artistic)·사회형(social)·사업형(enterprising)·관습형(conventional) 등 여섯 유형으로 분류하고, 흥미유형과 직업 특성이 일치할 때 직업 만족도와 업무 성과가 높다고 주장했다. 그런데 개방성과 상관관계가 높게 나온 예술형은 언어·음악·미술 등과 관련된 활동에 흥미를 느끼고 상상력이 풍부하며, 이들에게 적절한 직업으로는 시인·소설가·음악가·조각가·극작가·작곡가·디자이너 등이 있다. 예술형과는 반대로 개방성 점수가 낮게 나온 직업유형은 관습형이었는데, 이들은 자료를 정연하게 분류하여 정리하는 사무적인 일에 흥미를 느끼며 규범을 잘 지키고 성

실한 성향을 보인다. 대표적인 직업으로는 회계사·은행가·도서
관 사서 등이 있다.

예술가가 아니더라도 개방성이 높은 사람은 예술과 미(美)를 중
요하게 생각한다. 예술에 대한 태도에서 개방성의 차이는 교과서
에 나오는 고전적인 작품보다는 실험적인 현대작품에서 잘 드러
나는데, 개방적일수록 이런 예술을 수긍한다. 또한 개방성이 높은
사람은 주변에 보이는 아주 흔한 사물에서도 아름다움을 발견한
다. 심미안이 탁월했던 19세기의 미국 시인 휘트먼이 가장 즐겨했
던 활동은 집 밖을 돌아다니면서 주위의 나무, 꽃, 하늘, 새, 귀뚜
라미 등 자연의 다양한 모습에 감동하고 아름다움을 느끼는 것이
었다. 그는 세상의 모든 것을 좋아했고, 사소한 것들에서 아름다움
을 발견하는 시인이었다. 다음은 그의 시 〈나 자신의 노래Song of
Myself〉의 일부다.[13]

나는 믿는다. 풀잎 하나가 별들의 운행에 못지않다고,

그리고 개미도 역시 완전하고,

모래알 하나, 굴뚝새의 알 하나도 그렇다.

청개구리는 최고의 걸작이다,

뻗어가는 딸기 덩굴은 천국의 방을 꾸민다,

풀을 뜯는 소는 어떤 조각보다도 낫다.

개방성의 한 부분인 심미안(審美眼)이란 아름다움을 살펴 찾는

안목을 말하는데, 이를 통해 긍정적인 감정을 느끼게 되는 대상은 네 가지 부류로 나눌 수 있다. 첫째는 자연 세계의 물리적인 아름다움으로, 산·바다·하늘·나무·꽃·동물 같은 자연의 다양한 모습과 속성에 대해 느낀다. 둘째는 작품이나 행위에서 느끼는 아름다움이며, 셋째는 지식이나 기술의 탁월함에 대한 감동적 경험이고, 넷째는 인간의 선한 행위나 미덕에 대해 느끼는 도덕적 아름다움이다.[14]

몽상

낮에 꾸는 꿈, 창조적인 문제 해결 방법 | 몽상(夢想)이란 낮에 꾸는 꿈(daydream)이란 의미다. 이는 실현성이 없는 헛된 생각으로, 상상의 일종이다. 상상(imagination)이란 원래 외부 대상의 이미지를 우리 마음속에 만드는 능력을 말하지만, 현대에는 외부 대상이 없는 상태에서 마음속에서만 만들어지는 이미지나 사고경험을 의미한다. 즉 객관적인 실체는 존재하지 않는다. 상상과 유사한 용어로 공상(fantasy)이 있는데, 이는 상상에 비해 현실성이 더 떨어진다는 의미로 사용된다.

우리가 독서와 같은 집중이 요구되는 활동을 할 때도 1시간에 8분 정도는 딴생각을 한다. 책을 보는 시간의 13퍼센트는 실제 글을 읽지 않는 셈인데, 일상적인 활동에서는 훨씬 많아 25퍼센트의 시간은 하던 일과는 전혀 관계없는 엉뚱한 몽상을 하면서 보낸다.[15] 잠자면서 꿈꾸는 시간은 전체 수면의 20~25퍼센트인데, 깨어 있는 상태에서도 그보다 조금 더 많은 시간을 몽상하면서 보내는 셈이다.

계획을 세우는 일은 사실은 상상이나 공상에 해당한다. 이처럼 일상생활에는 실제적인 감각과 상상·공상 등이 항상 섞여 있다. 우리가 몽상을 할 때 생각은 현재의 상황에서 분리되어 과거에 겪었던 일상을 포함한 추억, 미래의 계획 등 아무런 방향 없이 여기저기를 떠돈다. 책을 읽을 때도 책의 내용과는 관계없는 애인의 얼굴, 다가오는 시험, 중요한 고객 등을 떠올린다. 그러다가 번뜩 정신을 차리고 하던 일로 돌아온다. 그런데 이런 몽상은 쓸데없어 보이지만 실제적인 문제를 해결하는 대처 전략을 보여주기도 한다.[16] 우리가 딴생각을 하는 것은 사실은 일상생활에서 겪는 스트레스를 해결하는 방법을 찾는 과정일 수 있다. 지금 당면한 문제에 어떻게 대처할지 정확하게는 알지 못하지만 몽상을 하는 동안 여러 방법이 모색되는 것이다. 그러다가 문득 '아하!' 하는 결정적인 아이디어가 떠오르기도 한다.

복잡한 상황에서 결정을 내려야 할 경우 여러 요인을 철저히 분석해서 나온 판단보다는 직관적으로 나온 답이 더 훌륭할 때가 많다. 우리가 문제를 곰곰이 생각할 때는 언어와 데이터로 표현되는 특성에만 집중하는데, 이는 잘못된 판단으로 이어질 수도 있다. 우리가 접하는 모든 정보를 통합한다고 해도 모든 가능성을 고려할 수는 없기 때문이다. 개방성이 낮은 사람은 생각이 현실적인 문제에서 벗어났다는 느낌이 들면 자책하면서 떨쳐버리려 하지만, 상상이나 공상을 즐기는 사람은 그것 자체를 즐기며 허황된 이야기를 만들어내기 좋아한다. 전자는 문제에 대한 현실적이고 실용적인 해답을 찾는 반면, 후자는 허황해 보이지만 보다 창조적인 해결 방법을 찾기도 한다.

창조성

정신병자와의 차이는 지적능력과 자아강도 │ 종소리가 들려오는데 누군가 이를 '차가운 파란 소리'라고 표현한다면 그 사람은 시인일 수도 있고, 정신병자일 수도 있다. 하지만 두 사람의 공통점은 자신이 느끼는 내적 경험을 사실로 받아들인다는 점이다. 이는 개방성의 특성이다. 개방성이 높은 사람은 상상력이 풍부해서 감각이나 개념에 대한 연상 작용이 다양한 방면으로 이뤄진다. 이를 확산적 사고(divergent thinking)라고 한다.[17]

특정 사물을 보고 본래의 용도와는 별개로 전혀 가능할 것 같지 않은 새로운 용도를 찾아보라는 문제를 제시하면 확산적 사고를 하는 사람은 일반적으로 상상할 수 없는 황당한 용도를 제시한다. 예술가뿐 아니라 조현병 환자도 이런 테스트에서는 높은 점수를 얻는다. 조현병은 아니더라도 '조현형 성격(schizotypy)'도 높은 점수를 얻는다.[18] 조현형 성격이란 괴짜 또는 기인(奇人, eccentrics) 등으로 불리는 사람들의 성격인데, 이들의 상상력과 아이디어는 기괴해서 보통 사람이 생각하지 못하는 종류다.

개방성이 높을수록 서로 멀리 떨어진 인식 영역들이 더 많이 얽히고, 그러다 보면 점점 이상한 생각을 하게 될 수 있다. 미학적인 것과 신비주의적인 관념이 얽히고, 신비주의적인 관념은 비과학적인 관념이 되고, 비과학적인 관념은 서서히 망상이 된다. 괴이함과 개성이 얽히면 조현형 성격이 되고, 심하면 정신병이 된다. 따라서 개방성이 증가하면 창조성이 높아지지만 정신병을 겪을 가능성도 높아진다.

창조성(creativity)은 참신한 상상력에서 출발하며, 보통 사람이 생각하지 못하는 아이디어를 떠올리는 특성이다. 그러나 진정한 창조성은 여기에 실용성이 추가되어야 한다. 즉 문제 해결에 도움을 주는 참신한 상상력만을 창조적이라고 한다.[19] 문제 해결에 도움이 되지 않고 타인에게 쓸모없는 상상력은 창조적이라고 하지 않는다는 말이다. 개방성이 높은 기인이나 정신병자와 창조적인 예술가의 차이점이 여기에 있는데, 기인과 정신병자는 사회적으로 중요시되는 일보다 자신의 개인적인 목표에 집착한다.

기인·정신병자와 창조적인 사람은 자신에게 해를 끼칠 수도 있는 불필요한 정보를 걸러내는 능력이 떨어진다는 점에서 서로 닮았다. 반면 현실적이고 실용성을 추구하는 사람들은 중요하지 않은 정보들은 무시하는데, 이를 잠재적 억제력(latent inhibition)이라고 한다. 기인, 정신병자, 창조적인 사람은 이 능력이 매우 낮다.[20] 그래서 상상·공상·생각·아이디어 등이 풍부하고 창조적 통찰력이 높아 세계를 참신하게 볼 수 있는 밑거름이 된다. 하지만 이런 상황에 압도되면 이상하고 괴이한 생각에 빠진다. 그렇다면 무엇이 달라서 어떤 사람은 창조적이 되고, 어떤 사람은 정신병을 앓게 될까? 이는 지적능력과 자아강도의 차이 때문이다.[21] 지능과 자아강도가 높은 사람은 복잡한 상황과 정보를 유익하게 활용할 줄 안다. 자아강도(ego-strength)란 정신분석학적 개념으로 다양한 상황에서 자아를 통합하는 능력을 말하는데, 원래는 다면적 인성검사(MMPI, Minnesota Multiphasic Personality Inventory)를 통해 심리치료에 적합한 사람을 골라내기 위해 미국의 심리학자 배런(Frank Barron)이 1953년에 개발한 개념이다.[22]

7 |

성격요인④
원만성
Agreeableness

성격심리학에서 원만성(agreeableness)은 타인에 대해 동정적이냐 냉혹하냐의 정도를 나타내는 성격특질이다. 1946년 커텔이 처음 정립한 개념인데, 1961년에 투페스와 크리스탈이 5요인모델로 편입시켰고,[1] 코스타와 맥크레가 1992년에 현재 통용되는 개념을 정립했다. 영어 agreeable은 '좋은(nice)' 그리고 '다른 사람들이 좋아하는'이라는 의미인데, 우리말로는 친화성·원만성·우호성 등으로 번역되며 한국심리학회 용어사전에는 '원만성'으로 나와 있다.

원만성

착한 사람이냐, 나쁜 사람이냐 │ 코스타와 맥크레는 원만성을, 대인관계에 대한 척도로서 동정심(compassion)과 냉정함(tough mindedness)의 정도라고 정의했다. 그리고 이 특성이 높은 사람은 신뢰가 있고, 솔직하며, 이타적이고, 대인 갈등을 원만히 해결하며, 겸손하고, 타인에 공감하는 부드러운 마음씨를 보인다고 설명했다.[2] 원만성을 알아볼 수 있는 뉴캐슬 성격진단표(NPA)는 다음 세 문항으로 구성된다.

① 다른 사람이 편안하고 행복한지 확인한다.
② 타인의 감정에 공감한다.
③ 사람들을 모욕한다.

이때 ①과 ②의 경우 전혀 아니면 1점, 별로 아니면 2점, 중간이면 3점, 약간 그렇다면 4점, 매우 그렇다면 5점을 준다. 그리고 ③의 경우에는 전혀 아니면 5점, 별로 아니면 4점, 중간이면 3점, 약간 그렇다면 2점, 매우 그렇다면 1점을 준다. 그런데 원만성에 대한 테스트 결과 합계가 최고점인 15점을 기록한 비율은 여성이 16퍼센트인 반면 남성은 4퍼센트로, 남녀의 점수 분포가 많이 달라 남녀의 기준점수가 다르다. 남성의 경우 세 문항 총점이 9점 이하면 하위 25퍼센트, 10~11점이면 중하 25퍼센트, 12~13점이면 중상 25퍼센트, 14~15점이면 상위 25퍼센트에 속하고, 여성은 11점 이하면 하위 25퍼센트, 12~13점이면 중하 25퍼센트, 14점이면 중상 25퍼센트, 15점이면 상위 25퍼센트에 속한다.[3]

원만성이 높은 성격은 상대방을 배려하는 착한 사람이며, 원만성이 낮은 성격은 타인에게 피해를 주는 나쁜 인간이다. 영어에서 '좋은 성격(good personality)'이라는 표현도 원만성이 높은 성격을 말한다. 그러나 타인을 지나치게 신뢰하면 속임수에 취약하며, 좋은 관계에 대한 집착이 너무 강하면 타인 의존적이 된다. 반대로 자신의 이익만을 노골적으로 챙기는 낮은 원만성은 반사회적 성격과 나르시시즘 성격에서 나타난다. 그리고 경계성 성격장애에서는 상황에 따라 양쪽 극단으로 왔다 갔다 하며 변동이 심하다.

마음이론

마치 거울처럼, 마음과 감정을 읽는 능력 | 배고픈 사람을 투명 유리창이 있는 심리학 실험실에 앉아 있게 하고 유리창 맞은편에 몹시 배고파하는 사람을 데려다 놓는다. 그런 후 두 개의 버튼을 보여주면서 1번을 누르면 자기 방에만 시원한 물과 음식이 나오고 2번을 누르면 맞은편 방에도 물과 음식이 나온다고 알려주면 사람들은 대부분 2번을 누른다. 맞은편 방에 공통점이 전혀 없는 다른 부류의 사람이더라도 2번을 택한다. 그러나 침팬지를 대상으로 같은 실험을 실시하면 1번이건 2번이건 무작위로 누른다.[4]

마음이론(theory of mind)은 왜 사람과 침팬지가 다른지 설명해준다. 다음은 마음이론을 시험하는 심리실험이다. 한 남자아이가 소파에 앉아 과자 봉지를 막 뜯으려고 하는 장면을 생각해보자. 그때 어머니가 심부름을 시켜 밖에 나갔다 오라고 해서, 과자를 소파 밑에 숨기고 밖으로 나간다. 몇 분 후에 여동생이 들어와 자신의 인형을 찾다가 우연히 소파 밑의 과자를 발견하고는 그것을 책장 뒤에 숨긴다. 다시 오빠가 방에 들어와 과자를 찾는다. 이 남자아이는 어디를 살펴볼 것으로 생각하는가?

보통의 성인은 남자아이가 소파 밑을 찾아볼 것이라고 대답한다. 자기가 원래 숨겨놓았던 곳이기 때문이다. 너무나 쉬운 문제이지만 이러한 추론은 그 남자아이의 의도와 생각을 이해하고 그의 행동을 예측하는 능력이 있어야 가능하다. 이 능력을 마음이론이라고 한다. 이 경우 이론(theory)이라는 번역이 혼동을 주는데, '마음에 대한 이론'이 아니라 '마음을 읽는 능력'을 의미한다. 즉 'theory of mind'를 '마음읽기능력'이라고 번역하는 것이 훨씬 이해하기가 쉽지만 통상 '마음이론'이라고 번역된다. 다시 심리실험 이야기로 돌아가면, 같은 질문에 대해서 다섯 살 미만의 아이들은 그 남자아이가 책장 뒤를 찾아볼 것이라고 대답한다. 다섯 살 미만의 아이는 아직 다른 사람의 마음을 헤아릴 능력이 없기 때문이다. 이렇게 이야기를 들려주고 마음읽기능력을 테스트하는 것을 거짓믿음과제(false-belief task)라고 한다. 그런데 질문을 말로 하지 않고 놀이로 바꾸어, 아이 앞에 여러 물건을 놓고 아이가 어떤 것을 바라보는지를 보고 아이의 마음을 추정하는 테스트를 하면 세 살에도 이미 다른 사람의 마음을 이해할 수 있다고는 한다.[5] 이처럼 타인의 마음을 읽는 능력이 언제 형성되는지는 테스트하는 방법에 따라 다른 결과를 보이기도 한다.

거짓믿음과제는 오스트리아의 신경학자 위머(Heinz Wimmer)와
영국 심리학자 페르너(Josep Perner)가 1983년에 처음 고안했는데,
아동을 대상으로 실시했다. 이후 개발된 성인의 마음읽기능력에
대한 테스트는 조금 복잡하다. 이 테스트에서는 여러 인물이 출연
하는 복잡한 이야기를 듣고 질문에 답하게 한다. 만약 인물이 A,
B, C 등 세 명 등장한다면 테스트 참여자는 A의 마음뿐 아니라 B
의 마음에 대한 A의 마음, 그리고 C의 마음에 대한 B의 마음에 대
한 A의 마음을 읽어야 한다. 이런 테스트에 참여한 사람들의 대부
분은 약 네 명까지는 등장인물의 포개진 마음을 따라갔다. 그래서
다음과 같은 문장이 옳은지 그른지 알 수 있었다. "에드워드가 제
니와 결혼하기를 원한다는 수전의 생각을 짐이 믿기를 톰은 바랐
다." 그러나 다음과 같이 더 복잡해지면 마음읽기가 아주 어려워
진다. "수전이 원하는 것을 존이 안다고 쉬일라가 믿는지 아닌지
를 페니가 알아내기를 톰이 원했다고 페니가 생각했다고 존은 믿
었다."

이야기를 듣고 이렇게 중첩된 마음들을 정확히 판단할 수 있는
능력은 사람마다 달랐는데, 정확히 판단할 수 있는 중첩된 마음
숫자가 많을수록 친구 관계가 넓었다.[6] 마음이론의 또 다른 부분
은 공감능력이다. 전혀 모르는 사람을 도와주는 것은 상대방의 마
음을 이해할 뿐 아니라 공감하기 때문인데, 공감 역시 타인의 마
음을 읽는 것이지만 특히 감정을 느끼는 것이다.

마음이론이 발표된 후에 이를 담당하는 신경체계가 밝혀졌는

데, 이를 거울신경(mirror neuron)이라고 부른다. 누군가의 행동을 보면 자기도 모르게 따라 한다는 의미에서 붙은 이름이다. 엄마가 아기에게 음식을 줄 때 "아~"하면서 입을 벌리면 아기도 자동적으로 입을 벌리는 것도 거울신경의 작용이다. 사람이 누군가의 행동을 보고 있으면 후두엽의 시각중추에서 이미지가 형성되는데, 거울신경은 시각중추의 시각정보를 운동영역에 전달한다. 전체적으로는 '시각정보→후두엽→측두엽→두정엽→이마엽→근육움직임'의 과정이다.[7] 그러니까 거울신경은 하나의 신경이 아니라 이런 반응을 일으키는 신경체계를 말한다.

이탈리아 신경생리학자 리촐라티(Giacomo Rizzolatti)가 1990년대에 원숭이의 전두엽에서 거울신경을 처음 발견할 때만 해도, 상대방을 보고 있는 것만으로도 왜 자신의 운동신경이 활성화되는지 아주 이상한 현상으로 보였지만, 나중에 이것이 마음읽기능력에 작용하는 신경이라는 것이 밝혀졌다. 타인의 행동을 관찰할 때 시각정보가 자신의 운동신경으로 전환되어 가상체험을 해봐야 비로소 행동의 의미와 의도가 이해된다. 이 기능을 거울신경이 하는 것이다. 즉 시각중추에서 수집된 정보가 거울신경을 거쳐야 비로소 관찰된 행동을 관찰자가 이해하게 된다. 상대방의 표정을 보는 것만으로도 상대방과 동일한 불쾌감이나 통증을 느끼는 이유도 관찰자의 얼굴신경이 가상체험을 하기 때문이다.

마음읽기와 공감하기는 모두 거울신경의 작용으로 나타나는 심리 현상으로, 실제 작용하는 신경은 조금 다르지만 서로 중첩된다.

마음이론 테스트도 마음읽기와 공감하기의 두 심리 작용에 모두 의존한다. 따라서 두 심리 영역을 별개로 분리하기는 어렵지만 분리되는 경우도 드물게 있어서, 마음읽기에 능숙하지만 공감능력이 없는 경우도 있고, 공감능력은 좋지만 마음읽기를 못하는 경우도 있다.[8]

자폐증

지능이 아니라 마음읽기의 결핍이 원인 | 마음이론이 발표되자 영국의 심리학자 바론-코헨(Simon Baron-Cohen)은 자폐증과 다운증후군을 대상으로 거짓믿음과제 테스트를 했다. 그 결과 자폐증 그룹에서는 80퍼센트가 실패한 반면, 다운증후군 집단은 동일 연령의 정상 집단과 같은 25퍼센트의 실패율을 보였다.[9] 지능이 낮은 다운증후군 아이들도 정상 아이들과 같은 수준을 보인 이 결과는 자폐증이 지능의 문제가 아니라 마음읽기의 결핍이 원인일 수 있다는 것을 의미한다.

자폐증(自閉症)이란 '스스로 문을 닫는 병'이란 뜻으로, 영어 autism의 번역어다. 미국의 소아정신과 의사 레오 카너(Leo Kanner)가 1943년에 자기(self)를 의미하는 그리스어 autos에서 만든 말인데, 그는 이 질환을 상당히 기이하고 드물다고 여겼다. 그는 자폐증의 근본 문제에 대해 다음과 같이 말했다. "아동이 일반적인 방식으로 사람들 및 상황과 자신을 연관시키지 못하는 것이다. (중략) 처음부터 극도의 고립 상태가 존재한다."[10]

자폐증 아이가 아니더라도 보통의 성인들 사이에서도 마음읽기 능력은 차이가 많다. 그 이유를 찾기 위해 쌍둥이를 대상으로 실시한 연구 결과를 보면, 마음읽기능력의 67퍼센트는 유전적인 차이에서 비롯되며, 나머지 환경적인 요인으로는 가족 환경보다는 가족 이외의 요인이 주로 작용한다.[11]

자폐증은 공감하기와 마음읽기에서 모두 장애가 발생하는 경우이지만, 각각의 장애가 따로 나타나기도 한다. 사이코패스는 마음읽기에는 능숙하지만 타인의 고통을 공감하지는 못하고, 윌리엄스증후군은 공감능력은 매우 뛰어나지만 마음읽기를 하지 못한다. 윌리엄스증후군(Williams syndrome)이란 뉴질랜드 심장 전문의 존 윌리엄스(John Williams)가 1961년에 처음 밝힌 질환으로, 7번 염색체의 유전자 26개가 결핍되어 발생하며 어린이 7500명~2만 명 중 한 명에서 나타난다. 결핍된 유전자가 많기에 독특한 성격과 혈관기형, 지능저하 등 광범위한 신체적 이상을 보인다. 이들은 처음 만나는 사람을 뚫어져라 쳐다보며 마치 넋을 잃을 듯 시선을 유지한다. 다른 아이들과 어울리기를 좋아하고 쾌활하며 따뜻하고 가식이라곤 느끼기 어렵다. 일반적인 아이들이라면 위축되고 불안함을 느끼는 위협적인 상황에서도 쾌활함을 유지한다. 타인의 분위기에 맞춰 자신의 말을 줄이는 데도 능숙하며 타인의 기분에 민감하게 반응한다. 이들은 주변 사람들이 행복을 느끼면 같이 행복하고, 타인이 슬픔에 빠지거나 화를 내면 매우 끔찍한 기분을 느끼며 상대방의 괴로움을 달래고 싶어 한다. 이들이 보이는 공감은 거의 자동적이며 상대방을 그대로 반영한다. 그런데 이들은 자폐증처럼 마음이론 테스트를 하면 형편없는 결과를 보인다. 따라서 상대방의 마음은 읽지 못하고 타인의 괴로움에 대한 지나친 공감의 대가로 불안장애에 시달리는 비율이 매우 높다.[12]

신뢰감

믿음과 친밀감을 실어 나르는 두 개의 호르몬 │ 대인관계가 원만

하고 우호적인 사람은 타인의 마음을 잘 이해하고 공감할 뿐 아니라 타인을 잘 믿는다. 타인을 믿는 것에 대한 신경학적인 설명은 옥시토신과 바소프레신이라는 호르몬에 대한 연구에서 많이 밝혀졌다. 옥시토신(oxytocin)은 1952년에 발견된 호르몬인데, 시상하부에서 분비되며 아홉 개의 아미노산으로 이뤄진다. 이 물질이 처음 발견되었을 때 출산을 촉진하는 작용이 밝혀졌기 때문에 그리스어로 '빠른(quick)'을 의미하는 oxus와 '출산(childbirth)'을 의미하는 tokos에서 '빠른 출산'이라는 의미로 oxytocin이라는 이름이 만들어졌다. 옥시토신은 산모가 출산이 가까워지면 분비가 증가하여 자궁 수축을 촉진해서 아기가 밖으로 잘 나올 수 있도록 한다. 또한 출산 후에는 아기가 젖을 빨 때마다 분비되어 모유가 잘 나오도록 한다.[13]

바소프레신(vasopressin)도 뇌하수체에서 분비되는 호르몬인데,

처음에 이 물질이 분리되었을 때 혈압을 상승시키는 효과가 관찰되어 혈관의 의미인 'vaso-'와 수축을 의미하는 '-pressin'을 결합해서 이름을 지었다. 그런데 나중에 이 물질이 이뇨를 억제한다는 사실이 밝혀지자 이를 더 중요시하여 항이뇨호르몬(ADH, antidiuretic hormone)으로도 부르게 되었다. 바소프레신도 아미노산 아홉 개로 이뤄지는데, 옥시토신과는 두 개의 아미노산이 차이가 나며 유전자가 서로 아주 가까이 붙어 있다. 이를 통해 척추동물과 무척추동물이 갈라지는 진화 과정 중 척추동물에서 유전자복제 오류에 의해 유사한 유전자가 중복되는 사건이 생겼을 것이라고 추정한다.[14]

2000년대에는 이러한 생리적인 작용 외에도 옥시토신과 바소프레신이 사회적 관계에서 중요한 신뢰감 형성에 역할을 한다는 사실이 밝혀졌다. 이는 1980년대 쥐에 대한 연구에서부터 시작되었다. 사람이라면 보통 자기 자식뿐 아니라 남의 자식도 귀여워하고 돌보는데, 일반적인 포유류는 자기 자식에게만 관심을 둔다. 예를 들어 교미를 한 적이 없는 암컷 쥐는 다른 새끼 쥐를 돌보지 않는다. 그런데 이들의 뇌에 옥시토신을 주입하면 새끼 쥐를 돌보는 행동을 한다. 또한 옥시토신 유전자를 제거하면 자기가 낳은 새끼도 돌보지 않게 된다.[15]

포유류가 자기 새끼를 돌본다고는 하지만 대부분은 암컷 혼자 담당한다. 그런데 3~5퍼센트의 포유류는 암컷과 수컷이 협력하여 양육하며, 이 중 일부는 새끼가 없더라도 한번 맺어진 부부 관계를 계속 유지한다. 한 예로 미국 중서부에 사는 초원들쥐(prairie vole)는 배우자가 죽더라도 새로운 짝을 찾지 않는다. 원인은 옥시토신과 바소프레신 때문이다. 초원들쥐와 유사한 목초들쥐(meadow vole)는 일반 쥐처럼 난교를 하는 종(種)인데, 이들 뇌의 선조체에는 초원들쥐와는 달리 옥시토신과 바소프레신의 수용체가 거의 없다. 바소프레신수용체(AVPR1A)유전자를 조절하는 염기서열이 서로 다르기 때문인데, 초원들쥐의 유전자를 목초들쥐의 뇌에 이식하면 바소프레신수용체가 많아지면서, 한 암컷하고만 짝짓기를 하게 된다.[16]

사람의 경우도 변이가 존재하고 이 차이는 배우자와의 유대 관계에 영향을 미친다. 스웨덴에서 550쌍 이상의 커플을 연구했을 때의 일이다. 참여한 커플은 다음과 같은 설문조사를 통해 파트너와의 유대 관계를 측정했다. 설문조사에 포함된 질문의 일부는 다음과 같다.

"파트너와 얼마나 자주 키스를 합니까?"
"파트너와 함께 가족 외 공통 관심사에 대해 얼마나 자주 이야기합니까?"

그런 다음 이들의 바소프레신수용체유전자를 조사했는데, 유전자의 변이체를 지닌 남성의 경우 파트너와의 유대 관계 점수가 낮은 편이었고, 아예 결혼을 하지 않거나 결혼 생활과 관련된 중대한 문제가 있는 것으로 나타났다.[17]

옥시토신은 여성뿐 아니라 남성에게서도 분비되어 사회성에 영향을 미치며, 커플이 서로 의사소통하는 데도 영향력을 발휘한다. 커플 47쌍을 대상으로 한 연구에서, 커플 관계를 유지하는 데 갈등 요인이 되는 두 가지 영역을 이야기해보라고 한 다음 이들을 두 그룹으로 나눴다. 그리고 한 그룹에게는 옥시토신을 코에 뿌려서 들이마시도록 했고, 다른 그룹은 플라세보(가짜 약)를 뿌려 들이마시게 했다. 그런 후 10분 동안 갈등 사안에 대해 의논해보게 했다. 연구자들은 이들 커플의 언어 행동과 비언어 행동을 평가하고 스트레스호르몬인 코르티솔 수치를 검사했다. 그런데 옥시토신을 흡입한 그룹이 좀 더 긍정적으로 의사소통을 했으며 코르티솔 수치도 훨씬 낮았다.[18] 또 다른 연구에서는 옥시토신수용체(OXTR) 유전자의 변이가 파트너와의 유대 관계 및 로맨틱한 친밀감과 연관된다는 결과도 발표되었다.[19]

이타심

이타심은 항상 좋은 걸까? 이타심(altruism)이란 자신의 희생을 감수하고 타인을 배려하는 특성인데, 공유재산(common goods)게임으로 측정할 수 있다. 만약 다섯 명이 이 게임에 참여한다고 하면 각각에게 일정 금액을, 예를 들어 10달러씩 배분한다. 사람들은 익명으로 투자를 하고, 투자가 끝나면 모인 금액을 두 배로 증액한 다음 참여자들에게 동등하게 배분한다. 익명으로 투자하기 때문에 참여자들은 자신이 투자한 금액에 관계없이 돈을 돌려받는 것이다. 사람들은 투자 회수금을 보면 다른 사람들과 자신의 이타심을 비교할 수 있지만 나머지 네 명 중 누가 이타적인지는 알 수 없다. 그런 다음 다시 2회 투자를 하고 또다시 반복하면 타인의 이타심을 짐작할 수 있는 상황에서 그 집단의 이타심을 측정할 수 있다.

이런 실험을 여러 문화권에서 해보면 같은 문화권에서도 사람들의 이타성 수준이 매우 다양하게 나온다. 보통의 경우 사람들은 자신이 가진 돈의 절반 정도를 공공의 이익에 투자하지만, 내놓는 것 없이 받기만 하는 사람들도 일부 있고, 자기가 가진 돈을 전부 내놓는 사람들도 종종 있다.[20] 이타심도 신뢰감과 마찬가지로 바소프레신수용체유전자와 관련되며, 자기가 가진 것을 모두 기부하는 이유는 기부 행위 자체가 뇌의 보상체계를 자극함으로써 오는 만족감 때문이라는 연구 결과도 있다.[21]

이타심이 항상 긍정적인 것은 아니다. 병적 이타심(pathological altruism)이란 미국 산업공학자 오클리(Barbara Oakley)가 2012년에 《병적 이타심》이라는 책을 출간하면서 알려진 개념인데, 타인에 대한 동정심이 너무 강한 나머지 좋지 않은 결과를 초래하는 현상이다. 마약중독자를 돕는 사람, 환자를 돌보는 의료인, 국제구호요원 등이 도우려는 대상을 더욱 타인 의존적이 되게 하고 자신은 감정적 탈진 상태에 빠지는 경우가 대표적인 예다. 동정심 때문에 유기견을 데려온 후 문제를 해결하지 못해 방치하는 경우도 이런 사례에 해당한다.[22]

이타심에서 비롯되었다고 하지만 상대방에게 도움이 되지 않는 것 중 하나가 충고다. 사실 충고하고 싶은 충동은 억제하기가 어렵다. 다음은 미국의 목사이면서 상담 활동을 하는 로빈슨(Duke Robinson)의 이야기다.[23] "내가 일을 시작한 지 얼마 되지 않았을 때 어떤 여성이 한 시간 정도 시간을 내줄 수 있는지 물었다. 그녀는 내가 자신의 얘기를 들어주기만을 바란다고 했다. 나는 그건 시간 낭비라고 생각했다. 그러나 결국 나는 그녀를 만났고, 그녀가 좋지 않은 남자들과 헤어진 얘기를 하는 동안 들어주기만 했다. 이야기를 듣는 사이에 한 시간이 훌쩍 지나갔고 그녀는 매우 감사하다고 말한 뒤 떠났다. 그리고 몇 주 후 그녀의 친구 두 명을 우연히 만나게 되었다. 그들은 그녀가 내가 많은 도움을 줬다는 얘기를 하더라고 전했다. 그 말을 듣고 기분이 좋기는 했지만 나는 정말 그녀에게 도움이 되는 몇 가지 충고를 해주고 싶었다."

충고(忠告)란 잘못을 지적하는 것이기 때문에 아무리 진실하고 순수하고 적절하더라도 충고를 받는 사람이 자신의 문제를 제대로 볼 능력이 없다는 것을 전제한다. 그래서 돕기 위해 충고한다고는 하지만, 그 내면에는 상대방이 자신을 높이 평가해주기를 바라며 자신에게 의지하도록 유도하는 나쁜 동기가 존재할 수 있다.[24]

착함

원만하고 도덕적인 | 우리나라 사람들이 생각하는 착한 사람의 이미지는 '착한 흥부'에서 볼 수 있는데, "흥부는 동네 사람들에게 착한 일을 했다", "흥부는 욕심 많은 형을 욕하지 않았다", "흥부는 제비 다리를 고쳐줬다" 같은 표현에서 착함의 의미를 짐작할 수 있다.[25] 선량함·바름·어짊 등의 마음씨와 행동에 대한 긍정적인 평가로 '착하다'라고 표현하는 것인데, 성격특질의 원만성에 도덕적인 심성이 추가된 것이라고 볼 수 있다.

'착하다'의 사전적인 의미는 언행이나 마음씨가 곱고 상냥하다는 뜻으로, '선(善)하다'와 의미가 같다. '착하다'는 17세기 정묘호란과 병자호란 때 청나라에 끌려갔다가 돌아온 사람들을 통해 만주어에서 우리나라로 유입된 말이다. 만주어에서 '사물이 일제히 배열된 모습'이나 '사람들의 행동에 맺고 끊는 바가 분명한 모습', '날씨가 엄혹한 상태' 등을 나타내던 'cak'이 우리나라에 유입되어서는 '사람의 동작이나 상태가 분명하고 바람직한 모습'을 나타낼 때 사용되었다. 미국 출신 선교사이자 평양신학교 교장이었던 모펫(Samuel Moffet)이 1895년에 중국어 기독교 입문서를 한글로 번역한 《진리편독삼자경眞理便讀三字經》에 나오는 '착홀 션(善)'은 그러한 의미를 상징적으로 나타내는 기록이다. 그로부터 100여 년 동안 '착하다'는 '사람의 심성이나 말투, 행동거지 등이 곱고 바르며 상냥한 것'을 의미해왔다.[26] 그런데 1993년을 기점으로 이 말은 사람이 아닌 사물에까지 확장되기 시작하더니, 2000년 이후

에는 급속도로 팽창되어 '싸다', '윤리적이다' 등의 의미로도 쓰이게 되었다.[27]

근대 이후 우리나라 도덕교육에서는 '착한 어린이'를 강조해왔기에 착하다는 표현은 주로 어린이에게 많이 사용된다. 1922년에 발행된 보통학교 2학년생을 위한 《보통학교수신서普通學校修身書》에는 '착한 어린이' 항목에 이런 내용이 나온다.[28] "이 아이는 선생님의 가르침을 잘 지키는 착한 어린이입니다. 학교에 가서도 집에 있어도 마음가짐이 좋고 자신의 일은 스스로 합니다. 그리고 친구들과는 사이좋게 지내고 남에게는 친절하고 남에게 받은 은혜는 잊지 않습니다. 게다가 공부도 잘해서 오늘 학교에서 상장을 받았습니다."

《보통학교수신서》는 조선총독부에서 만든 것인데, '착한 어린이' 이데올로기는 메이지시대의 수신서에서 유래했다. 당시 교과서에는 착한 어린이(よい子供)의 모범으로 니노미야 긴지로(二宮金次郎)가 자주 등장한다. 그는 도쿠가와 막부 시절의 농촌운동가로 성실과 근면의 대명사처럼 인용되는데, 그의 어린 시절 이야기는 어린이가 본받아야 할 모범이었다. 니노미야는 당시 교과서에 메이지 천황 다음으로 많이 언급되는 인물이었고, 그가 지게를 지고 걸어가면서 책을 읽는 동상이 일본 초등학교 곳곳에 세워졌다. 수신서에 나온 그에 대한 내용은 다음과 같다.[29]

- 자기 할 일을 다 하고 나서 밤에 열심히 공부했습니다.

- 열두 살 때 제방 공사에 나가 일을 열심히 했습니다.
- 자기 집으로 돌아와 황폐된 집을 다시 고쳤습니다.
- 긴지로는 효자입니다.
- 젖먹이 막내를 친척 집에 맡겨두고 걱정하신 어머니를 생각해서 동생을 데리고 왔습니다.

'착하다'는 개념은 이렇게 어린이의 바람직한 모습으로, 어른 말을 잘 듣고 기대에 부응한다는 내포적 의미를 담게 되었다. 그래서 이제는 착하다고 하면 주변 사람들의 기분이 상하지 않게 상대방이 원하는 일을 하는 것이라고 생각하기에 이르렀다. 교육심리학자 가토 다이조(加藤諦三)는 착한 아이가 보일 수 있는 문제행동으로 "남의 눈치만을 살피고, '싫어'라고 말하지 못하며, 자기 탓을 하며 죄의식을 느끼고, 우울증에 걸리며, 자기실현능력을 상실하고 불안해하며, 자기 의견 없이 무조건 순종하며, 세상과 자신을 두려워하며, 폭력적이 되고, 제대로 놀지 못한다"라고 요약했다.[30]

우리나라와 일본의 유치원에서 '착한 아이의 의미'를 연구한 유아교육학자 고미경에 따르면, 우리나라 유아들은 교사의 말을 잘들으면 착한 아이이고 교사에게 혼나면 나쁜 아이라는 이분법적인 개념을 가지고 있는 반면, 일본 유아들은 또래 친구가 자신을 어떻게 평가하느냐로 착한 아이를 판단한다. 공통적으로는 착한 아이가 되기 위해 힘든 일이나 귀찮은 일을 해야 한다고 생각하지만, 우리나라 유아들이 생각하는 착한 아이의 의미는 '선생님 말씀 잘 듣는 아이'에 국한되는 경우가 많아 일본 아이들보다 다양하지 못하다.[31]

나쁜 인간

'악(惡)'은 한국인이 가장 싫어하는 성격 | '나쁘다'는 말은 좋지 않거나 옳지 않다는 뜻인데 해롭다는 의미도 있다. 사람 관계에서는 타인에게 피해를 준다는 의미로 착하다는 것과 반대 의미다. 물론 타인에게 피해를 줬다고 해도 그 사람이 처한 상황에서 어쩔 수 없이 그런 것이라면 보통은 나쁜 사람이라는 판단을 보류한다. 흔히 '나쁜 사람'이라는 평에는 피해를 줄 뿐 아니라 옳지 않다는 도덕적인 판단도 포함되며, 본성(本性)이 원래 그러해서 변하지 않을 것이라는 예상까지 담겨 있다.

누군가를 '나쁘다'라고 말하는 것은 매우 강한 표현이며, '나쁘다'를 뜻하는 한자 '악(惡)'도 인간으로서는 하지 못할 일을 한다는 것을 암시한다. 최태진이 조사한 성격특성 관련 어휘 473개 중에서 악(惡) 자를 포함한 흉악하다, 악랄하다, 악독하다, 사악하다 등은 우리나라 사람들이 가장 싫어하는 성격에 해당한다.[32]

전통적인 동아시아 사상에서는 evil(악마)이라는 의미의 악(惡) 개념은 없었다. 한자어 惡은 심(心)과 아(亞)가 합해진 말인데, 亞는 고대 중국의 집 토대나 무덤을 위에서 본 모양을 본뜬 것으로

곱사등이 모양이기에 '보기 흉하다'라는 뜻이었다. 현재 한자사전에서 惡은 '악할 악'과 '싫어할 오' 두 가지 의미로 설명하는데, 《논어論語》에 나오는 惡는 부끄러워하거나 싫어하다는 뜻의 '오'자로 쓰였다. 순자(荀子)의 성악설(性惡說)에서도 惡의 의미는 서양의 evil 개념과는 달라, 인간의 본성에는 사회적인 혼란을 야기할 수 있는 이기적인 욕구와 시기·질투 등 인간 스스로 좋지 않게 여기는 성향이 잠재한다는 뜻이다.[33]

세계는 선과 악의 싸움에 의해 지배된다는 이신교(二神敎)적인 믿음은 조로아스터교에서 기원했다. 기원전 1500년에서 기원전 1000년 사이에 중앙아시아에서 활동했던 조로아스터의 가르침을 따르는 이 종교에서는 세상을 선신(善神)과 악신(惡神) 사이의 우주적 싸움터로 봤다.[34] 조로아스터교의 악신 개념은 서양 문화에 큰 영향을 미쳤는데, 유럽에는 스토아철학과 기독교가 융성하던 시기에 악의 개념이 유입되어 서양 사상의 중심 개념이 되었다.[35]

사람들은 일상생활에서는 악한(惡漢)에 대한 이야기를 들으면 부정적인 반응을 일으키지만 영화나 소설에 등장하는 악한 이야기는 좋아하는 이중성을 보인다. 영화 〈미저리〉나 〈양들의 침묵〉 등에 나오는 악한의 기괴한 행위에 매혹되는 이유는 누구나 어느 정도는 나쁜 짓을 저지르고 싶어 하기 때문이라는 주장이 있다.[36] 사실 일상에서 사소한 가학증은 매우 흔하다. 평범한 개구쟁이의 장난도 타인을 괴롭히는 데서 즐거움을 느끼는 것이다.[37] 사소한 장난과 악한의 범죄 사이에는 분명한 경계가 존재하지만 타인에게 고통을 준다는 점에서는 공통적이다. 반사회적 성격(antisocial personality)이란 타인에게 피해를 주는 이상 성격으로, 2013년 《DSM-5》의 기준에 따르면 타인의 권리를 무시하거나 침해하는 행동을 지속적으로 하는 경우를 말한다. WHO의 질병분류에서는 'dissocial personality'라고 한다. social(사회적)의 앞에 붙은 접두사 'dis-'는 'anti-'와 같은 의미로, 'un-' 또는 'a-'로 교체되어도 같은 의미다.

사이코패스·소시오패스

정상인의 가면, 반사회적 성격장애 | 사이코패스(psychopath)란 '정신(psycho-)의 병(path)'이라는 의미다. 과거에는 정신병자라는 의미로 사용되기도 했지만, 20세기 중반 이후에는 '반사회적 성격'이라는 의미로 사용된다. 사이코패스는 우리말로 '정신병질자'라고 변역할 수도 있지만, 이렇게 하면 망상을 보이는 정신병과 혼동되므로 그냥 사이코패스라고 한다.

사이코패스를 처음 기술한 사람은 19세기 초 프랑스 의사 피넬(Philippe Pinel)이다. 피넬은 정신질환에 대한 심리치료를 주장하여 근대 정신의학을 시작한 사람으로 평가되는데, 정신질환을 우울증·광증·치매·정신박약 네 가지로 나누고, 광증을 다시 정신착란 여부에 따라 둘로 나눴다.[38] 이 중 '정신착란이 없는 광증'이 지금의 사이코패스의 원형에 해당한다. 이보다 100년 전의 영국

철학자 로크는 정신은 이성의 작용이고 이것이 없을 때 정신착란이나 광증이 발생한다고 주장했는데, 피넬은 이성적인 능력(지능과 인지능력)이 보존된 광증이 존재한다는 사실을 처음 발견한 것이다.[39]

피넬이 발견한 '정신착란이 없는 광증'은 나중에 영국의 의사 프리처드(James Prichard)에 의해 moral insanity(감정적인 광증)로 불렸다. 당시 영어 moral은 프랑스어에서 유래한 말로 '도덕적인'보다는 '감정적인'의 의미였다. 프리처드는 환각이나 지적 능력의 손상이 없는 정신병을 기술하기 위해 이러한 개념을 사용한 것이다. 이 개념은 다시 독일의 의사 코흐(Julius Koch)에 의해 Psychopathische Minderwertigkeiten(영어로는 psychopathic inferiority)으로 불렸다. 이때 psychopath는 '뇌의 이상'을 의미했고, inferiority는 '비정상'을 의미했다.[40]

피넬, 프리처드, 코흐 등은 서로 다른 용어를 사용했지만 공통적으로 지능과 인지능력이 보존된 정신병을 기술했다. 코흐가 처음 사용했던 psychopath를 현대적인 개념으로 체계화한 사람은 미국의 의사 클렉클리(Hervey Cleckley)였다. 그는 1941년에 출간한 《정상인의 가면*The Mask of Sanity*》에서 사이코패스의 개념을 자세히 설명했다. 그는 사이코패스는 언뜻 정상인처럼 보이기 때문에 '양의 탈을 쓴 늑대'라는 의미로 가면(mask)이란 말을 사용했으며, 사이코패스를 진단하기 위한 기준을 처음 제시하고 다양한 사례를 소개했다.[41]

현재 사용되는 사이코패스 진단 방법은 1980~1990년대에 캐나다 범죄심리학자 로버트 헤어(Robert Hare)가 개발했다. 대학 교수인 헤어가 교도소에서 수감자를 대상으로 연구를 시작하던 1960년대에 사이코패스를 진단하기 위한 심리검사는 다른 심리검사처럼 스스로 작성하는 자기보고에 의존했다고 한다. 예를 들면 "나는 거짓말을 ①쉽게 한다. ②거의 하지 않는다. ③전혀 하지 않는다"와 같은 문항에 표기하는 식이었다. 헤어는 수감자들과 면담하면서 이들이 자기 목적을 달성하는 수단으로 인터뷰를 이용한다는 사실을 깨달았다. 지능이 높은 사이코패스는 심리검사 방법을 통달했기 때문에 정신과 의사와 심리학자를 자신의 의도대로 교묘히 조작할 수 있었다. 헤어가 면담한 어떤 수감자는 편하게 지낼 수 있는 정신과 시설로 옮겨 가려고 정신병이 있는 것처럼 연기해서 실제로 정신과 시설에 수용되었다. 그런데 그는 정신병자들이 너무 많아 그곳이 맘에 들지 않자 다시 심리검사를 신청해서 정상 판정을 받고 일반 교도소로 옮겨왔다고 한다. 교도소에 와서는 우울증 환자 행세를 해서 신경안정제를 처방받아 다른 수감자들에게 팔기도 했다.[42]

헤어는 1991년에 사이코패스 검사 방법(Psychopathy Checklist)을 개발했는데, 간단한 스크린용 버전은 다음과 같이 파트 두 개에 각각 여섯 개의 항목으로 총 12개 항목이다.[43]

• 파트 1: 감정·대인관계

① 재미있고 유쾌한 대화를 하고 임기응변에 능하다. 그러나 말솜씨가 지나치게 좋고 겉만 번지르르하다고 느껴지기도 한다.

② 자기중심적이고 과장이 심하며 자기만의 방식대로 살아도 무방하다고 생각한다.

③ 거짓말과 속임수에 능하다. 거짓말이 들통나더라도 당황하는 기색 없이 말을 바꾸거나 사실을 재가공해서 모순이 없는 것처럼 꾸미기 때문에 상대방을 혼란에 빠뜨린다.

④ 죄의식이 없다. 자신으로 인해 고통당하거나 파멸에 이른 사람들에게 미안해하기는커녕 관심조차 없다.

⑤ 공감능력이 없고 타인의 입장에서 생각하지 못하며, 약한 사람은 어리석고 이용당하기를 자처하는 사람이라고 생각한다.

⑥ 자신의 잘못에 대한 책임을 지지 않으며, 오해가 있었다거나 오히려 자신이 피해자라고 항변한다. 예를 들어 강간범이 상대방의 성적인 욕구를 자신이 만족시켜줬다고 주장하거나, 피해자가 자신을 괴롭혔다는 증거들을 만들어낸다.

• 파트 2: 행동 양식

① 충동적이어서 어떤 행동의 옳고 그름을 비교·검토하거나 결과의 타당성 여부를 생각하지 않는다. "그냥 하고 싶어서 그랬다"가 그들의 일반적인 대답이다.

② 행동 제어를 하지 못한다. 대부분의 사람들은 화가 나더라도 꾹 눌러

참을 수 있지만, 사이코패스는 이런 통제력이 없어서 약간의 모욕에도 폭발한다.

③ 장기적인 목표가 없고 스릴 넘치는 생활을 원한다.

④ 책임감이나 의무감이 없다.

⑤ 사춘기 시절부터 문제행동이 나타난다.

⑥ 성인기에는 사회적 규범을 위반하는 반사회적 행동을 보인다.

항목마다 '아니다'는 0점, '아마도'는 1점, '맞다'는 2점을 주고 총점을 계산해서 18점 이상이면 사이코패스 가능성이 높으며, 12점 이하면 사이코패스는 아니라고 진단한다. 그런데 테스트 결과는 각인 효과에 따른 부작용 위험성이 있어서 일반인이 재미 삼아 하는 것은 권장되지 않고, 범죄 이력과 광범위한 정보를 바탕으로 전문가의 인터뷰를 통해 이뤄져야 한다.

사이코패스가 유전에 의한 뇌의 구조적 이상에서 비롯된다는 증거들이 있다. 핵심적인 부위는 복내측 전전두엽(ventromedial prefrontal cortex)인데, 도덕적 판단능력을 담당하는 곳이다. 이곳과 공감을 담당하는 거울신경, 공포 반응을 담당하는 편도체, 얼굴 표정을 지각하는 방추이랑(fusiform gyrus), 보상체계의 복측 선조체(ventral striatum)·측좌핵(nucleus accumbens) 등과의 비정상적인 신경 연결이 사이코패스의 특징적인 소견이다.[44] 결과적으로 이들은 부정적인 사건에 대한 공포나 불안 반응이 없으며, 고통스러운 타인의 얼굴을 인식하지 못하고 타인의 감정에 공감을 못하

지만 보상체계에는 민감하게 반응하기 때문에 자신만의 쾌락을
즐긴다.

소시오패스(sociopath)란 독일 의사 번바움(Karl Birnbaum)이 처
음 만든 용어다. 그는 반사회적 행동이 비도덕적 성격에서만 유래
한 것이 아니라 사회적인 배경에서 유래한다는 점을 강조하기 위
해 이 용어를 사용했는데, 나중에 미국 심리학자 파트리지(George
Partridge)가 체계화했다. 파트리지는 소시오패스를 '사회적 관계에
서 발생하는 비정상적이고 병적인 것'으로 정의했는데, 이 관점은
1952년의 《DSM-Ⅰ》에 반영되어 성격장애의 한 범주인 사회병질
적 성격장애(sociopathic personality disturbance)로 등록되었다.[45] 여
기에 포함된 세부적인 질병에는 반사회적 반응(antisocial reaction),
비사회적 반응(dyssocial reaction), 성도착(sexual deviation), 알코올
중독(alcoholism), 약물중독(drug addiction) 등이 있었다. 이 중 '반
사회적 반응'은 클렉클리가 이미 정리한 사이코패스의 내용과 일
치한다. 1968년에 개정된 《DSM-Ⅱ》에서는 약물중독이 성격장애
목록에서 빠지고, '반사회적 반응'과 '비사회적 반응'은 '반사회적
성격(antisocial personality)'으로 통합되었다.

반사회적 성격을 묘사하는 용어로는 역사적으로 사이코패스,
소시오패스 등이 있었지만 모두 같은 의미인데, 분야에 따라 선호
하는 용어가 다를 뿐이다. 정신의학과 심리학에서는 '반사회적 성
격장애'라는 개념이 보편적으로 사용되며, 사이코패스는 주로 범
죄심리학에서 사용된다.

《나, 소시오패스*Confessions of a Sociopath*》의 저자 토머스(M. E. Thomas)는 자신을 성공한 소시오패스라고 말한다. 그리고 자신을 사이코패스라고 하지 않고 소시오패스라고 하는 이유를, 비록 같은 의미이지만 '사이코'란 말이 미친 사람이라는 대중적인 인식이 있는데, 자신은 미치지 않았기 때문이라고 했다.[46] "나는 복잡하고 분별없는 감정에 휘둘리지 않는다. 대신 전략적이고 대담하며 신중하고 지적으로 행동한다. 나는 성공한 변호사이자 법학교수이며, 수입의 10퍼센트는 자선단체에 기부하고, 매주 일요일에는 주일학교 교사로 활동하며, 가족이나 친구들과도 잘 지내고 있다. 세상 사람들은 불빛을 향해 날아드는 나방처럼 소시오패스의 독특한 예외성에 끌린다. 소시오패스가 사악하다고 인식하는 때가 조작술수(manipulation) 능력을 발휘하는 시점이지만 이것은 단지 교환일 뿐이다. 예를 들어 어떤 사람이 차를 5000달러에 팔고 싶어 하는데 내가 이 차를 1만 달러에 사려는 사람을 알고 있어서 내가 5000달러에 사서 1만 달러에 팔고 나는 5000달러를 챙긴다. 매매 당사자가 서로 만나지 않은 이상 우리 세 사람은 모두 만족한다. 이게 바로 월스트리트에서 매일 벌어지는 일이기도 하다."[47]

토머스처럼 사회적으로 성공한 사이코패스(소시오패스)는 반사회적 성격장애로 진단되는 경우가 드물다. 반사회적 성격장애는 일반 남성의 3퍼센트 정도이고 여성의 경우 1퍼센트에서 나타나는데, 교도소에 수감된 범죄인을 대상으로 하면 남성 재소자의 47퍼센트, 여성 재소자의 21퍼센트가 여기에 해당한다.[48] 하지만 반사회적 성격장애자의 대부분은 교도소에 가지 않는다.

반사회적 성격장애란 '타인의 권리를 무시하고 침해하는 패턴'으로 정의하는데, 이는 겉으로 드러나는 행동에 중점을 두는 진단기준이기 때문에 내면적인 사고 과정을 진단하기는 어렵다. 성공한 사이코패스는 일인자(number one)를 최고로 생각하며, 자신이 그렇게 되기 위해서는 수단과 방법을 가리지 말아야 한다고 믿는다. 이들은 열정적이고 말을 잘하기 때문에 매력적으로 보이기도 하지만, 속임수를 좋아하며 사회적 규범을 따르지 않고 양심의 가책을 느끼지 않는다는 점이 핵심적인 심리적 특징이다. 두려움이 없고 확신에 찬 모습, 카리스마, 무자비함, 뛰어난 집중력 등은 현대인이 성공하기 위한 성격으로 여기는데, 사이코패스가 가지는 특징들이기도 하다.

로버트 헤어는 2007년《직장으로 간 사이코패스Snakes in Suits》라는 책에서, 직장 세계에서는 사이코패스가 일반 사회 평균보다 훨씬 많다고 주장했다. 이들은 사회적 기술이 좋고 매력적으로 보이기 때문에 조직 생활을 쉽게 시작하고, 조직에서 누가 권력자인지 쉽게 파악하기 때문에 그들 편에서 그들을 돕고 보호를 받으며 활용한다. 또한 조작능력이 뛰어나 자신에게 유리하도록 상황을 만들고 자신의 주장을 관철하며, 결국에는 자신의 후원자를 제치고 권력을 차지한다.[49] 결국 직장 조직에서 위로 올라갈수록 사이코패스가 증가하여 고위직의 3~4퍼센트가 이에 해당한다. 이들을 사이코패스 기업인(corporate psychopath)이라고 한다. 영국 경영학 교수인 클리브 보디(Clive Boddy)는 월스트리트의 사이코패스 행태가 2007~2008년의 세계경제위기를 초래했다고 주장하기도 했다.[50]

영국 심리학자인 케빈 더튼(Kevin Dutton)은 2011년 영국의 사이코패스 조사(Great British Psychopath Survey) 결과, 사이코패스가 많은 직종으로 CEO, 변호사, TV 미디어 종사자, 판매원, 외과의사, 저널리스트, 경찰관, 목사, 셰프, 공무원 등 열 가지를 선정해 발표했다. 그런데 이들 직업의 공통점은 자기주장이 강해야 하고, 직업적으로 만나는 사람들이나 다루는 내용에 대해 감정적인 거리감을 가져야 한다는 것이었다.[51]

8 |

성실성
Conscientiousness

성실성
자기규율
정리 정돈
완벽 · 완전
나태

《설문해자說文解字》에 따르면 한자어 성실(誠實)의 誠은 信(믿을 신)과 같은 의미라고 나오는데, 맹자(孟子) 이후 진실이나 정성 등 사람이 갖춰야 하는 덕성을 의미했다. 그리고 實은 집[宀]에 끈으로 꿴 많은 동전[貫]이 있다는, 즉 집안에 재화가 가득하다는 뜻이었는데, 나중에는 잘 여문 열매와 같이 실질적인 내용을 의미하게 되었다.[1]

율곡 이이(李珥)는 성실을 '나를 속이지 않고 앎을 실천할 수 있는 마음'이라고 했는데,[2] 1946년 국어사전에는 성실이 '참되고 거짓이 없는 것'으로 설명되어 있고, 1953년 국어사전에서는 '참되고 부지런하다'로 풀이한다. 이후 사전에서는 본래적인 '참'의 의미에 점차 '부지런함'과 '정성'의 의미가 추가되었다.[3] 그러다가 2016년 국어사전에서는 성실을 '정성스럽고 참됨'이라고 정의하고 있다. '참됨'보다는 '정성'이 더 강조된 것이다.

조선시대까지만 해도 노동의 부지런함은 농민에게 요구되었고 양반에게 요구되는 부지런함은 학문이었다. 그런데 개화기와 일제 강점기를 거쳐 1960~1970년대의 산업화시대를 지나면서 성실은 근면과 함께 국민적인 의식이 되었다.[4] 이와 함께 성실의 의미도 '거짓이 없다'는 뜻에서 '최선을 다해 열심히 노력한다'로 변했다.

한영사전을 보면 성실에 해당하는 영어는 faithfulness나 sincerity 등으로 나온다. faith는 종교적인 믿음처럼 어떤 대상에 대한 믿음을 의미하고, sincere는 자신의 느낌이나 생각을 정직하게 표현한다는 의미다. 따라서 현재 우리가 일반적으로 사용하는 성실의 개념인 '꾸준히 열심히 일한다'와는 의미가 조금 다르다. 한국심리학회 용어사전에는 성실에 해당하는 영어로 conscientiousness가 있다.

conscientious의 뜻을 한영사전에서 찾아보면 '① 양심적인, ② 성실한' 두 가지로 풀이한다. 양심에 해당하는 영어는 conscience인데, 사실은 conscience나 conscientious 모두 '공동의 앎'을 의미하는 라틴어 conscientia에서 유래했다.[5]

양심

공동의 앎, 천부적인 선함 │ 양심(良心)이란 말은《맹자孟子》〈고자상告子上〉에 처음 나오는데, 맹자는 이를 인의(仁義)의 마음이라고 했다. 어질 양(良) 자는 곡류 중에서 좋은 것만을 골라내기 위한 기구를 본뜬 글자로 '좋다'의 뜻인데, 동양 전통에서 양심은 '천부적으로 갖춰진, 사람의 착한 마음'을 말한다.[6] 서양에서 양심 (conscience)은 '공동의 앎'이라는 어원에서 보듯이, 함께 느끼며 함께 알 수 있는 상호주관성을 지닌다. 서양 철학에서 양심이라는 주제를 본격적으로 연구했던 18세기 영국의 신학자 버틀러(Joseph Butler)는 양심을 인간의 본성 구조에서 최고의 재판관이며 도덕 능력의 핵심이라고 생각했다.[7] 이처럼 서양 철학에서 양심이란 옳고 그름을 구분하는 능력이며, 자신의 행위를 판결해주는 도덕법의 재판관이자 입법자라고 할 수 있다.[8]

버틀러가 양심을 인간이 원래부터 가지는 이성적 원리라고 생각한 것처럼, 도덕철학에서는 양심을 선천적인 속성으로 연구해왔다. 반면 심리학에서는 양심이 어떻게 형성되는지를 연구했다.[9] 프로이트는 양심은 외적인 규범이 내면화된 것이라고 주장했다. 어린이는 쾌락을 추구하려는 충동에 대한 내적인 억제력이 없는 비도덕적(amoral) 상태인데, 나중에 부모의 권위 같은 외적인 힘에 의해 작동되는 초자아(super-ego)로부터 양심이 발달한다는 것이다.[10] 프로이트에 따르면 양심은 초자아의 특성이다. 반면 융은 양심을 무의식적인 차원에서의 신(神)의 소리로 이해했다. 따라서 양심은 도덕보다는 높은 권위를 가진다고 생각했다. 양심에 대한 융의 독특한 주장은, 바른 양심이 있는 반면 마귀와 악령 같은 그릇된 양심도 있다는 것이었다.[11]

양심을 이야기할 때 문제점은 그 개념을 정의하기가 힘들 뿐 아니라 실제로 도덕적 행위의 기준으로 사용하기에도 애매모호하다는 것이다. 유대인 학살을 지휘했던 아이히만(Karl Eichmann)의 사례는 양심 개념의 어려움을 대변한다. 아이히만은 삼촌의 부탁으로 한 유대인 부부를 몰래 스위스로 탈출할 수 있게 도와준 일 때문에 두고두고 양심의 가책을 받았다고 한다. 또한 세상에는 부도덕한 행위를 하고도 양심의 가책을 느끼지 않는 사람들도 많고, 지나치게 양심적인 사람들은 자신이 불행한 일을 당했을 때 죗값을 치른 듯 평온함을 느끼기도 한다. 그렇기 때문에 사람들에게 "양심적이 되어라"고 말하는 것은 사실상 어려운 일이다.[12] 프로이트와 융 이후의 심리학에서는 양심에 대한 연구를 찾아보기 힘들고, '양심의 가책을 느끼지 않는' 반사회적 성격장애를 설명할 때 외에는 양심이라는 개념은 잘 등장하지 않는다.

성실성

바람직한 인격 | 성격심리학의 초창기였던 1930년대에는, 19세기 빅토리아시대 영국과 미국에서 사람들이 가져야 할 바람직한 인격(character)이었던 노력(hard-working), 믿을 만함(reliable), 끈기(persevering) 등은 도덕성에 대한 평가로 간주되었기 때문에 심리학에서 기피하던 주제였다. 그런데 1961년 투페스와 크리스탈의 5요인모델에서 이러한 특성들은 '신뢰성(dependability)'이라는 개념

으로 연구되었고, 1963년 노먼은 이를 '성실성(conscientiousness)'의 개념으로 발전시켰다. 성실성에 대해 현재 통용되는 정의는 1992년에 코스타와 맥크레가 정립했다. 이들에 따르면 성실한 성격은 정리 정돈을 잘하고, 책임감이 있으며, 성취욕이 높고, 자신의 능력을 믿으며, 꾸준히 노력하고, 언행에 앞서 숙고하는 특성을 보인다.[13] 우리말로는 성실하다, 착실하다, 근면하다, 끈기 있다, 진취적이다, 책임감 있다, 믿음직스럽다, 신중하다, 사려 깊다 등이 성실성이 높은 사람에게 하는 표현이다.

뉴캐슬 성격진단표(NPA)의 성실성에 대한 질문은 다음 두 문항이다.

① 모든 일을 사전에 준비한다.
② 일이나 물건을 정리하지 않고 어지럽게 그냥 둔다.

①의 경우 전혀 아니면 1점, 별로 아니면 2점, 중간이면 3점, 약간 그렇다면 4점, 매우 그렇다면 5점을 주고, ②의 경우 전혀 아니면 5점, 별로 아니면 4점, 중간이면 3점, 약간 그렇다면 2점, 매우 그렇다면 1점을 준 후 두 점수를 더한다. 합산한 점수가 2~4점이면 성실성은 하위 25퍼센트, 5~6점이면 중하 25퍼센트, 7~8점이면 중상 25퍼센트, 9~10점이면 상위 25퍼센트에 속한다.[14]

자기규율

충동적인 유혹을 견디는 성향 | 주의력결핍과잉행동장애(ADHD, attention-deficit hyperactivity disorder)란 주로 학교 다니는 아이들한테 내려지는 진단이다. 이들은 한 곳에 오래 앉아 있지 못하고 충동적이어서 선생님과 자주 충돌하며, 매우 활동적이고 자극에 대해 즉각적으로 반응한다. 따라서 이들의 반응을 예측하기는 어렵다. 이들의 성격5요인을 검사해보면 성실성과 원만성은 낮고 신경성은 높게 나타난다. 성실성의 한 측면인 충동적인 욕구를 조절하는 자기규율이 약한 것이다.

성인의 충동성을 테스트하는 방법으로는 카드 게임이 있다. 테이블에는 A, B, C, D 네 종류의 카드 세트가 있고, 각 종류마다 52개의 카드가 있다. 이 52개의 카드 중 원하는 대로 차례차례 카드를 고르고, 카드를 고를 때마다 거기에 적힌 금액을 받는다. 그런데 중간중간 벌금 카드가 있어서 벌금을 내야 한다. 때문에 벌금 카드를 많이 뽑으면 결국 돈을 잃을 수도 있다. 이 게임에 참여하는 사람들은 곧 A와 B에서는 카드를 뽑을 때마다 보상으로 받는 돈이 항상 100달러인데 C와 D에서는 50달러에 불과하다는 사실을 알아채기 시작한다. 당연히 A와 B가 좋다. 그런데 A에서는 이따금 1250달러의 벌금 카드가 열 번에 한 번꼴로 나온다. B에서는 그보다 조금 낮은 500달러의 벌금이 나오는데 네 번에 한 번 나온다. C에서는 250달러의 벌금 카드가 열 번에 한 번, D에서는 100달러의 벌금 카드가 네 번에 한 번 나온다. 그렇다면 A, B, C,

D 중 어떤 카드를 뽑아야 할까?

모두 열 장을 뽑는다고 하면 A는 1000달러를 벌지만 1250달러의 벌금을 낼 가능성이 있어서 결국은 마이너스 250달러가 되고, B는 열 번 중 2.5번의 벌금을 내기 때문에 A와 동일하고, C는 열 장으로 500달러를 벌지만 벌금으로 250달러를 낼 가능성이 있어서 250달러를 벌게 되고, D도 마찬가지로 250달러를 벌게 된다. 이런 시나리오는 아이오와대학교의 연구진들이 개발했기 때문에 아이오와 도박과제(Iowa Gambling Task)라고 불린다.[15]

이 게임에 참여한 사람들은 처음에는 각 카드 세트에 어떤 원칙이 적용되는지 알지 못하므로 시행착오를 통해 그 원칙을 알게 되며, 때문에 네 종류의 카드 모두를 가지고 게임한다. 그러나 A와 B에서 한두 번 벌금 카드를 뽑은 후에는 A와 B 대신 C와 D에서 카드를 뽑기 시작한다. 결국 실험을 반복할수록 A와 B보다는 C와 D에서 훨씬 더 많은 카드를 뽑는다. 아이오와 도박과제를 개발했던 다마지오(Antonio Damasio)는 이 게임을 뇌손상 환자들에게 적용해봤다. 그런데 복내측 전전두엽의 기능이 떨어진 사람들은 C와 D가 아닌 A와 B를 선택하는 경향이 있었다.[16]

아이오와 도박과제에서 A와 B를 선택하는 경향은 뇌손상 환자에게만 국한되는 것은 아니고, 전 인구의 1퍼센트에서 나타나는 도박중독의 전형적인 특징이기도 하다. 도박중독자들은 카드 게임, 카지노 도박, 경마, 성인오락실 게임 등 도박 충동을 억제하지 못한다. 사교를 위한 도박 게임은 지인들끼리 자신이 감당할 만큼의 금전 손실을 예상하면서 일정 한도 안에서 즐기지만, 병적인 도박은 이 범주를 벗어난다. 도박중독자들에게 아이오와 과제를 하도록 해보면 A와 B를 압도적으로 선호한다. 도박중독자들은 확률을 금방 계산하기 때문에 A와 B가 불리하다는 것을 알지만 한 번에 만회하려는 충동을 통제하지 못한다. 아이오와 도박과제에서 A와 B를 선택하는 그룹에는 알코올중독자나 약물중독자도 포함된다.[17]

충동성을 테스트하는 심리실험에는 'Go—No Go'라는 것도 있다. 모니터를 보고 있다가 X를 제외하고 다른 문제들이 나타나면 가능한 한 빨리 키를 누르는 과제인데, X가 나타나면 아무런 키도 눌러서는 안 된다. 이때 사람들은 모니터를 보다가 뭔가 나타나면 빠르게 반응하는 습성이 생기기 때문에, X가 나타났을 때도 가만히 있기가 쉽지 않아서 자꾸 키를 누르게 된다. 뇌 영상을 촬영하면서 이 실험을 실시한 결과를 보면, 모니터에 X가 나타나자 뇌 우측 배외전전두피질(dorsolateral prefrontal cortex)이 활성화되었는데, 활성도가 높은 사람일수록 키를 누르려는 욕구를 잘 견뎠다. 자기조절능력에는 우측 전두엽의 배외전전두피질이 작용하는 것이다.[18]

충동적인 유혹을 견디는 성향인 자기규율(self-discipline)을 코스타와 맥크레는 '일을 일단 시작하면 끝마칠 때까지 꾸준히 노력하는 능력'이라고 정의했다. 자기조절·자기절제·의지·의지력·인내심 등도 같은 의미인데, 1960년대에 어린이의 자기규율을 알아봤던 유명한 실험은 스탠퍼드대학교의 미셸(Walter Mischel)이 네 살 된 아이들을 대상으로 한 마시멜로실험이다. 부드럽고 달콤한 마시멜로를 앞에 두고 선생님이 15분 뒤 돌아올 때까지 먹지 않으면 두 개를 주겠다고 했을 때 먹지 않고 참았던 아이들은 성장 후 학업 성적이 훨씬 우수했고 성인이 되어서도 성공적인 삶을 살았다.[19]

정리 정돈

너무 지나치면 강박성격장애 | 성실한 사람의 주변은 모든 게 정리되어 있다. 정리 정돈(orderliness)이란 주위 상황이나 물건을 깔끔하게 정리해두는 성향을 말하는데, 누군가의 집이나 사무실을 보는 것만으로도 주인의 성실성을 예상할 수 있다.[20] 정리 정돈을 잘하는 사람은 세부 사항을 놓치지 않고 신경을 쓰는데, 이는 사물에만 국한되는 것이 아니라 시간에도 적용되기 때문에 시간도 잘지킨다. 이들은 일을 시간적인 순서에 따라 하기 때문에 모든 일을 차근차근 쌓아 올리는 식으로 실행한다. 18세기 미국의 정치가이자 과학자인 벤저민 프랭클린이 말한 "모든 것을 제자리에 두고 모든 일은 제시간에 하자"라는 말은 정리 정돈을 잘 표현한다.[21]

정리 정돈이 너무 심하면 강박적 성격(obsessive-compulsive personality)이라고 한다. 강박(強迫)이란 강하게 압박한다는 뜻으로, 스스로에게 억지로 원칙을 따르라고 강요한다. 사소한 세부 사항이나 규칙, 순서, 형식 등에 집착하기 때문에 큰 흐름을 놓치고 전체적으로 볼 수 있는 안목을 잃게 된다. 강박 성격으로 자신이 괴롭고 주위 사람도 힘들게 하면 강박성격장애라고 한다. 가장 두드러진 증상은 목적과 수단이 괴리되어 어떤 목적을 위한 수단에 불과한 스케줄이나 계획을 지키는 일이 우선 과제가 되어버려서 결국 일을 망치는 것이다.

완벽·완전

비트겐슈타인은 왜 자살 충동에 시달렸나 | 완벽(完璧)이란 말은 사마천(司馬遷)의 《사기史記》에 나오는 완벽귀조(完璧歸趙)에서 유래한 것으로, '완전한[完] 구슬[璧]'이라는 의미다. 벽(璧)이란 옥(玉)으로 만든 구슬을 의미했는데, 전국시대 진(秦)나라에 가져갔던 구슬을 조금도 상하지 않게 완전한 상태로 조(趙)나라로 돌려보냈다는 고사에서 비롯되었다.[22] 완벽과 같은 말로 완전(完全)이 있는데, 온전할 전(全) 자도 구슬[玉→王]에서 유래했다. 그러나 현재는 완벽함이 흠이 없다는 의미라면, 완전함이란 전체로서의 모든 것이 갖춰졌다는 의미다.

완벽·완전하다는 의미의 영어 단어인 perfect는 '이미 마치다'라는 의미의 라틴어 perfectus에서 유래했다. 이 용법은 현재완료(present perfect)·과거완료(past perfect)와 같은 문법 용어에는 남아 있지만, 일상적으로 perfect는 결점 없이 완전하다는 의미로 쓰인다. 아리스토텔레스는 완전함이란 모든 필요한 것들을 포함하며 더 이상 좋을 수 없는 상태라고 했다. 이미 완결되었기 (finished) 때문에 더 빼고 더할 것이 없다는 의미다. 이는 다른 것과 비교해서 좋다는 뜻이 아니라 그 자체로서 좋다는 말이다. 완전함(perfectus)과 대비되는 개념으로 뛰어남(excellentia)이 있는데, 뛰어남은 다른 것들과 비교해서 좋다는 뜻이다.[23]

중세 기독교시대에는 완전함을 신의 속성이라고 생각했다면 18세기 계몽주의시대에는 자연의 속성이라고 간주했다. 따라서 인간이 자연의 법칙을 이해하고 이 법칙에 따라 살게 되면 인간도 완전하게 될 수 있다는 믿음이 나타났다. 이제 완전함이란 과거에 완료된 것보다는 인간의 힘으로 이뤄질 미래완료형의 개념 (future perfection)이 되었다. 완전함을 추구했던 현대인의 가장 전형적인 사례는 벤저민 프랭클린이다. 그는 20세가 되자 도덕적 완벽함(moral perfection)에 이르기 위한 12가지 덕목을 정하고 매일 실천하려 노력했다. 독일 사회학자 막스 베버는 1905년에 출간한 《프로테스탄티즘의 윤리와 자본주의의 정신》에서, 프랭클린의 윤리적 직업 정신은 자본주의 정신의 모범이며, 그가 완벽한 인격을 이룬 것은 인격에 방해가 되는 오류들을 하나씩 수정해나간 결과라고 했다.[24]

벤저민 프랭클린이 18세기의 완벽주의자였다면, 오스트리아 출신의 철학자 비트겐슈타인은 20세기의 완벽주의자였다. 프랭클린은 자신의 계획이 항상 실현 가능하지 않다는 것을 깨닫고 목표를 도중에 수정하는 탄력성을 보였지만, 비트겐슈타인은 절대적인 도덕성과 엄격한 의무감 그리고 정직 때문에 언뜻 보기에 사소한 일에 대해서도 강한 죄책감에 시달렸고 평생 불행감과 자살 충동으로 고통받았다.[25]

심리학에서 완벽주의(perfectionism)에 대한 연구는 우울증 연구에서 시작되었다. 미국 정신과 의사 아론 벡(Aaron Beck)은 우울증을 진단할 수 있는 심리테스트(psychometric test)를 처음 개발한 사람이다. 그는 제자였던 번스(David Burns)와 함께 만성우울증과 자해 행동을 보이는 여성의 사례를 1978년에 보고하면서, 이 여성의 문제가 과도하게 완벽주의적이고 '모 아니면 도(all or none)'로 생각하는 데서 비롯되었다고 했다.[26] 이후 번스는 완벽주의를 측정하기 위한 테스트를 개발했는데, 완벽주의자란 '도달할 수 없을 정도로 비합리적인 높은 기준을 세우며, 불가능한 목표를 향해서 강박적으로 노력하며, 자신의 가치를 성취 결과에 의해서만 평가하는 사람'이라고 정의했다.[27]

완벽주의자는 매우 평가적이다. 자기를 평가하거나 타인을 평가하거나 또는 타인이 자기를 어떻게 평가하는지에 집착한다. 사실 사람은 누구나 자기를 평가하지만 완벽주의자들은 너무 자주 세세하게, 성공 아니면 실패라는 양극단으로 평가한다. 따라서 자기평가에 따르는 수치심(shame), 죄책감(guilt), 창피함(embarrassment) 등의 감정을 자주 경험한다.[28] 이 중 수치심이 가장 강력한 감정이다. 창피함은 타인이 함께 있는 상황에서 발생하지만, 수치심은 실제적인 노출과는 관계없이 다른 사람들이 불완전한 자신을 어떻게 생각할까 상상하면서도 발생하기 때문에 떨쳐버리기가 더 어렵다. 또한 죄책감은 고백하거나 사과하는 행동을 통해서 경감될 수 있지만, 수치심은 자기검열의 결과이기 때문에 해소할 수 있는 방법이 없어서 사라져버리고 싶은 욕망을 불러일으킨다.[29]

1980~1990년대에 완벽주의는 강박장애, 우울증, 신경성 식욕부진 등 병적인 상황과 연관되어 연구되었다. 강박장애란 특정한 생각이나 행동을 반복하는 상태를 말하는데, 대표적인 행동은 오염되었다는 생각에 끊임없이 손을 씻거나 사물을 완벽하게 좌우 대칭으로 질서 정연하게 정돈하는 것이다. 그리고 신경성 식욕부진이란 체중과 비만에 과도하게 집착하는 병으로, 거식증(拒食症)이라고도 한다.

1990년대에 심리학계는 기존의 심리학이 부정적인 측면에만 집중해왔다는 반성을 하게 되었는데, 완벽주의 연구에서도 같은 반성이 있었다. 그 결과 완벽주의를 긍정적인 완벽주의와 부정적인 완벽주의로 구분하려는 노력이 시작되었다.

긍정적 완벽주의는 합리적이고 현실적인 기준을 추구하며 결과적으로 자기만족과 자존감을 향상시키는 결과를 가져온다. 그래서 성격특질의 '성실성'과 상관관계가 높다. 올림픽 경기에서 허들 선수가 레인에서 몸을 웅크리고 출발 신호를 기다리는 시점에는 모든 준비가 완벽해야 한다. 콩쿠르에서 입상하기 위해서는 음정과 박자를 포함한 모든 것이 완벽해야 하고, 뛰어난 연기를 하기 위해서는 대사나 표정 하나하나가 완벽하게 어울려야 한다. 이처럼 최고를 겨루는 분야에서는 비현실적인 완벽주의가 무엇인지 판단하기 어렵다.

존스홉킨스대학교 영재센터에서는 영재들의 완벽주의를 연구했다.[30] 연구 팀은 5~6학년 때의 SSAT(고등학교입학시험) 또는 7학년 때의 SAT(대학입학시험)에서 상위 0.5퍼센트에 드는 820명의 학생들을 완벽주의 척도에 따라 비완벽주의자(그룹 1), 건강한 완벽주의자(그룹 2), 역기능적 완벽주의자(그룹 3) 등 세 집단으로 나눴다. 그 결과 30퍼센트가 그룹 1에 속했는데, 이들은 성격테스트에서 성실성이 낮았으며 영재이면서도 학습장애로 진단되는 비율이 높았다. 41퍼센트를 차지한 그룹 2는 완벽주의 척도가 중간인데, 이들은 목표를 현실적인 수준에서 정하며 성실하고 성취 지향적이며 사회성이 좋았다. 29퍼센트를 차지한 그룹 3은 완벽주의 성향이 가장 높은 그룹으로, 신경증적인 성향이 강하며 친화성이 낮고 정서가 불안하며 과도하게 경쟁적이었다.

영재 학생들은 보통 어렸을 때부터 뛰어난 성취를 하도록 부모로부터 압력을 받는다고 생각하는데, 이번에 연구된 학생들의 경우 완벽주의에 대한 부모의 영향은 매우 적었다. 또한 이들의 완벽주의 정도는 사회적·경제적인 수준이 비슷한 일반 아이들과도 차이가 없었다.

완벽주의의 장기적인 안정성을 알아보기 위해 4년 뒤 이 학생들을 대상으로 다시 테스트한 결과, 그룹 2에 속했던 학생들의 경우 62퍼센트만 그대로 그 특성을 유지했고, 14퍼센트는 비완벽주의자로 변했으며, 24퍼센트는 역기능적 완벽주의자로 변했다. 그룹 3에 속했던 학생들 중 56퍼센트는 그대로 특성을 유지했고, 26퍼센트는 건강한 완벽주의자가 되었으며, 18퍼센트는 비완벽주의자가 되었다. 그룹 1에 속했던 비완벽주의자들은 41퍼센트는 그대로 성향을 유지했고, 나머지는 비슷한 정도로 다른 두 그룹으로 성향이 변했다. 전체적으로 보면 절반 정도는 4년 전의 성향을 유지했고 절반 정도는 성향이 변했다.

부모가 자녀에게 성취 목표를 설정할 때는 공부를 즐기고 도전을 추구하도록 격려하는 학습목표(learning-goal) 지향성, 시험 성적과 같은 결과를 강조하는 수행목표(performance-goal) 지향성 등 두 종류가 있는데, 영재 학생들의 부모 대부분은 학습목표 지향성을 가지고 있었다. 한편 수행목표 지향성을 가진 부모의 자녀들은 역기능적 완벽주의자가 될 가능성이 높았다.[31]

나태

죄악에서 게으름에 대한 찬양까지 | 기독교에서 나태(sloth)는 7대 죄악에 속한다. 4세기경 대죄의 목록을 처음 만들었던 폰티쿠스는 '좁은 공간에서 버티지 못하고 갇혀 있다고 느끼며 여기저기 기웃거리는 정신적으로 불안정한 상태'인 acedia가 수도승의 의무를 수행하는 데 좋지 않다고 생각해서 죄악에 포함시켰는데, acedia

는 나중에 sloth라는 단어로 대체되면서 의미가 확장되었다.[32]

중국 전통에서도 군자들 사이에서는 게으름을 경계했다. 《논어》〈공야장公冶長〉 편에는 낮잠 자는 재여(宰予)를 보고 공자(孔子)가 "썩은 나무에는 새길 수 없고, 썩어 문드러진 흙으로 쌓은 담은 흙손으로도 손질할 수 없다"라고 했다는 이야기가 나온다.[33] 공부를 게을리하지 말라는 가르침이다. 무위(無爲)와 여유를 강조했던 도교의 가르침도 욕심을 부리지 말라는 의미이지 게을러도 된다는 의미는 아니었고, 불교의 가르침도 마찬가지였다. 절 처마 끝에 다는 풍경(風磬)에는 물고기 모양의 쇳조각을 다는데, 이는 잘 때 눈을 감지 않는 물고기처럼 수행자는 잠을 줄이고 언제나 깨어 있어야 한다는 의미다.

동서양을 막론하고 나태가 죄악이라는 인식이 노동계층에까지 확산된 것은 노동을 신성하게 여기면서부터인데, 서양에서는 16세기 프로테스탄트 종교개혁 이후이고 동아시아에서는 서양 자본주의가 유입된 이후다. 또한 산업화 시기에는 어느 나라나 근면을 절대적인 가치로 추구했다. 언어에서도 산업(industry)과 근면은 같은 말이기도 하다. 그런데 21세기에는 역설적으로 '느리게살기 운동'이 전개되고 있는데, 이는 1999년 이탈리아 네 개 도시의 서약으로 시작되었다. 치타슬로(Cittaslow, slow city)라고 불리는 이 운동에는 점점 더 많은 도시와 마을이 참여하여, 교통량이나 소음 줄이기부터 보행자 전용 구역이나 녹지를 늘리는 일에 이르기까지 삶의 속도를 늦추고 있다.[34]

미국 도시들을 비교한 결과를 보면, 빠르게 걷고 빠르게 말하고 빠르게 일하는 도시의 주민들이 심장병에 걸리는 비율이 높다.[35] 삶의 속도가 인간성에는 어떤 영향을 미치는지 연구한 결과도 있는데, 미국의 24개 도시에서 걷는 속도를 측정하면서 타인을 도와주는 행위를 다음 세 가지 방법으로 측정했다.

① 펜 떨어뜨리기: 실험자가 관찰 대상자를 향해 걷는 동안 상대방이 잘 볼 수 있는 곳에 실수한 것처럼 펜을 떨어뜨린다. 관찰자는 앞의 실험자를 6~9미터 뒤에서 따라가면서 관찰 대상자가 도와주는 행동을 하는지 체크한다.

② 다리 다친 사람: 실험자는 다리에 깁스를 한 후 심하게 쩔뚝거리며 걷다가 관찰 대상자에게 가까이 이르렀을 때 가지고 있던 잡지를 실수인 것처럼 떨어뜨린다. 상대방이 잡지를 집는 것을 도와주겠다고 말하거나 실제로 도와주는지 체크한다.

③ 동전 바꾸기: 실험자는 관찰 대상자에게 다가가 한 손에 25센트짜리 동전을 들고서 혹시 잔돈을 바꿔줄 수 있느냐고 묻고, 상대방이 동전을 찾기 위해 자기 주머니를 뒤지는지 본다.

결과는 생활 속도가 느릴수록 이타심이 높았다.[36] 느리게살기 운동에 참여하는 사람들은 생활 속도를 늦추면 좋을 것이라는 생각을 공유한다. 속도를 늦춤으로써, 미국의 사회심리학자 밀그램 (Stanley Milgram)이 말한 심리적 과부하(psychologic overload)를 극복할 수 있다. 현대 산업사회의 대도시인들은 온갖 정보의 홍수에 시달리고, 그러다 보면 당장의 목표와 관련 없는 것들은 아예 차단해버린다. 즉 바쁘게 움직이는 사람들은 덜 도덕적인 것이 아니라, 단지 자신의 현재 목표로부터 주의를 산만하게 할 가능성이 있는 모든 일에 눈을 감고 사는 것일 뿐이다.[37] 영국의 소설가 스티븐슨(Robert Stevenson)은 이미 19세기 산업화 시기의 영국에서 "게으름(idleness)은 …… 아무것도 안 하는 것으로 이뤄져 있는 것이 아니라, 지배계급의 도그마에서는 인식되지 않는 상태에서 많은 일을 하는 것"이라고 했다.[38]

9 |

인지구조
Cognitive structure

앞서 소개했듯이 심리학자 미셸은 1960년대에 아이들을 대상으로 마시멜로의 유혹에 견디는 실험을 했는데, 호아킴 데 포사다(Joachim de Posada)는 이 연구 결과를 바탕으로《마시멜로 이야기 Don't Eat the Marshmallow... Yet!》를 출간했다. 당시 연구의 목적은 아이들이 어떻게 유혹에 저항하는지를 보는 것이었는데, 미셸은 후속 연구에서 마시멜로를 먹지 않고 오래 참은 아이일수록 학교생활뿐 아니라 성인이 되었을 때도 성공적인 삶을 산다는 것을 밝혔다.[1]

미셸은 논쟁적인 책《성격과 측정 Personality and Assessment》을 1968년에 출간하면서 성격테스트로는 인간 행동을 예측하기가 어렵다고 주장했는데, 인간의 행동은 성격보다 상황에 더 큰 영향을 받기 때문이라는 것이다. 이러한 그의 주장은 1970년대의 성격심리학 연구에 큰 영향을 미쳤다. 마시멜로 연구에서도 미셸이 이렇게 주장한 이유가 나타난다. 마시멜로 실험은 여러 변형으로 시행되었는데, 아이들에게 어떤 조건을 만들어주는가가 아이들이 잘 참고 견디게 하느냐 그렇지 않느냐에 크게 영향을 미쳤다.

1970년대에는 '선한 사마리아인' 연구라고 불리는 고전적인 사회심리학 연구가 수행된 바 있다. 선한 사마리아인은 성경에 나오는 이로, 다음과 같은 내용이다. "한 사람이 예루살렘으로부터 여리고로 가는 길에 강도에게 맞아 거의 죽기 직전의 상태로 버려진다. 그가 길가에 쓰러져 있는데 한 제사장과 레위인이라고 하는 직업 종교인이 그 옆을 지나가지만 아무 도움을 주지 않는다. 그때 한 사마리아인이 지나가다가 멈춰 서서 그 사람의 상처를 싸매주고 그를 여관에 데리고 가 보살펴준다."

1973년 프린스턴대학교에서는 신학 전공 학생 47명을 대상으로 선한 사마리아인의 상황을 재현해봤다. 이를 위해 우선 학생들에게 3~5분 정도의 짧은 연설을 하게 될 것이라고 말하고, 연설하게 될 내용에 따라 학생 그룹을 둘로 나눴다. 한 그룹은 신학생에게 적합한 일에 대해, 다른 그룹은 선한 사마리아인에 관해 발표하도록 했다. 그런 후 지금 이 건물은 공간이 비좁으니 샛길 건너 바로 다음 건물로 이동해서 연설을 해야 한다고 했다. 그리고 이 학생들을 다시 과제와 상관없이 세 그룹으로 나눠서 3분의 1에게는 시간이 늦었으니 최대한 빨리 뛰어서 다음 장소로 이동하라고 하고, 다른 3분의 1에게는 시간이 넉넉하니 시간 걱정은 안 해도 된다고 하고, 나머지 3분의 1에게는 정확한 연설 시각은 모르지만 곧 시작할 것이라고 알려줬다. 즉 시간의 조급함을 세 단계로 나눈 것이다.

학생들은 다른 건물로 이동하는 샛길에서 건물 입구에 비스듬히 쓰러져 있는 한 남성을 보게 된다. 이 남성은 '옷은 남루하고 어찌 보면 도움이 필요한 것도 같고, 하지만 또 어찌 보면 술에 취했거나 아니면 심지어 혹시 위험할 수도 있는 느낌이 드는, 좀 애매하게 보이도록' 연출을 했다. 학생들 중 얼마나 이 사람을 도와줬을까? 전체적으로는 40퍼센트의 학생이 이런저런 도움을 줬다. 선한 사마리아인에 대한 연설 과제를 부여받은 학생은 53퍼센트가 도움을 주려 했고, 신학생의 임무에 대한 연설 과제를 부여받은 학생은 29퍼센트가 도움을 주려 했는데, 더 큰 차이는 시간에 대한 압박에서 나타났다. 여유가 있다는 말을 들은 학생은 63퍼센트가 도움을 줬으며 중간 정도로 서두른 그룹에서는 45퍼센트가, 아주 서둘러야 하는 그룹에서는 10퍼센트가 도움을 주려 했다.[2] 학생들의 종교적인 신념도 조사했는데, 그보다는 시간 압박이라는 상황이 도움을 주려는 행동 유발에 훨씬 중요했다.

성격 – 상황

행동을 지배하는 것은 성격인가 상황인가 │ 미셸은 1930년에 오스트리아 빈의 유대인 집안에서 태어났으며, 여덟 살 때 나치를 피해 미국으로 이주했다. 1956년에 오하이오대학교에서 켈리(George Kelly)와 로터(Julian Rotter)의 지도로 심리학 박사학위를 받았다. 그가 1968년에 제기한 성격 연구의 무용론은 성격특질을 연구하던 학자들의 반발을 유발했고, 치열한 논쟁이 진행되면서 성격심리학을 한층 발전시키는 계기를 제공했다. 이를 개인-상황 논쟁(person-situation controversy)이라고 부른다.

미셸이 비판했던 당시의 성격심리학은 정신분석이론과 특질이론이었는데, 이들 이론에 근거한 성격검사 방법인 투사적 방법과 질문지 테스트로 파악한 성격특성이 인간의 행동을 이해하는 데별 도움이 되지 않는다는 것이었다. 미셸은 성격특성이 실제 행동변이(variance)의 10퍼센트도 예측하지 못한다는 것을 근거로 들었다. 그가 당시의 연구 결과를 종합해봤더니 실제 행동과 성격의 상관계수가 0.3을 넘지 못했고, 타당도계수(validity coefficients)는 0.10~0.15 범주였다.[3]

미셸이 비판했던 양대 축 중 하나였던 정신분석학은 이론 자체가 옳은지 그른지 검증이 불가능했기 때문에 1970~1980년대의 개인-상황 논쟁에 참여할 수 없었고, 논쟁은 주로 미셸과 성격특질이론 사이에 벌어졌다. 논쟁 초기에는 행동을 지배하는 것이 '성격이냐 상황이냐'의 논쟁이었지만 차츰 둘 중 어느 것이 더 중요한가로 발전했는데, 결론적으로는 둘 다 중요할 뿐 아니라 상호 작용한다는 관점으로 수렴되었다.[4] 상호 작용이란 같은 상황이라고 하더라도 사람의 성격에 따라 행동에 다른 영향을 미치고, 같은 성격이라도 상황에 따라 다른 행동을 한다는 것이다. 일례로 같은 스트레스 상황이라고 하더라도 신경성 정도에 따라 우울증을 초래하기도 하고 그렇지 않기도 한다. 또한 상황에 따라 개성적인 성격이 잘 드러나기도 하지만 어떤 상황에서는 사람들이 성격과 관계없이 동일한 행동을 한다. 미셸은 이를 상황강도 (situation strength)라는 개념으로 설명했다.

상황

강한 상황과 약한 상황, 그리고 개인의 해석 | 미셸은 교통신호와 주제통각검사를 예로 들어 상황강도를 설명했다. 신호등이 빨간불이면 모두가 정지해야 하고, 파란불이면 모두가 가야 한다. 이는 사람들이 자신의 성격에 관계없이 동일한 행동을 하도록 만드는 강한 상황(strong situation)이다. 그런데 주제통각검사는 모호한 그림을 보고 이야기를 만들어내는 것이기 때문에 자신의 성격이 드러나는 약한 상황(weak situation)이다.[5]

사실 상황에 따라 개인의 성격이 드러난다고 처음 주장한 사람은 주제통각검사를 만든 머레이(Henry Murray)다. 그는 1938년에 출간한 《성격 탐구*Explorations in Personality*》에서 성격을 욕구 (need), 압력(press), 주제(thema) 등 세 구성 요소로 설명했다.[6] 욕구란 사람 내부의 필요에서 발생하는 것이고, 압력이란 환경적 영향을 의미하며, 주제란 욕구와 압력이 상호 작용하는 패턴을 의미한다. 주제라고 번역되는 머레이의 'thema' 개념은 욕구와 환경 압력을 결합시켜 행동을 하도록 기능하는 것으로, '동기(motivation)'와 같은 의미다. 머레이는 인간이 가지는 다양한 욕구는 환경 압력에 따라 드러나는 정도가 달라진다고 주장했다.

미셸은 인간 행동에 영향을 미치는 상황을 분류했다. 머레이가 말한 '압력'의 개념을 발전시켜 압력의 강도에 따라 분류한 것이다. 미셸은 강한 상황에서는 모든 사람이 같은 방식으로 상황을 이해하고 동일한 반응을 할 것이라고 예견된다고 했다. 그리고 약한 상황에서는 사람들이 상황을 이해하는 방식이 각자 다르고, 특정 행동을 하리라고 기대되지 않는다고 설명했다.[7] 우리가 구직 면접을 보거나 식당에서 서빙을 하고 있다면 강한 상황 압력이 주어질 것이고, 공원에 간다면 상황 압력은 아주 약할 것이다. 강한 상황에서는 동일한 행동을 하도록 강요되기 때문에 개인의 성격이 언행에 크게 영향을 미치지 않지만, 약한 상황에서는 자기 성격에 따라 행동하게 된다. 미셸은 '중간 상황'이란 범주도 만들었다. 이때는 상황적인 강제는 없지만 특정 행위를 했을 때 보상이 주어지는 상황으로, 사람은 보상을 바라고 행동하게 되며 성격은 행동에 중간 정도로 영향을 미친다.

개인-상황 논쟁의 시기였던 1970~1980년대에 심리학자들은 개인의 성격과 그가 처한 상황을 알면 그 사람의 행동을 예측할 수 있다고 가정했다. 개인의 성격요인과 상황을 별개로 취급한 것인데, 네덜란드 심리학자 반 헥(G. L. Van Heck)은 성격특질심리학자들이 했던 것처럼 사전에서 상황 관련 용어 293개를 정리해서 사람이 처할 수 있는 상황을 열 가지로 분류하기도 했다.[8] 그런데 반 헥은 오스트레일리아 심리학자 포가스(Joseph Forgas)와 함께 같은 상황이라도 사람들이 이해하는 방식이 다르다는 사실을 발견했다.[9] 대학이라는 상황을 예로 들면 교수들은 대학을 지루한지 재미있는지에 따라 평가하는 반면, 학생들은 사회적인 활동을 위한 것인지 일과 관련된 것인지의 기준에서 평가하며, 교직원들은 불안을 유발하느냐를 기준으로 평가했다. 또한 같은 그룹에서도 개인마다 달랐는데, 자신감과 능력이 높을수록 관심과 흥미를 기준으로 상황을 판단한 반면, 그렇지 못한 사람은 걱정과 불안을 초래하느냐 아니냐를 기준으로 판단했다.

상황에 대한 연구가 진전되면서, 상황을 어떻게 받아들이느냐가 개인마다 다르다는 사실이 밝혀졌다. 상황을 개인과 분리시켜 이해할 수 없다는 의미다. 이런 사조는 상징이나 텍스트를 분석하는 포스트모던시대의 조류와도 관련이 있다. 어떤 텍스트가 있다고 할 때 그것의 의미가 독립적으로 존재하는 것이 아니라, 그것을 지각하는 사람의 능동적인 해석에 따라 달라진다는 것이다.[10] 우리가 주변에서 일어나는 사건이나 상황을 해석하는 방식은 심리적 경험에 광범위하게 영향을 미친다. 개인이 상황을 해석하는 방식에 따라 달라지는 성격구조를 처음 연구했던 심리학자는 미셸의 스승이었던 켈리다. 이는 상황과 개인의 요인을 별개로 분석하는 것이 아니라 개인이 상황을 판단하는 구조를 분석하는 것이기 때문에, 상황과 개인의 구별이 의미가 없어진다.

개인구성

인간이라는 '과학자' ┃ 1950년대에 인간의 인지 기능을 설명하고 측정할 수 있게 된 것을 심리학의 역사에서는 인지혁명이라고 하는데, 그 선구자는 켈리다. 정신분석학과 행동주의가 주류를 형성하던 1950년대에 켈리는 인간을 '과학자'로 가정하는 이론을 발표했다. 과학자가 자신의 이론을 구성하고 검증하듯이 모든 인간은 자신의 주변에서 일어나는 사건들을 관찰하고, 그것을 나름 잘 설명할 수 있는 개념과 이론 체계를 구성한다는 것이다. 이를 개인구성(personal construct)이론이라고 한다.

켈리는 개인이 주변 사람들을 해석하는 데 사용하는 구성개념을 찾아내기 위해 역할구성목록검사(Role Construct Repertory Test)를 개발했다. 이 검사는 다음과 같이 이뤄진다. 자기에게 중요하다고 생각되는 사람 20~30명을 적게 한 다음, 세 명씩 묶어서 '어떤 방식으로 둘은 같고 나머지 한 사람은 다른지' 적게 한다. 만약 누나, 형, 어머니 등 세 사람에 대해서 누나와 형은 수다스러운 반면 어머니는 조용하다고 답했다면, 그 사람은 '수다스럽다-조용하다'라는 구성개념을 가진다고 판단한다. 이런 과정을 반복하면 그만큼의 개인구성 목록이 만들어지는데, 20회를 반복하면 20개의 개인구성 목록을 얻게 된다.

구성개념은 세 개의 요소를 같은 것 두 개와 다른 것 하나로 분류하기 때문에 유사성과 대비를 동시에 알 수 있다. 켈리에 따르면, 사람들은 각자의 구성개념을 통해 사건들을 해석하므로 동일한 상황을 사람마다 다르게 경험한다. 예를 들어 A, B, C 세 사람이 어떤 남성의 행동을 관찰할 때, A와 B는 그를 아주 성실한 사람으로 판단하지만 C는 아주 고집스러운 사람으로 판단할 수 있다. 그런데 동일하게 분류하더라도 대비는 다를 수 있다. 즉 A와 B는 모두 그 남성의 행동을 성실하다고 판단했지만, 성실의 반대개념으로 A는 게으른 것을 보는 반면 B는 비양심적인 것을 볼 수도 있다. 그래서 A는 그러한 행동을 약간 실망스럽게 보지만 B는 화를 낼 수 있다. 대처 행동도 달라진다. A는 불성실한 그 사람을 설득하려 하겠지만, B는 도덕적으로 타락한 그 사람을 비난하거나 피하려 할 것이다.[11]

어떤 사람의 개인구성 목록을 보면 그 사람의 인지적 복합성을 측정할 수 있는데, 복합적인 구조를 가질수록 인지적 틀을 다양하게 많이 가지기 때문에 상황을 좀 더 정확히 볼 수 있는 반면, 단순할수록 상황을 객관적으로 보지 못한다.[12] 사람을 만날 때 상대방의 구성개념을 미리 안다면 상대방을 이해하기가 훨씬 쉬울 텐데, 개인구성개념은 개인적이기 때문에 사람마다 달라 상대방을 추측하기란 쉽지 않다.

통제소재

켈리의 동료였던 로터는 사람마다 '상황을 누가 통제하는가'에 대한 신념이 다르다는 사실을 발견했다. 어떤 결과를 해석할 때 자신의 행동 때문인지 상황에 의해 만들어진 것인지, 어디에 중점을 두느냐가 사람마다 다르다는 말이다. 로터는 이 신념이 사람의 행동에 지속적으로 영향을 미친다고 주장했다. 로터의 기본 가정은 우리 행동의 대부분은 학습되며, 타인과의 경험을 통해 획득된다는 것이다.[13] 이를 사회학습(social learning)이론이라고 한다. 이 이론은 학습이 사회적 맥락에서 이뤄진다는 이론인데, 미국 심리학자 스키너(Burrhus Skinner, 1904~1990)의 행동주의 학습 모형을 확장시킨 것으로서 로터·미셸·반두라(Albert Bandura) 등이 정립했다. 이는 행동주의와 인지주의의 결합이다. 나중에는 인지 과정이 더욱 강조되면서 사회인지(social cognitive)이론이라고도 부른다.[14]

로터는 행동주의 개념인 강화(reinforcement)를 통한 학습 과정을 연구하면서, 좋은 결과가 나왔을 때 이것이 자신의 노력 때문이라고 생각하는지 단지 우연에 의한 결과라고 생각하는지에 따라 학습 태도에 영향을 미친다는 사실을 발견했다. 결과가 운에 의해 결정된다고 생각하는 사람은 자신의 능력에 의해 결정된다고 생각하는 사람에 비해 과거 경험을 덜 중요시했고 학습 활동이 저조했다. 행동주의심리학에서 말하는 '강화물에 의한 행동의 강화 효과'가 지각을 매개로 이뤄진다는 사실을 발견한 것이다.[15] 로터는 이를 통제소재(locus of control)의 개념으로 설명했다.

로터는 자신이 상황을 통제할 수 있다고 믿는 사람은 내재론자 (internals)라고 하고, 자신에게 일어나는 일이 외부에서 통제된다고 믿는 사람은 외재론자(externals)라고 명명한 후 이를 측정하는 테스트를 개발했다. 응답자는 29쌍의 양자택일 문장들을 보고 자신이 동의하는 문장을 택하게 했는데,[16] 내재론자는 다음과 같은 문장에 동의한다.[17]

- 사람의 불행은 자신의 실수 때문에 일어나는 결과다.
- 긴 안목으로 보면 사람은 자신이 받을 만한 대접을 받게 된다.
- 성공은 열심히 한 결과이고, 운과는 상관없다.

반면 외재론자는 다음과 같은 문장에 동의한다.

- 불행한 일은 대부분 운이 안 좋아서 일어난다.
- 불행하게도 사람의 가치는 열심히 노력하느냐와 무관하게 평가된다.
- 좋은 직업은 적절한 시기에 적당한 위치에 있는 사람에게 간다.

내재론자-외재론자의 범주는 성격의 5요인모델에서 외향성-내향성의 개념과는 다르다. 내재론자는 자신이 추구하는 과제나 목표에 주도적인 태도로 임하는 반면, 외재론자는 자신이 통제할 수 없는 운명이나 운, 또는 힘 있는 타인 등에 의해서 일들이 결정된다고 믿기 때문에 수동적이다. 외재론자는 자기가 속한 집단의 생각이나 행동유형을 따르는 동조(conformity) 현상을 많이 보이는 반면, 내재론자는 자기의 주관을 고집하는 경향이 강하다. 또한 외재론자는 점(占)을 믿지만, 내재론자는 자신이 확보한 정보에 의존한다.[18]

통제소재에 대한 연구들을 보면 대체적으로 내재론자가 외재론자에 비해 성취·업적·건강·대인관계 등에서 긍정적인 결과를 보인다. 그런데 질서와 통제를 지나치게 추구하는 강박적인 사람은 내적통제 점수가 매우 높으며, 개인이 통제할 수 없는 상황에서 현실적인 인식이 떨어질 수 있다. 그래서 개인이 통제력을 발휘할 상황이 아닌데도 자기가 변화시킬 수 있다는 착각에 빠진다.[19]

설명양식

낙관주의자와 비관주의자의 차이 | 로터가 통제소재의 중요성을 발견한 1960년대에 미국의 심리학자 셀리그먼(Martin Seligman)은 '학습된 무기력(learned helplessness)'이란 개념을 정립했다. 그는 파블로프 실험 전통에 따라 개를 이용해서 학습 과정을 연구했는데, 보상 대신 처벌의 효과를 연구했다. 그는 개가 도망갈 수 없는 상황을 만들고 전기충격을 여러 번 경험하게 한 다음에, 개가 도망갈 수 있는 상황을 만들어놓고 전기충격을 가하면 개는 도망갈 노력을 하지 않는 현상을 발견했다. 셀리그먼은 이를 '학습된 무

기력'이라고 했다. 이는 자신이 상황을 통제할 수 없다고 생각하면서 상황을 변화시키는 노력을 하지 않게 되는 상태다.

무기력이 학습되는 것은 동물뿐 아니라 사람에서도 잘 밝혀졌는데, 셀리그먼은 동일한 상황이라도 모두 무기력해지는 것은 아니라는 사실도 발견했다. 그는 150마리 이상의 개를 실험했는데, 모두 피할 수 없는 전기충격이라는 같은 경험을 했지만 도망갈 수 있는 상황에서 33퍼센트의 개는 전기충격을 피했다. 또한 전기충격 실험을 아예 경험하지 않은 개들 중 5퍼센트는 처음부터 전기충격을 피하려는 노력을 하지 않았다.[20]

동일한 상황에서 무기력이 학습되는 사람들과 그렇지 않은 사람들의 차이는 같은 사건을 다르게 경험하기 때문이다. 셀리그먼은 이러한 차이를 설명양식(explanatory style)의 개념으로 설명했다. 설명양식은 오스트리아 심리학자 하이더(Fritz Heider)가 1958년에 제안한 귀인이론(attribution theory)에 기초한 개념인데,[21] 귀인(歸因)이란 어떤 일이 발생했을 때 무엇을 원인으로 생각하는지를 따져보는 것이다.

셀리그먼은 설명양식을 다음 세 가지 기준으로 분류했다.

① 내적인가 외적인가(internal/external)
② 변하지 않을 것인가 변할 것인가(stable/unstable)
③ 전반적인가 특정적인가(global/specific)

설명양식은 세 가지 조건의 결합에 따라 다양한데, 크게 '낙관적이냐 비관적이냐'로 나눌 수 있다. 낙관적 성향이란 모든 일이 잘되리라 기대하는 경향이고, 비관적 성향은 그 반대 경향이다. 비관주의자는 자신의 잘못으로 안 좋은 사건이 일어났다고 생각하며(내재적), 또다시 안 좋은 일이 일어날 것이라고 여기고(변하지 않음), 내 인생의 다른 부분도 그럴 것이라고(전반적) 생각한다. 반면 낙관주의자는 안 좋은 사건은 내 잘못이 아니라 다른 원인 때문에 일어나며(외재적), 또다시 안 좋은 일이 일어나는 경우는 드물고(변함), 이 일은 단지 내 인생의 한 부분일 뿐(특정적)이라고 생각한다. 낙관주의자와 비관주의자는 좋은 사건을 설명하는 방법에서도 차이가 난다. 낙관주의자는 자신 때문에 좋은 일이 일어났으며 또 그런 일이 생길 것이라고 믿고, 자신의 삶 전반이 그렇다고 생각한다. 반면 비관주의자는 좋은 일은 단지 운이 좋아서 발생했으며, 또 같은 일이 일어난다고 믿기 어렵고, 그 좋은 일은 내 인생의 한 측면에 불과하다고 생각한다.

미국 심리학자 샤이어(Michael Scheier)는 낙관적 성향을 측정할 수 있는 설문지를 개발했다. 이를 삶지향성검사(LOT, Life Orientation Test)라고 부르며, 현재 1994년 개정판인 LOT-R가 사용된다. LOT-R 질문은 모두 열 개로 구성되는데, 낙관적 성향 질문이 세 개, 비관적 성향 질문이 세 개, 이와 관계없는 질문이 네 개다. 각 질문에는 '전혀 동의하지 않음 = 0, 동의하지 않음 = 1, 중립적임 = 2, 동의함 = 3, 매우 동의함 = 4'로 답을 한다. 다음 ① ~ ③

까지는 점수를 더하고, ④~⑥까지는 점수를 0→4, 1→3, 2→2, 3→1, 4→0으로 바꾼 다음 모두 더하면, 낙관적 성향 점수가 나온다.

① 나는 불확실한 상황이라도 대체로 좋아질 것이라고 생각한다.

② 나는 언제나 내 미래에 대해서 희망적으로 생각한다.

③ 전반적으로 나에게 나쁜 일보다는 좋은 일이 일어날 것이라고 기대한다.

④ 만일 나에게 안 좋은 일이 일어날 가능성이 조금이라도 있다면 그렇게 될 것이다.

⑤ 내 뜻대로 될 것이라고 거의 기대하지 않는다.

⑥ 나에게 좋은 일이 일어난 횟수는 손에 꼽을 정도다.

실제 문항에는 낙관적 성향이나 비관적 성향과 관계없는 질문이 네 개 포함되고 문항이 무작위로 섞여 있는데, 문항을 어떻게 배치하느냐에 따라 점수가 다르게 나타난다.[22] 미국인 대학생 2055명을 대상으로 한 결과에 의하면 평균 14.3점에 표준편차 4.3이 나왔다. 이를 기준으로 보면 18.6점 이상은 상위 16퍼센트의 낙관주의자에 해당하고, 10.0점 이하는 하위 16퍼센트의 비관주의자에 해당한다.[23]

인지도식

나와 세상을 보는 창문 | 1970~1980년대 개인-상황 논쟁을 거치면서 성격이론은 특질이론과 인지심리학 양대 축으로 재편되었는데, 각기 장단점이 있다. 특질이론은 언어로 묘사되는 사람의 모든 성격특질을 분류하는 이론이기 때문에 실용적이고 포괄적이라는 장점이 있는 반면, 성격에 대한 표면적인 이해에 머물기에 인간 내면 수준에서의 이해는 어렵다. 내면적인 심리 과정에 대한 이론으로 과거 정신분석학이 있었지만 그것이 과연 올바른지를 검증하기 어렵기 때문에 더 이상 연구되지는 않고, 지금은 인지심리학이 그 역할을 한다.

인지심리학은 행동주의 전통을 이어받고 새로이 발전하는 신경과학과 결합해서 실증적인 이론들을 제시했다. 인지 기능은 지각·기억·학습·판단·사고·언어 등 다양해서 어떤 분야를 연구하는가에 따라 다른 개념들이 사용된다. 도식(schema)·틀(frame)·정형화된 생각(stereotype)·신념(belief)·태도(attitude)·각본(script)·세계관(world-view) 등 다양한데, 가장 대표적인 개념은 도식(圖式)이다. 사실 위의 모든 개념은 도식의 일종이고, 켈리의 '개인구성' 개념도 개인적인 도식이며, 통제소재와 설명양식 등도 도식이다.

도식이라는 개념은 칸트가 '인간은 틀을 이용해서 지식을 획득한다'고 한 데서 유래했는데, 심리학에서는 스위스의 피아제(Jean Piaget)와 영국의 바틀릿(Frederic Bartlett)에 의해 사용되기 시작해 1950~1960년대 이후 인지심리학의 중심 개념이 되었다.[24] 도식은 일단 형성되면 영속되는 인지구조이며, 상황을 판단할 때뿐 아니라 자기 자신을 평가할 때도 사용된다. 이를 자기도식이라고 한다.

자기(self)라는 개념은 전통적으로 철학적 사색의 대상이었는데, 미국의 심리학자 제임스(William James)가 '자기'를 심리학적 연구의 대상으로 처음 소개했으며, 1950~1960년대 인본주의심리학에서는 '자기'를 자기실현 등과 같은 동기심리학적 개념으로 이해했다. 인지적 관점에서 '자기에 대한 정보를 처리하는 구조'로서의 자기도식(self-schema)을 처음 연구한 심리학자는 미국의 마쿠스(Hazel Markus)다.[25]

마쿠스는 1977년 자기도식이 '자기'에 관련된 정보의 처리에 중요하다는 사실을 밝혔다. 예를 들어 사람을 '독립성-의존성'의 기준으로 분류하는 자기도식을 가지는 경우, 이런 도식을 가지지 않은 사람에 비해 '독립성-의존성'에 관련된 정보를 훨씬 신속하게 처리하고 보다 많은 사례들을 열거할 수 있다.[26] 또한 자기도식은 자신에 대한 믿음이나 정체성의 부분이기 때문에 사람들은 자기도식에 맞추어 살려고 한다. 예를 들어 '외향적인 성격'이라는 자기도식을 가지는 사람은 모임에서 그렇게 되도록 행동하고, 과거를 회상할 때도 '내가 대학에 처음 입학했을 때 새로운 친구들을 많이 사귀었지'라고 회상한다.[27] 사람들은 대부분 여러 개의 자기도식을 가지며, 상황에 따라 각기 다른 도식이 지배한다. '건강함-건강하지 못함'이라는 도식을 가지는 사람은 음식을 먹을 때나 무슨 활동을 할 때 자기만의 건강도식에 따르고, 외모에 대한 특정 도식을 가지는 사람은 자신이 생각하는 신체 이미지로 가꾸려 노력한다.

인간은 누구나 '나'라는 자기의식을 가지고 살아가는데, 자기가 가진 모든 자기도식을 합하면 자기개념(self-concept)이 된다. 자기개념은 '나는 누구인가'에 대해 가능한 모든 대답이라고 할 수 있다.[28] 현재 심리학에서 '자기'는 가장 많은 연구가 이뤄지는 주제인데, 성격심리학에서는 자존감(self-esteem)·자기점검(self-monitoring)·자기표현(self-presentation)·자기결정(self-determination)·자기효능감(self-efficacy) 등으로 연구되었다.

자존감

자존감은 노력으로 얻어지는 것이 아니다 │ 자존감(self-esteem)이란 스스로를 높이는 마음을 말하는데, 미국에서 1960~1970년대 경제성장과 더불어 자아실현이 새로운 가치로 떠오르면서 중요시되었다. 자존감이 높으면 실패 경험에서 빨리 회복하고 행복감이 증가한다고 밝혀졌는데, 1980년대 캘리포니아에서는 당시의 사회적인 문제가 주민들의 낮은 자존감 때문이라고 평가하고 주민들의 자존감을 향상시키기 위한 운동을 벌이기도 했다. 하지만 상당한 사업비를 투자했음에도 10년 뒤에 운동 결과를 평가한 바에 따르면 별다른 효과가 없었다는 사실이 밝혀지면서, 자존감은 노력으로 얻어지는 것이 아니며 삶의 결과라는 것을 알게 되었다.[29]

자존감이 높은 사람은 자신감이 있고 대체로 긍정적이며 주도적이고 정서가 밝은 반면, 자존감이 낮은 사람은 반대 성향을 보인다.[30] 그런데 자존감의 높낮이도 중요하지만 자존감의 안정성도 성격을 구성하는 요소가 된다. 이는 자기의 가치 평가에 대한 변동을 말하는 것인데, 자존감이 자주 변하는 사람은 안정적인 사람에 비해 주변 상황에서 일어나는 일에 예민하게 반응하여 자존감이 쉽게 상처받기도 하고 고양되기도 한다. 이들은 훨씬 방어적이고 자기과장을 잘하며 자존심이 쉽게 상하고 화를 잘 낸다.[31]

사람들은 실패했을 때의 변명과 자기보호를 위해 의도적으로 노력하지 않는 경우가 있다. 자기핸디캡(self-handicapping)전략이라는 것인데, 학생의 경우 중요한 시험을 앞두고 최선을 다하지 않고 술을 마신다거나 놀아버리는 행동 등이 그 예다. 이는 단기적으로는 압박감을 덜어주기는 하지만 장기적으로는 해로운 전략이다. 자존감의 높고 낮음에 따라 자기핸디캡전략을 사용하는 상황도 다르다. 자존감이 낮은 사람은 실패로 인해 자신의 능력 부족이 드러나는 것을 두려워해서 이런 전략을 사용하고, 자존감이 높은 사람은 노력하지 않으면서도 성공한다는 것을 보여주는 자기과시를 위해 사용한다.[32]

자기점검

| 개인-상황 논쟁이 진행 중이던 1970년대에 미국의 심리학자 스나이더(Mark Snyder)는 자기점검(self-monitoring)이라는 개념을 제시하고, 자기점검도가 낮은 사람은 상황에 관계없이 자신의 성격대로 행동하는 반면, 자기점검도가 높은 사람은 상황에 영향을 받는다는 것을 보여줬다.

다음은 스나이더의 자기점검테스트에 나오는 문항의 일부인데, 이 질문에 그렇다고 대답하는 문항이 많을수록 자기점검도가 높다.[33]

- 사람들에게 좋은 인상을 주거나 즐겁게 하려고 일부러 꾸미기도 한다.
- 상황에 따라 아주 다른 사람처럼 행동할 때도 있다.
- 좋은 의도라면 거짓말을 태연하게 할 수 있다.
- 상대방이 싫어도 상냥하게 대할 수 있다.

반대로 다음에 해당하는 문항이 많을수록 자기점검도가 낮다.

- 모임에서 다른 사람들이 좋아할 만한 행동이나 말을 하려고 노력하지는 않는다.
- 사람들을 즐겁게 하거나 호의를 얻고자 내 의견이나 행동을 바꾸지는 않는다.
- 상황에 따라 내 행동을 바꾸기 어렵다.

• 마땅히 참석해야 하는 모임에도 어색하면 가지 않는다.

스나이더에 따르면 자기점검도가 높은 사람은 타인의 감정 상태를 잘 추론하며 상황을 잘 변별하고, 사교적이며 외향적이다. 또한 자기를 표현할 때 자신의 기분 상태에 영향을 덜 받는다. 반면 자기점검도가 낮은 사람은 일관적인 자기 모습을 보이기 때문에 융통성이 없고, 다양한 상황에 대한 적응력이 떨어진다. 일반적으로 자기점검도가 높을수록 사회에서 성공할 확률이 높고 지도자가 될 가능성이 높으며, 조직 관리 분야에서도 높은 성과를 올린다.[34] 그러나 자기점검도가 극단으로 높아지면 상황에 따라 신념과 의견을 바꾸기 때문에 카멜레온처럼 원칙이 없다는 평가를 듣는다. 지능이 뛰어난 사이코패스도 이런 부류에 속한다.[35]

자기점검 정도는 개인 고유의 성격적 특성이지만 상황에 따라 유동적이기도 하다. 구직 면접을 본다면 대부분은 자기점검 압력이 높아질 것이고, 친구들과 이야기하고 있다면 자기점검 정도는 낮아질 것이다. 즉 미셸이 말하는 '강한 상황'에서는 자기를 점검하고, '약한 상황'에서는 자기점검 없이 바로 자신의 본래 성격이 표현된다. 스나이더는 자기점검도가 스테이크를 먹을 때도 표현된다는 사실을 발견했다. 자기점검도가 높은 사람은 스테이크를 먹을 때 먼저 작은 조각을 떼어내 맛을 본 다음 소금을 칠지 말지 결정하는 반면, 자기점검도가 낮은 사람은 맛을 보는 과정 없이 소금을 치거나 아예 치지 않는다. 즉 자기점검도가 낮은 사람은 마치 모든 음식의 간이 어느 정도인지 자신이 잘 안다는 듯이 행동하는 반면, 자기점검도가 높은 사람은 스테이크의 상황을 점검한 다음 자신에게 맞도록 조절한다.[36]

자기표현

세상은 무대, 나는 배우 │ 자기를 표현하는 방식의 차이에 대한 연구는 1950년대에 캐나다 태생의 미국 사회학자 고프먼(Erving Goffman)에 의해 활발히 연구되기 시작했다. 그는 셰익스피어의 〈당신 좋으실 대로As You Like it〉에 나오는 "세상의 모든 것은 무대이고, 모든 남성과 여성은 단지 배우일 뿐이다"라는 구절을 인용하면서, 사람은 관객의 마음에 특별한 이미지를 만들고 유지하고 개선하기 위해 전략적으로 자신을 표현한다고 주장했다.[37]

자기표현(self-presentation)의 모습과 방식은 사람마다 달라서 자신을 지나치게 솔직하게 내보이는 사람이 있는 반면, 자신의 내면을 드러내지 않고 사회적으로 바람직한 모습만을 제시하는 사람도 있다. 전자를 진실한(authentic) 자기표현이라고 하고, 후자를 전략적(strategic) 자기표현이라고 한다.

외향적인 사람은 어떤 목적을 달성하기 위해 전략적으로 자기를 표현하며, SNS에 자기 사진을 올릴 때도 독특하고 개성이 드러나는 사진을 올린다. 또한 거짓말을 잘하는 사람, 정치적인 사람, 자기점검도가 높은 사람이 자기표현전략에 관심이 많다. 그런데 전략적 자기표현을 선호하는 경우에도 어떤 전략을 사용할 것인가는 사람마다 다르다. 자신을 매우 유능하고 독립적인 사람으로 내보이는 사람이 있는 반면, 자신을 매우 자상하고 온화한 사람으로 내보이는 사람도 있다. 그러나 자기표현전략은 언제나 역효과의 위험을 가지므로 한번 실체가 드러나면 그 전략은 더 이상 작동되지 않는다.[38]

자기표현을 진실하게 하는지 전략적으로 하는지는 성격의 구성요소이지만 상황에 따라 달라지기도 한다. 일반적으로 친구보다는 낯선 사람과 함께 있을 때 자기표현전략을 더 많이 사용한다. 첫 데이트에서는 대부분 전략적 자기표현을 선호하지만, 데이트 횟수가 거듭될수록 점차 진실한 자기표현으로 변한다. 자기표현의 대상이 자신이 되기도 하는데, 완벽주의자는 매우 까다롭고 기대 수준이 높은 '자신'이라는 청중에게 자기표현을 해야 한다.[39]

자기결정이론

인간에게는 성장하려는 경향이 있다 │ 사람이 인센티브에 반응한다는 것은 현대 자본주의 주류 경제학의 기본 가정인데, 인센티브보다 더 중요한 동기가 있다는 사실이 1980년대에 밝혀졌다.[40] 미국 심리학자 데시(Edward Deci)와 라이언(Richard Ryan)이 동기에는 외재적 동기와 내재적 동기가 있다고 밝혔는데, 외재적 동기는 돈·지위·권력·인정·명예 같은 외적인 보상을 얻기 위해 작동하는 반면 내재적 동기는 외부 보상과 관계없이 자신의 심리적 욕구에 의해 생겨난다. 즉 내재적 동기란 행위 자체에서 만족감을 느끼는 것이며, 인간에게 내재한 성장과 자기실현 욕구의 표현이 다.[41]

데시와 라이언은 머레이가 주장했던 '욕구'와 미국 심리학자 매슬로(Abraham Maslow)가 주장했던 '자기실현' 등을 바탕으로, 인간의 보편적인 심리적 욕구로는 자율성(autonomy), 유능성(competence), 관계성(relatedness) 등 세 가지가 중요하다고 주장했다.[42] 그리고 "인간은 이러한 기본적인 심리적 욕구를 타고나며, 성장하려는 경향이 있다"라는 자기결정(self-determination)이론을 제안했다. 자율성이란 자기 삶의 중요한 문제를 자율적으로 결정하는 성향이며, 유능성은 자신의 능력을 표현하고 확장하려는 성향, 관계성은 사람들과 의미 있는 관계를 맺고자 하는 성향이다.

데시와 라이언은 자기결정이론의 세 요소인 자율성·유능성·관계성은 모든 사람이 타고나지만 발현 정도는 사람마다 다르다는 사실을 발견하고, 그 차이를 측정하는 도구인 인과성지향척도(General Causality Orientation Scale)를 개발했다. 이는 열두 개의 가설적인 상황에 대해 세 종류의 답변이 제시되는데, 각 답변에 대해 자신의 반응을 점수로 적게 하는 것이다. 다음은 열두 질문 중 첫 두 개다.

① 당신은 오랫동안 일해온 회사에서 새로운 직책을 제안받았다. 가장 먼

저 드는 생각은 무엇인가?

(a) 새로운 일은 흥미로울까?

(b) 새로운 직책에서 더 많은 성과를 올릴 수 있을까?

(c) 새로이 부과된 책임을 다하지 못하면 어떻게 하지?

② 당신에게는 학교에 다니는 딸이 있는데, 학부모 모임에서 선생님으로
부터 당신의 딸은 학교생활을 잘하고 있지 못하며 학교 활동에 참여하
지 않는다는 말을 들었다. 당신은 어떻게 하겠는가?

(a) 문제가 무엇인지 딸이 이해하도록 딸과 대화를 한다.

(b) 딸이 공부를 더 열심히 해야 하므로 숙제를 잘하도록 한다.

(c) 딸이 더 잘하도록 꾸짖는다.

답변자는 이러한 질문에 대한 답으로 전혀 그렇지 않다(=1)
에서부터 매우 그렇다(=7)까지 점수를 적는다. 열두 질문에 대
한 답을 종합해서 (a)에서 높은 점수가 나오면 자율성 지향
(autonomous orientation), (b)에서 높은 점수가 나오면 통제성 지
향(controlled orientation), (c)에서 높은 점수가 나오면 비인격적
지향(impersonal orientation)이라고 판단한다.[43] '자율성 지향'은 자
율성·유능성·관계성이 충족된 상태로 내재적인 동기 수준이 높
은 반면, '비인격적 지향'은 외재적이든 내재적이든 동기가 없고
원하는 것을 얻기 위해 할 수 있는 일이 거의 없다고 생각한다. 그
리고 '통제성 지향'은 보상과 같은 외부 통제에 의존하지만 유능

성과 관계성은 충족된 상태로, 내재적인 동기와 외재적인 동기가
복합적으로 작용한다.

자기효능감

성공경험이 자신감의 발판 │ 우리말에서 박력 있다, 당당하다, 과
감하다 등은 자신감 있어 보이는 사람에게 하는 표현이다. 자신감
(自信感)은 성격의 중요한 측면으로, '자신에 대한 믿음'을 의미한
다. 그런데 심리학에서는 자기효능감(self-efficacy)이라는 개념으
로 반두라에 의해 많이 연구되었다.

2002년 미국심리학회에서는 20세기의 뛰어난 심리학자 100명
의 명단을 조사해서 발표했는데, 1~4위는 스키너, 피아제, 프로이
트, 반두라 순서였다.[44] 조사 당시 상위 세 명은 이미 사망한 인물
이어서 4위에 선정된 반두라는 현존하는 심리학자 중 가장 영향
력 있는 인물이라고 할 수 있다. 그는 1925년 캐나다에서 태어나
브리티시컬럼비아대학교를 졸업하고, 미국 아이오와대학교에서
1952년 심리학 박사학위를 받은 후 스탠퍼드대학교의 교수가 되
었다.

반두라는 경력 초기에 보보인형(Bobo doll)실험을 통해 모방
을 통한 학습이 가능하다는 사실을 보여줬다.[45] 그는 이 실험에서
3~6세 아이들을 연구원과 함께 놀이방에 들여보낸 후, 연구원에
게 한쪽 구석에 있는 보보인형을 장난감 망치로 두드리거나 손으

로 집어 던지는 등 공격적인 행동을 하게 했다. 이후 아이를 혼자 놀게 하면서 관찰해보니 이전에 비해 훨씬 더 빈번하게 장난감을 공격적으로 다뤘고, 실험에 노출되지 않은 아이들에 비해서도 훨씬 공격적이었다. 이런 실험 결과는 보상이나 처벌에 의해 학습한 다는 기존의 행동주의 이론을 뒤집는 것이었다. 반두라는 이 실험을 계기로 미셸과 함께 사회학습(social learning)이론의 기초를 만들었다.[46]

1970년대에는 뱀에 대한 공포증을 치료하는 모델을 연구하면서, 환자 자신이 공포증을 해결할 수 있다는 믿음이 치료 결과에 큰 영향을 미친다는 사실을 발견했다.[47] 반두라는 이 믿음을 자기효능감이라고 명명하고, '특정 과제를 수행해야 하는 상황에서 개인이 그 과제를 잘 수행할 수 있다는 자신의 능력에 대한 믿음'이라고 정의했다. 그는 후속 연구를 통해서 자기효능감이 과제 수행에 큰 영향을 미친다는 것도 밝혔다. 반두라에 따르면 자기효능감은 ①성공경험(performance accomplishments), ②간접경험(vicarious experience), ③설득(persuasion), ④신체상태(physiological state) 등에 의해서 결정된다.[48] 이 중 가장 중요한 것은 특정 과제를 성공시킨 경험이다. 성공경험이 반복될수록 자기효능감이 커지기 때문에 어쩌다 하는 실패는 자신감에 별다른 영향을 미치지 못한다. 반면 연이은 실패는 자신감을 약화시킨다. 이는 이미 행동주의심리학에서 밝혀진 사실이기도 하다.

그런데 사람들은 타인과 비교하여 자신의 능력을 평가하기에,

자신과 비슷한 능력이나 위치에 있는 사람이 노력하여 성공하는 사례를 보면 자신도 그렇게 할 수 있을 것이라고 생각하게 된다. 이것이 대리경험이자 간접경험이다. 모범을 보여주는 모델링(modelling)도 대표적인 간접경험이다. 세 번째 요소인 설득이란 선생님이나 직장 상사처럼 자신을 평가해줄 수 있는 사람이 자기의 능력에 대해 신뢰를 표시하며 한번 해보라고 격려하는 것이다. 이때 사람들은 새로운 일을 시도해보려는 용기를 가지게 된다. 네 번째로 신체 상태란 사람들이 자기의 능력을 판단할 때 자신의 생리적·정서적 상태를 반영하는 신체적 정보에 의존한다는 의미다. 예를 들어 우리가 어떤 과제를 수행할 때 손이 떨리거나 가슴이 두근거리면 그만큼 자신감이 떨어진다.

자기효능감이론은 새로운 이론이라기보다는 통제소재(locus of control)·신경성(neuroticism)·자존감 등과 관련된 개념인데,[49] 반두라는 실증적인 연구 결과를 바탕으로 좀 더 체계화했다. 또한 그는 자기효능감에 대해 연구하면서 행동에 인지적 요인이 중요한 역할을 한다는 점을 깨닫고, 1986년에《생각과 행동의 사회적 기초Social Foundations of Thought and Action》를 발표하면서 자신의 이론을 사회인지이론으로 명명했다.

자기효능감도 사람마다 상황에 따라 다르게 나타난다. 때문에 이를 측정하는 방법도 사회생활·학업·직업 등에 따라 척도가 개발되어 사용 중이다. 다음은 1981년에 독일 심리학자 예루살렘(Matthias Jerusalem)과 슈바르처(Ralf Schwarzer)가 개발한 일반자

기효능감척도(general self-efficacy scale)의 문항이다.[50]

① 어려운 문제가 있더라도 내가 열심히 노력하면 해결할 수 있다.

② 누군가 내 의견에 반대해도 나는 내 뜻대로 할 수 있는 수단과 방법을 찾을 수 있다.

③ 나는 내 목표를 수행할 수 있다고 확신한다.

④ 예상치 못했던 일이 있어도 나는 잘 처리할 수 있다.

⑤ 나는 내 능력을 믿기 때문에 예측할 수 없는 상황을 잘 헤쳐나갈 수 있다.

⑥ 나는 필요한 노력을 하면 대부분의 문제를 해결할 수 있다.

⑦ 나는 내 대처 능력을 믿기 때문에 어려움에 부딪혀도 침착할 수 있다.

⑧ 어떠한 문제에 봉착했을 때 나는 해결 방법을 찾아낸다.

⑨ 나는 어려움에 빠진다면 좋은 해결 방법을 찾을 수 있다.

⑩ 내 앞길에 무슨 일이 발생하더라도 감당할 수 있다.

결과는 각 문항에 대해, 전혀 아님(=1), 거의 아님(=2), 대체로 그러함(=3), 매우 그러함(=4)으로 점수를 매긴 다음 합산하면 된다.

미국 성인 1594명을 대상으로 조사한 점수는 평균 29.5점이었으며 표준편차는 5.1이었다. 그래서 34.6점보다 높은 점수는 자기효능감이 높은 상위 16퍼센트에 해당하며, 24.4점보다 낮으면 하위 16퍼센트에 해당한다.[51] 같은 문항으로 검사한 한국인 147명(평균 나이 63.2세)의 평균값은 27.9점이었다.[52]

10

성격 발달
Personality development

—

유전율

환경요인

기질

애착유형

1943년에 자폐증을 처음 보고한 소아정신과 의사 레오 카너는 자폐증이 발생하는 원인이 부모에게 있다고 하면서 다음과 같이 말했다. "부모가 마음이 따뜻한 경우는 아주 드물다. 심지어 더 없이 행복해 보이는 결혼이라도 일부는 상당히 냉랭하고 격식에 치우친 의례인 경우가 있다."[1] 카너의 이러한 주장은 '냉장고 어머니'라는 용어를 탄생시켰다. 아동심리학자 베텔하임(Bruno Bettelheim)은 1967년《텅 빈 요새 The Empty Fortress》에서 다음과 같이 말했다. "아이가 존재하지 말았어야 한다는 부모의 소망이 소아자폐증의 촉발 요인으로 작용한다."[2]

1950~1960년대에는 자폐증이 부모의 책임이라는 주장이 영향력이 있었기에 자폐아를 둔 부모는 괴로움과 죄의식에 시달렸다. 또한 당시 자폐증은 상류층 가정의 아이들이 주로 진단되었는

데, 카너는 이렇게 묘사했다. "대개 부모, 조부모, 방계 친족은 과학적, 문학적, 또는 예술적 천성이라는 추상적 개념에 강하게 집착하며 사람에 대한 진정한 관심은 제한된 사람들이다."[3] 그런데 1970~1990년대에는 자폐증이 모든 사회적·경제적 계층에서 발생하며, 유전율이 80퍼센트로 유전적인 요인이 매우 높은 질환이라는 사실이 밝혀졌다.[4]

유전율

성격 유전율은 40~50퍼센트로 지능지수의 유전율과 비슷 인간 특성 중 얼마만큼이 유전 때문인지를 수치화한 것을 유전율(遺傳率, heritability)이라고 하며, 유전력(遺傳力)이라고도 한다. 유전율은 통계학적인 개념으로, 어떤 집단에서 특정 형질의 분산(variance)에서 유전자형의 분산이 차지하는 분율을 계산한 것이다. 분산(分散)이란 형질이 흩어진 정도를 계산하는 지표다. 예를 들어 '키'의 분산이라고 하면 그 집단 구성원들의 키가 얼마나 서로 다른가를 측정한 수치다.

키를 포함한 모든 형질은 유전과 환경 두 요인의 영향을 받는다. 그래서 분산도 유전에 의한 분산과 환경에 의한 분산으로 나눌 수 있다. 일반 집단에서는 유전과 환경의 요인을 분리해서 연구하기가 어렵기 때문에, 유전율을 측정하고자 할 때는 보통 유전자가 동일한 집단을 이용한다. 일란성쌍둥이는 유전자가 동일하기 때문에 둘 사이의 키 차이는 환경요인으로만 결정된다. 따라서 쌍둥이끼리의 키 차이에 대한 분산은 전적으로 환경분산(Ve)이라고 할 수 있다. 유전분산(Vg)은 이란성쌍둥이를 통해 알아본다. 형제나 부모도 이란성쌍둥이와 동일하게 유전자의 50퍼센트를 공유하는 관계이지만, 환경변수를 최소화하기 위해 자궁 환경이 동일한 이란성쌍둥이가 더 좋다. 이란성쌍둥이끼리의 키 차이에 대한 분산을 구하면 이것은 환경분산과 유전분산의 합이기 때문에, 일란성쌍둥이에서 구한 환경분산을 빼면 유전분산을 구할 수 있다. 그러면 유전율은 Vg/(Vg+Ve)로 계산된다.[5]

분산을 이용한 유전율은 원리적인 계산 방법이고, 실제적으로는 상관관계를 이용해서 구한다. 상관계수(r)를 이용하는 것인데, 일란성쌍둥이의 상관계수(rmz)에서 이란성쌍둥이의 상관계수(rdz)를 뺀 값에 2를 곱하면[$2(rmz-rdz)$] 유전율이 계산된다. 그런데 태어나자마자 서로 분리되어 자란 일란성쌍둥이 그룹은 유전자는 동일하지만 환경은 처음부터 다르기 때문에 이들의 상관계수($rMZA$)가 바로 유전율이 된다.[6] 유전율은 연구 집단의 특정 시점에서의 값이기 때문에 연구마다 각기 다른 유전율이 계산되며, 때로는 전혀 다른 유전율이 계산되기도 한다.

키의 유전율은 대략 0.8(80퍼센트)인데, 사람들의 키가 서로 다르게 되는 원인의 80퍼센트가 유전 때문이라는 뜻이다. 나머지 20퍼센트는 환경적인 원인이라는 의미이기도 하다. 유전율은 0~1.0의 범주에 있는데, 0일 때는 형질이 유전적인 영향을 전혀 받지 않는다는 의미이며, 1.0일 때는 완전히 유전적인 차이 때문이라는 의미다. 현실적으로 모든 형질은 유전요인과 환경요인의 결합으로 발생하기 때문에 0이나 1.0 같은 유전율 수치는 불가능하지만, 연구 결과에 따라서는 1.0을 넘는 것도 보고된다. 이는 유전율이 모든 변수를 포함해서 계산되는 것이 아니기 때문에 발생하는 오류다. 또 유전율은 집단을 대상으로 한 연구 결과이므로 개인에게 적용할 수는 없다. 따라서 유전율이 0.8이라고 해서 꼭 한 개인의 키가 80퍼센트는 유전에 의해 결정되고 환경요인은 20퍼센트라고 할 수는 없다. 그러나 유전율이 높을수록 후천적인 노력이 효과가 없다는 사실은 알 수 있다.

성격에도 유전적인 요인이 작용하는데, 성격을 측정하는 것은 키를 측정하는 것보다 성격이론과 측정 방법에 따라 달라지기 때문에 연구마다 아주 다양한 결론이 나온다. 여러 연구를 종합하면 성격5요인모델에 의한 성격 차이의 40~50퍼센트는 유전적으로 결정된다.[7] 이는 키의 유전율 80퍼센트나 체중의 유전율 60퍼센트보다는 낮고, 지능지수(IQ)의 유전율 50퍼센트에 비하면 비슷하거나 조금 낮은 수준이다.

2003년에는 인간 유전자지도가 완성되었는데, 이는 염색체에 있는 30억 개의 염기서열이 완전히 밝혀졌다는 의미이지, 인간의 모든 유전자의 역할이 밝혀졌다는 의미는 아니다. 염기가 몇 개 모여 유전자(gene)가 만들어지는데, 현재 밝혀진 유전자의 종류는 2만~2만 5000개 정도다. 유전적인 차이는 이 유전자의 변이 때문에 발생하는데, 지금까지 270만 개가 넘는 유전자 변이가 발견되었다. 이 중 성격5요인모델의 특질과 관련된 유전자로 개방성은 RASA1 유전자와, 성실성은 KATNAL2 유전자와 연관성이 발견되었다.[8] 이 외에도 인간의 특정 성향을 설명해주는 유전자들이 밝혀지고 있지만, 아직 유전자 연구 결과는 성격의 극히 일부분만을 설명하는 수준이다.

환경요인

가정환경의 영향은 거의 제로? | 유전자가 인간 행동에 미치는 영향을 연구하는 학문을 행동유전학(behaviour genetics)이라고 하는데, 유전적이지 않은 부분은 환경의 영향이기 때문에 결국 '유전이냐 양육이냐(nature or nurture)'의 문제를 다루게 된다. 행동유전학은 환경을 공유환경(shared environment)과 비공유환경(nonshared environment)으로 구분한다. 공유환경이란 형제를 예로 들면 동일한 가족 환경을 말한다. 이에는 부모의 식습관, 흡연, 가족 규모, 양육 방식, 교육, 인생철학, 성적 취향, 이혼과 재혼 여부 등이 포함된다. 비공유환경이란 형제들 간에 서로 다른 경험을 말한다. 예를 들어 형은 두 살 때 독감을 심하게 앓았지만 동생은 앓지 않았다든지, 형·누나는 할머니가 키웠지만 동생은 어머니가 키웠다든지, 서로 다른 유치원을 다녔다든지 등이다.

　행동유전학 연구에 의하면 성격특질의 변량은 전형적으로 다음

과 같다.[9]

성격특질의 차이

= 40% 유전 + 0% 공유환경 + 40% 비공유환경 + 20% 오차

캐나다 보건학자 존슨(Andrew Johnson)이 1955년부터 2006년
까지 발표된 145개의 연구에 언급된 8만 5640쌍의 일란성쌍둥이,
10만 6644쌍의 이란성쌍둥이, 4만 6215명의 친족 관계 등의 자료
를 바탕으로 성격5요인 각각을 요약한 결과는 다음과 같다.[10]

특질	유전성	환경성	환경 공유
신경성	0.41	0.53	0.08
외향성	0.50	0.47	0.08
개방성	0.46	0.47	0.12
원만성	0.43	0.49	0.17
성실성	0.49	0.48	0.11

| 표 2 | 성격특질별 유전과 환경의 영향

행동유전학의 연구 결과를 종합하면 환경의 역할은 40~50퍼
센트 정도인데, 대부분 비공유환경 영향이고 공유환경 영향은 아
예 없거나 있더라도 10퍼센트 전후로 매우 미미하다. 공유환경의
영향이 거의 없다는 가장 명확한 예는 같은 가정에 입양된 형제

들 사이에서 나타나는 성격 차이나 공통점을 전혀 다른 가정의 타인과 비교했을 때 유사하다는 연구 결과다. 그런데 공유환경이 성격에 거의 영향을 미치지 않는다는 말은 부모의 양육 태도가 성격 형성에 거의 영향을 미치지 않는다는 뜻인데, 이는 일반 상식과 많이 다르다. 폭력적이고 아동 학대가 심한 가정의 경우 아이의 성격에 영구적인 영향을 미친다는 연구 결과와도 상충되는 것처럼 보인다. 행동유전학 연구 결과를 해석할 때 주의할 점은, 이런 대규모 연구는 대부분 정상적인 가족들을 대상으로 하기 때문에 아동 학대가 만연한 비정상적이고 예외적인 가족에게 이런 연구 결과를 적용할 수는 없다는 것이다.[11]

정상적인 가족에서 자랄 경우 가정환경은 성격 발달에 영향력이 매우 미미하다는 사실은 행동유전학 연구의 중요한 발견이다. 냉정한 어머니냐, 편모슬하에서 자랐느냐 같은 가정환경은 별로 중요하지 않다는 것이다. 예를 들어 부모가 자녀들에게 아주 냉정하다고 하더라도 어떤 자녀는 매우 사교적이고 외향적으로 되지만 다른 자녀는 위축되어 내향적이 될 수 있다.

비공유환경이란 가족 외의 경험, 즉 친구나 학교 선생님과의 관계뿐 아니라 부모가 자녀들에게 차별적으로 대하는 행동이나 형제자매의 나이 차이, 형제 서열 등도 해당한다. 그런데 부모의 '차별적인 대우'는 무엇이 원인이고 무엇이 결과인지 밝히기가 어렵다. 자녀의 타고난 성격이 다르므로 부모의 반응이 자녀마다 다르게 나타날 수도 있기 때문이다. 가족 데이터를 가지고 이런 가능성을 테스트하는 방법인 '다변수 유전분석(multivariate genetic analysis)'을 해보면, 부모의 차별이 자녀의 성격 차이를 유발하는 것이 아니라 자녀의 서로 다른 유전적 성격이 부모의 차별을 유발한다는 결과를 보인다.[12]

비공유환경의 한 예인 형제 서열의 영향은 논란이 많은 주제다. 오스트리아 정신분석학자 아들러는 형제간 서열이 아이의 발달에 큰 영향을 미친다고 주장했는데, 그에 따르면 첫째는 동생들이 태어나면서 상실감을 겪기 때문에 힘과 권위의 중요성을 깨닫게 되고, 잃어버린 위치를 다시 찾으려는 노력으로 타인을 지배하려 들며, 현 상태를 유지하려는 경향을 가지기 때문에 정치적으로 보수적이 되는 경향이 있다. 둘째는 형·언니·오빠·누나들을 극복해야 할 경쟁자로 보는데, 이때 첫째가 둘째에 대해 화를 내거나 악의적으로 대하면 둘째는 신경증을 갖게 될 가능성이 높아지고, 반대로 첫째가 보호적이거나 지지적인 태도를 취하면 둘째는 건강하게 발달한다. 막내는 전형적으로 전체 가족의 아이로 간주되고 가족의 모든 관심을 끌어내는 경향이 많아, 결과적으로 보호를 받기 위해 타인에게 과도하게 의존하는 사람이 된다. 한편 외동아이는 대부분의 경우 부모 특히 어머니에게 응석을 부리며 자란다. 그러나 그 아이가 원치 않았던 아이라면 그는 부모에게 무시되거나 거절당할 것이고, 대인관계에서 많은 어려움을 겪게 된다.[13]

아들러 이후 그가 주장했던 출생순위효과를 지지하는 연구 결과가 많이 보고되었다. 성격5요인모델에 근거한 한 연구는 장남과 장녀는 성실성은 높았지만 원만성은 낮았고, 동생들은 말을 안 듣고 반항적이며 경험을 두려워하지 않는다는 결과도 발표했다. 하지만 아들러가 주장한 출생순위효과는 근거가 없다는 연구 결과도 많다. 따라서 성격에 형제 서열이 영향을 미칠 수는 있지만 어떤 일관성을 찾을 수는 없기 때문에 이로부터 성격을 미루어 짐작하면 틀릴 가능성이 높다.

대체적으로 자신과 형제들의 성격을 비교할 때 형·누나·오빠·언니는 자신보다 더 성실하다고 보고, 동생들은 말을 안 듣고 잘 논다고 보는 경향이 있다. 이는 평가자가 손위 형제의 성격을 판단할 때는 어릴 때 자기보다 더 나이가 많은 그들을 기억하고, 손아래 형제의 성격을 판단할 때는 자기보다 어린 나이의 동생을 기억하기 때문이다.[14]

기질

순한 아이, 까다로운 아이, 더딘 아이 │ 기질(temperament)은 타고나는 성격으로, 태어나자마자 나타나는 기질이 어떻게 성격으로 발달하는가는 종단연구를 통해서 밝혀졌다. 종단연구(縱斷硏究, longitudinal study)란 특정 집단을 장기간에 걸쳐 관찰하는 연구 방법으로, 세월의 흐름에 따라 사람이 변해가는 추세를 알 수 있다.

미국 정신과 의사 토마스(Alexander Thomas)와 체스(Stella Chess)가 1956년에 시작한 뉴욕종단연구는 기질에 대한 최초의 장기 종단연구 프로젝트였는데, 뉴욕에 거주하는 84개 가정의 아이들 140명을 출생 3개월부터 성인으로 성장할 때까지 추적조사했다. 이 연구에 참여한 아이들은 부모가 관찰한 자료를 토대로, 다음 아홉 가지 척도를 기준으로 기질이 분류되었다.[15]

① 활동성(activity): 아이가 계속 움직이는가, 느긋하게 있는가?

② 규칙성(regularity): 식사와 수면 습관이 규칙적인가, 불규칙적인가?

③ 초기 반응(initial reaction): 새로운 장난감이나 낯선 사람을 봤을 때 쉽게 접근하는가, 주저하는가?

④ 적응성(adaptability): 환경 변화에 쉽게 적응하는가, 어려운가?

⑤ 정서의 강도(intensity of emotion): 상황에 강하게 반응하는가, 차분하게 반응하는가?

⑥ 기분(mood): 일상적인 태도가 즐거운가, 그렇지 않은가?

⑦ 주의력(attention): 주변 상황에 쉽게 산만해지는가, 방해에도 불구하고 집중할 수 있는가?

⑧ 인내(persistence): 과제 수행에 얼마나 매달리는가, 쉽게 포기하는가?

⑨ 민감성(sensitivity): 소음이나 불빛 같은 외부 자극에 신경을 쓰는가, 무시하는가?

토마스와 체스는 이 아홉 가지 척도를 기준으로 아이들을 순한 아이(easy baby), 까다로운 아이(difficult baby), 더딘 아이(slow baby) 등 세 부류로 구분했다. 그 결과 40퍼센트는 순한 그룹, 10

퍼센트는 까다로운 그룹, 15퍼센트는 더딘 그룹에 속했고, 35퍼센트는 딱히 어느 그룹에 속한다고 하기 어려웠다.[16] 순한 아이는 새로운 경험에 쉽게 적응하고, 긍정적 기분과 정서를 나타내며, 식사와 수면 패턴이 규칙적이었다. 반면 까다로운 아이는 짜증을 잘 내고 잘 보채며, 식사와 수면 패턴이 불규칙했다. 더딘 아이는 활동성이 약하고 새로운 상황과 사람들을 피하는 경향이 있었다.

순한 아이는 부모 입장에서는 아이를 키우는 재미가 있고 사랑을 쉽게 표현하게 되므로, 아이의 기질과 부모의 애정이 선순환 고리를 만들어 아이의 기질을 더욱 강화하게 된다. 까다로운 아이는 기저귀도 잘 갈아주고 젖도 배불리 먹인 것 같은데 계속 울고, 먹고 자는 것이 불규칙하고, 낯선 사람이나 상황에 적응하기가 어렵다. 아이의 특성이 이렇다 보니 부모는 화를 내기도 하고 방치하기도 한다. 그러나 까다로운 아이도 자신이 원하는 바가 확실하고 자기결정력이 빠르다는 장점이 있다. 더딘 아이들은 어떤 면에서는 순한 기질을 닮았고 어떤 면에서는 까다로운 기질을 닮았지만, 새로운 환경에 적응하는 데 시간이 걸린다는 것이 특징적이다. 먹고 자는 것이 규칙적이고 긍정적인 감정 표현을 하는 편이지만, 낯선 음식이나 물건 등은 회피한다. 대신 신중하기 때문에 실수가 적은 편이다. 그런데 엄마가 순하다고 말하는 아이 중에는 발달지체에 의한 경우가 있을 수 있다.[17]

토마스와 체스와는 다른 방법으로 기질을 분류하는 연구들도 있다. 가장 간단한 분류는 아이가 낯선 상황에 잘 다가가느냐 피하느냐를 기준으로 이분법적으로 나누는 방법이다. 태어난 지 얼마 되지 않은 신생아의 얼굴 위에서 모빌을 흔들면 바라보기만 하고 어떤 반응을 보이지 않는 아이가 있는 반면, 관심을 보이며 잡으려 하거나 얼굴을 찡그리고 버둥거리는 아이도 있다. 미국 심리학자 제롬 케이건(Jerome Kagan)은 이러한 차이를 반응성(reactivity)이라는 개념으로 체계화했다.

유아의 기질을 연구할 때는 보통 부모가 아이를 관찰한 결과를 자료로 이용하는데, 케이건은 부모가 보고하는 자료는 신뢰성이 낮다고 생각하여 아이들을 연구실로 데려와 실험 관찰을 통해 자료를 수집했다. 그는 아이들에게 다양한 모빌을 보여주거나, 낯선 목소리를 들려주거나, 알코올을 묻힌 면봉을 코끝에 대는 등의 자극실험을 했다. 아이가 예기치 않은 낯선 상황을 경험하도록 한 것이다. 이때 아이의 반응을 '등을 구부리는 정도', '손발을 사용하는 정도', '우는 정도' 등으로 나누어 점수화해서, 고반응성 기질과 저반응성 기질로 구분했다. 이 실험에 참여한 아이는 450명 이상이었으며, 생후 4개월째에 처음 데이터를 모으고 20년에 걸쳐 추적조사를 했다.[18]

연구 결과 유아의 20퍼센트는 예기치 않은 사건에 뚜렷하게 반응하는 고반응성 기질을 보였는데, 이들은 팔다리를 흔들고 많이 울고 의자에서 몸을 일으켜 등을 뒤로 젖혔다. 그와 반대 특징을 보이는 저반응성 기질은 40퍼센트가량이었는데, 대개 가만히 앉아 있었고 별로 울지 않고 자주 옹알거리며 웃었다. 이렇게 고반

응성 기질과 저반응성 기질로 구분할 수 있는 유아는 60퍼센트 정도였고, 나머지는 구분이 애매했다.[19]

케이건은 고반응성 기질의 아이와 저반응성 기질의 아이가 어떻게 다르게 성장하는지를 추적관찰했다. 아이들이 14개월과 20개월일 때는 빨간 광대 복장을 하고 가면을 쓴 여성이 아이들에게 말을 걸어보거나, 금속 로봇이 아이들 앞에서 소리를 내며 빛을 내뿜고 움직이게 하는 상황을 연출했다. 이런 상황에서 고반응성 기질의 아이들은 공포 반응을 많이 보인 반면, 저반응성 기질의 아이들은 공포 반응이 적었고 자유분방한 모습이었다.[20] 아이들이 4세 6개월이 되었을 때는 저반응성 기질의 아이들은 좋은 사교성을 보였지만, 고반응성 기질 아이들의 50퍼센트는 낯을 가리고 어머니와 붙어 있으려 했다. 유치원에서는 고반응성 기질의 아이들은 수동적인 반면 저반응성 기질의 아이들은 적극적으로 발표하려 했다.[21] 케이건은 아이들이 11세가 되던 해와 15세가 되었을 때도 면담을 했는데, 고반응성 기질의 아이들이 낯선 환경에서 조용해지고 우울한 기분과 불안을 더 느끼며, 규칙이 분명하고 옳고 그름의 차이가 명확해서 애매모호한 점이 없을 때는 편안해한다는 사실을 발견했다. 그리고 이들은 명확한 행동 지침을 제공하는 종교를 가진 뒤 긴장감이 줄어들었다는 사실도 발견했다.[22]

결론적으로 고반응성 기질은 성장하면서 불안·공포 반응이 잘 나타나고 불안장애와 우울증을 진단받을 가능성이 높았던 반면, 저반응성 기질은 상대적으로 안정적인 성격을 보였다. 그런데 고

반응성이나 저반응성이나 각자의 기질에 따른 행동심리학적 양식이 그대로 발현되는 경우는 25퍼센트에 불과했고, 대부분은 자기의 기질에 적응하는 방법을 터득했다. 어느 고반응성 기질의 아이는 자기 기분을 다루는 방법을 이렇게 말했다. "나는 마음으로 물질을 지배하여 내 불안감이 발현되는 것을 극복할 수 있음을 알았다. 이제는 쉽게 불안해지는 내 성향을 알고 있으므로, 나는 단순한 공포감은 그에 대한 이야기를 하면서 벗어날 수 있다."[23]

고반응성에서든 저반응성에서든 기질적 편향이 담고 있는 중요한 의미는, 반대 성향으로는 발전하지 않는다는 점이다. 고반응성 기질이 쾌활하고 사교적인 성격으로 발달할 가능성은 매우 낮다. 마찬가지로 저반응성 기질이 낯을 가리고 소심한 성격으로 발달할 가능성도 낮다.[24] 유아기에 발현되는 기질은 생물학적인 근원에서 나타나므로 성인이 되어서도 영향을 미치기 때문이다. 특히 편도체와 전전두피질 같은 감정 중심부에서 뚜렷하게 드러난다. 즉 고반응성 기질의 아이들은 불확실성과 잠재적인 해를 민감하게 감지하고 반응하는 두뇌 구조를 가지고 있다.[25]

토마스와 체스가 정의한 기질도 발달 과정에서 차이가 나타난다. 순한 아이는 대인관계가 긍정적이기 때문에 학교 학습 활동을 잘하는 반면, 까다로운 아이는 학교생활의 적응 문제를 호소하거나 또래와의 상호 작용에서 더 공격적일 가능성이 높고, 더딘 아이들은 또래로부터 무시당하거나 외톨이가 될 가능성이 높았다.[26] 그런데 토마스와 체스의 연구가 중요한 이유는, 아이가 잘 발달하려면 아이의 기질뿐 아니라 아이의 기질에 대한 반응도 중요하다는 사실을 발견했다는 것이다. 이를 적합도(goodness of fit)라고 하는데, 아이의 기질이 환경에 얼마나 적합하냐의 정도를 의미한다. 환경에서 가장 중요한 것은 부모의 역할인데, 예를 들어 더딘 아이의 경우 아이가 수줍어하거나 친구를 사귀는 데 어려움을 느낄 때 부모가 실망하거나 화를 내면 아이의 발달에 부정적인 영향을 미칠 수 있지만, 수줍어하는 태도를 받아주는 부모라면 아이의 기질이 발달에 부정적이지는 않게 된다.[27]

일반적으로 부모가 아이의 기질을 중요하게 생각하는 시기는 둘째 아이가 태어나면서부터다. 첫째 아이를 키울 때처럼 키우려고 하는데 뭔가 어긋나는 경험을 하면서 '큰애랑 작은애는 뭐가 다른가?' 생각하게 된다. 이때 부모가 하는 가장 큰 실수는 아이의 두 기질 중 마음에 드는 기질을 다른 아이에게 강요하는 것이다.[28] 기질은 부모가 변화시킬 수 없으며, 아이의 문제로 보이지만 사실은 부모와 자식 간의 기질적 차이에 의한 문제일 수 있다. 예를 들어 느긋한 부모는 매우 활동적인 아이에게 짜증이 날 수 있고, 일정이 잘 짜인 생활을 하는 부모는 규칙성이 낮은 아이의 기질을 참기 어렵다.

토마스와 체스가 '적합도'라는 개념으로 설명했던 것처럼 기질은 성장 환경에 따라 표현되는 방식이 바뀌며, 어떤 기질이 좋게 작용할지는 그 아이가 살고 있는 사회적인 여건에 따라 달라진다. 1970년대 사하라 이남 지역에서는 대기근이 발생했는데, 기근이 가장 심했던 1974년에 네덜란드 정신과 의사 드브리스(Marten deVries)는 케냐 마사이족의 유아들을 토마스와 체스의 기질 분류에 따라 순한 아이와 까다로운 아이로 분류하고 추적조사를 했다. 그는 까다로운 기질의 아이들이 더 수난을 겪을 것이라고 예상했는데, 연구 결과는 오히려 까다로운 아이들이 순한 아이들보다 생존 가능성이 높았다. 드브리스는 매우 적극적이고 까다로운 아이는 요구 사항이 많아 음식도 더 많이 얻고 어머니의 보호를 더 많이 이끌어내 영양실조를 극복했다고 분석했다.[29]

애착유형

돌봄 방식에 대한 적응 반응 | 인간의 발달에서 중요한 개념인 애착이론은 1950년대에 영국 정신과 의사 보울비(John Bowlby)에 의해 정립되었다. 보울비는 정신과 수련의를 마치고 제2차세계대전이 발발하자 런던의 아동정신병원에서 일하게 되었는데, 그곳에서 어린 나이에 전쟁으로 어머니를 잃으면 발달에 어떤 영향을 미치는지 관심을 갖게 되었다. 그는 전쟁이 끝난 후 WHO로부터 아이가 가족 없이 자라면 어떻게 되는지를 연구해달라는 의뢰를 받아 본격적인 연구를 하게 되었는데, 장기간 고아원에서 자란 아이들을 관찰한 바를 설명하기 위해 애착(attachment)이라는 개념을 도입했다.[30]

보울비는 사람은 애착체계를 타고난다고 가정하고, 아이들은 애착체계를 바탕으로 보호자를 늘 관찰하다가 보호자가 사라지면 경보를 울리게 된다고 주장했다. 아이가 부모 곁에 있기를 원하는 이유는 부모가 우유를 주거나 즐겁게 해주기 때문이 아니라 애착 욕구 그 자체가 목적이라는 것이다.

1952년 보울비의 동료인 로버트슨(James Robertson)은 저예산 영화 〈두 살 어린이, 병원에 가다*A Two-Year-Old Goes to Hospital*〉를 만들었다. 이 영화는 로라(Laura)라는 생후 2년 6개월 된 건강한 여자아이가 가벼운 수술을 받기 위해 병원에 입원한 내용을 다룬다. 당시 관습에 따라 로라의 어머니는 아이를 병원에 맡겨두고 떠났다. 로버트슨은 핸드카메라로 로라가 병원에 머물렀던 8일 동안을 내레이션 없이 단순하게 영상으로 기록했다. 하루하루 지나며 로라는 눈에 띄게 불안해하고 겁을 먹은 상태가 되었다. 로라는 "엄마가 보고 싶어요", "집에 가고 싶어요"라며 구슬프게 울었다. 로라는 엄마가 병원에 오리라는 기대를 포기하는 8일째 되는 날 아침, 온몸이 부서져라 흐느껴 울었다. 이 영화는 큰 사회적 반향을 일으켰으며 서양에서 병원 정책을 바꾸는 계기가 되었다. 이후 부모와의 분리로 인한 아이의 고통을 최소화하기 위해 부모가 병원을 방문하는 것은 물론 함께 밤을 보내는 것이 허용되었다.[31]

보울비는 유아와 어머니 사이의 정서적 유대가 평생에 걸쳐 아동의 정서 조절, 대인관계 및 정신 건강에 영향을 준다는 애착이론을 제안했다. 그리고 미국 심리학자 에인스워스(Mary Ainsworth)가 정상적인 가족에서 애착이 형성되는 과정을 연구하면서 이 이론이 체계화되었다. 애착유형은 유아들이 낯선 상황에 처했을 때 보이는 반응에 따라 안정애착(secure attachment), 회피애착(avoidant attachment), 불안-양가애착(anxious-ambivalent attachment) 등 세 종류로 구분한다. 낯선 상황에 처했을 때 어머니를 안전 대피소로 여기고 탐색 활동을 하는 경우를 안정애착이라고 하고, 낯선 상황에서도 어머니를 찾지 않고 무덤덤하면 회피애착, 상황에 관계없이 어머니에게 지나치게 몰입하면 불안-양가애착이라고 한다.[32] 에인스워스에 따르면 12~18개월 유아의 55퍼센트는 안정애착 유형, 20퍼센트는 회피애착 유형, 10퍼센트는 불안-양가애착 유형이다. 나머지 15퍼센트는 어느 유형으로 분류하기 어려운 그룹이다.[33]

애착유형 중 안정애착이 가장 바람직하긴 하지만, 회피애착이나 불안-양가애착은 변덕스러워 예측이 어려운 엄마에 대한 아이의 적응 전략일 수 있다. 애착유형은 아이가 돌봄 방식에 적응하는 반응이기에 그것 자체로 정상과 비정상을 구분하지는 않고, 애착관계가 정상적으로 이루어지지 못하는 상태를 '반응성 애착장애(reactive attachment disorder)'라고 따로 분류한다. 이 장애를 가진 아동은 자신이 고통스러울 때도 도움을 요구하는 행위를 하지 않으며, 언어를 비롯한 발달이 늦어지는 특징이 있다. 흔치 않은 장애로 아동의 1퍼센트 미만에서 나타나며, 주로 생애 초기에 학대를 받았거나 장기간 방치된 경우 발생한다. 이는 루마니아 고아원 연구에서 자세히 밝혀졌는데, 보호시설에서 자란 아이들이나 학대 또는 방치 때문에 위탁가정으로 옮긴 아이들에서는 30~40 퍼센트가 이 장애의 징후를 보였다.[34] 1966년 당시 루마니아의 공산당 서기장이었던 차우셰스쿠는 45세 이하 여성들의 낙태를 금지하는 법을 공표했다. 태아는 사회 전체의 재산이라는 언명과 함께 피임과 이혼도 제한했고, 40세 이하 여성들은 다섯 명의 자녀를 두도록 강제했다. 이를 어길 경우 가혹한 처벌을 받아야 했다. 결국 아이를 양육할 능력이 없는 여성은 불법적으로 낙태를 했고, 아이를 낳은 경우에는 국가기관에 맡겼다. 그 결과 차우셰스쿠 통치 기간 막바지에는 고아원에 수용된 아이들이 15만 명 이상이나 되었다.

1989년 차우셰스쿠가 축출된 이후 발달신경과학자들이 루마니아 정부의 요청으로 위탁양육 프로그램을 만들어 버려진 아이들을 돌봤다. 한편 과학자들은 이들을 추적관찰했는데, 보호시설에 남겨진 아이들은 위탁양육을 받은 아이들에 비해 지능지수, 감각운동 능력, 언어 발달 등 모든 영역에서 나쁜 결과를 보였다. 아이가 위탁양육을 받는 시기가 빠르면 빠를수록 인지능력이 회복되는 효과가 컸으며, 두 살 이전에 위탁양육에 맡겨진 아이들이 가장 좋은 결과를 보였다.[35] 반응성 애착장애는 아동이 경험하는 비극적인 사례이지만, 사람은 회복탄력성이 있기 때문에 보호시설에서 벗어나 가정에 입양되어 얼마 동안 시간이 흐르면 대부분 좋아진다.[36]

애착이론가들은 어머니와 아이의 관계가 형판(template)을 만들며, 이것이 성인기의 인간관계에 영향을 미친다고 주장한다. 유아기에 형성된 애착유형은 성인이 되었을 때의 애착유형에 영향을 미친다는 연구 보고들도 있다.[37] 이는 성격 형성에서 가정이라는 공유환경의 영향은 매우 미미하다는 행동유전학적인 연구 결과와는 상충된다. 사실 행동유전학은 성격에 영향을 미치는 유전 요소와 환경 요소가 어느 정도 기여하는지, 그리고 환경에서는 주로 비공유환경이 영향을 미친다는 것까지는 알게 해줬지만, 성격 발달에 유전이 어떻게 역할을 하는지, 그리고 가정환경이 어떻게 영향을 미치는지에 대해서는 아직도 모른다.

11

성격검사
Personality test

성격을 평가하기 위해서는 일반적으로 면접과 심리검사를 하며, 필요할 경우 행동관찰과 신경심리측정 등을 한다. 성격심리학자 72명에게 성격을 어떻게 연구하는지 설문조사한 결과에 의하면 모든 심리학자가 이용한다고 대답한 방법은 '자기보고척도'였다.[1] 척도(scale)란 일정 범위의 숫자 세트에서 상대적인 순위를 결정하는 것으로, 자기보고척도(self-report scale)는 피검사자가 특정 질문에 대해 스스로 표기한 점수를 평가하는 방법이다. 보통은 질문지(questionnaires)를 이용하는데, 성격특징을 기술하는 여러 문항을 제시하고 자기에게 해당되는지(×, ○) 또는 어느 정도인지(예를 들어 0점부터 5점 사이에서) 표기하도록 한다. 성격심리학자들이 두 번째로 많이 이용한다고 답한 방법은 '자신과 타인의 판단'이었고, 그다음으로는 '행동관찰'이었다.[2] 성격을 연구할 때 제3자의 의견을 참고하는 방법은 스스로 표현하기 어려운 나이인 유아나 아동의 기질과 성격을 연구할 때 흔히 사용하며, 행동관찰도 아동을 연구할 때 흔히 사용한다.

투사적 검사

"이것이 무엇처럼 보입니까" | 성격검사라고 하면 보통은 질문지에 스스로 답변하는 것을 기준으로 하는 자기보고검사를 의미하지만, 간접적인 검사로 파악하는 방법도 있다. 대표적인 예가 투사적 검사이다. 이는 프로이트가 정립한 투사(projection)라는 개념을 이용한 것인데, 투사란 받아들일 수 없는 충동이나 생각을 외부 세계로 옮겨놓는 정신 과정을 의미한다.

성격심리학에서 많이 사용하는 투사적 검사는 로르샤흐검사, 주제통각검사, 그림그리기검사, 문장완성검사 등이다. 로르샤흐검사란 스위스의 정신과 의사 로르샤흐(Hermann Rorschach)가 처음 체계화한 방법으로, 다양한 잉크 반점 그림[그림 2]이 있는 카드 열 개를 순차적으로 보여주고 '이것이 무엇처럼 보이는지'를 말하게 한다. 잉크반점검사는 19세기 말부터 유럽에서 상상력과 창의력을 연구하거나 지능검사를 고안하는 과정에서 이용되었는데, 로르샤흐는 정신과 환자와 정상인이 보이는 반응에 차이가 있다는 사실을 발견한 후 조현병 진단에 유용함을 밝혔다.[3] 그는 1921년 〈정신진단학*Psychodiagnostik*〉이라는 논문과 함께 열 개의 카드를

| 그림 2 | 로르샤흐검사의 첫 번째 그림

| 그림 3 | 주제통각검사에 사용된 사진의 한 예

발표했는데, 다음 해인 37세에 갑자기 병사하면서 이 검사법에 대한 연구가 끊길 위험에 처했다. 그러나 1930년대 이후 이 검사법의 유용성에 대한 연구가 활발해지면서 널리 쓰이는 심리검사 방법 중 하나가 되었다.

주제통각검사(TAT, Thematic Apperception Test)는 머레이가 1938년에 발표했는데, 모호한 그림[그림 3]을 보고 그에 대한 이야기를 만들어보게 하는 것이다. 통각(統覺, apperception)이란 지각(perception)의 일종인데, 개인이 외부의 사물을 지각할 때 그의 과거 경험이 중첩된다는 것을 의미하는 개념이다. 피검사자가 애매모호한 그림을 보고 상상하는 내용인 주제(thema)는 과거 개인의 역사가 반영된 것이라고 가정하고 검사 결과를 해석한다.

그림그리기검사는 주로 아동의 심리 상태를 알아볼 때 이용하며, 인물화나 집-나무-사람 등을 그리도록 한다. 인물화검사는 미국 심리학자 구데나우(Florence Goodenough)가 1926년에 개발한 것으로, 백지에 아무나 한 사람을 그리도록 한다.[4] 처음에는 아동의 지능을 검사하기 위해 개발했는데, 검사를 실시하면서 인물화가 지능만이 아니라 성격적 요인도 풍부히 드러내고 있음을 발견하게 되었다. 그런데 미국 심리학자 벽(John Buck)은 구데나우의 방법에 따라 인물화검사로 아이의 지능을 측정하는 일을 하면서, 아이에게 갑자기 사람을 그려보라고 하면 당황하고 불안을 느끼는 경우가 많았는데 집과 나무를 같이 그려보라고 했더니 보다 중립적인 자극이어서 위협감을 덜 느낀다는 사실을 발견했다. 그래서 그는 1948년에 집-나무-사람 검사를 개발했는데,[5] 이 검사도 인물화 못지않게 심리적인 상태를 풍부하게 투사할 수 있는 대상이라고 밝혀졌다.[6]

문장완성검사는 문장의 첫 부분을 제시하고 미완성의 뒷부분을 채워 넣도록 하는 것인데, 독일 심리학자 에빙하우스(Hermann Ebbinghaus)가 지능검사 방법으로 1897년에 처음 개발한 것을 텐들러(Alexander Tendler)가 1930년에 투사적 접근을 통해 피검사자의 감정과 성격을 이해하는 도구로 개발했다.[7]

투사적 검사는 모두 모호한 그림·사진을 보고 이야기를 만들거나, 자신의 생각대로 그림을 그리거나 문장을 완성하게 하는 방법이다. 개인의 경험·상상·욕구·갈등 등에서 성격의 특징적인 면, 발달 배경, 환경과의 상호관계 방식 등에 대한 정보를 해석하는 것이므로 해석하는 사람의 주관성이 개입될 여지가 많아 신뢰도와 타당도가 문제 된다. 그래서 코스타와 맥크레는 투사적 검사를 신뢰하지 않았다. 실제로도 2000년대에 발표된 성격심리학자들이 사용하는 연구 방법 목록을 보면 투사적 검사는 보편적이지는 않다.[8]

신경심리검사

신경학과 생리학의 적용 | 성격특질 변이의 40퍼센트는 유전에 의해서 결정되는데, 이는 생리학과 신경학을 통해서 작용할 것이기

때문에 신경과학은 성격에 대해 그만큼은 설명할 수 있어야 한다. 그래서 1940년대에 아이젠크는 성격을 생물학적으로 설명하는 '생물학적 유형론'을 제시하기도 했다. 이후 자율신경계의 각성 정도를 측정해서 성격을 설명하려는 연구가 있었다. 1990년대에는 CT나 MRI 등이 등장하여 성격 변화를 초래하는 뇌질환을 진단할 수 있게 되었고, 도파민·세로토닌 같은 신경전달물질을 측정함으로써 불안증·우울증·신경성 등을 생화학적으로 진단할 수 있게 되었다. 그런데 2000년대 성격심리학자들이 사용하는 연구 방법 목록을 보면 자율신경검사·호르몬검사·신경영상법 등은 보편적으로 사용되는 방법은 아니다.[9] 실제로는 연구 목적이거나 일부 환자에게만 사용하는 상태이고, 일반인의 성격을 평가하는 데 이용될 정도는 아직 아니다.

자기보고검사

나에 대한 질문에 스스로 답하기 │ 성격에 대해 당사자에게 직접 질문하는 검사 방법은 사실 오래전부터 사용되어오던 것으로, 구약성서 《판관기 Judges》에는 다음과 같은 내용이 나온다. 적국이 이스라엘을 침략해왔을 때 이스라엘 남성 3만 2000명이 모였는데, 군사가 너무 많으니 전투에 가장 적합한 자들만 골라내라는 신의 명령을 받은 총사령관 기드온은 "두려워 떨리는 자는 돌아가라!"라는 명령으로 용감한 전사 1만 명을 골랐다.[10]

성격심리학에서 사용하는 자기보고척도도 이와 같이 본인에게 직접 물어보는 검사다. 그러나 "당신은 외향적인 성격입니까?" 같은 직접적인 질문 대신 "당신은 사교적인 모임을 좋아합니까?" 같은 간접적인 질문을 사용한다. 이런 유형의 질문지 성격검사는 미국 심리학자 우드워스(Robert Woodworth)가 1918년에 처음으로 만들었다. '우드워스 성격검사(Woodworth Personal Data Sheet)'라고 불린 테스트는 총 116개의 질문으로 구성되는데, 이 중 일부는 다음과 같다.¹¹

- 당신은 보통 기분이 좋은 상태입니까?
- 당신은 야외 활동을 좋아합니까?

미국 육군에서는 제1차세계대전 때 해외로 파견된 군인들이 정신장애를 일으키는 경우가 많아 미리 이들을 가려내도록 우드워스에게 의뢰했는데, 우드워스는 이런 질문지 형태를 고안했다. 이전에는 정신과 의사가 개별적으로 면담해서 가려냈으나, 인적으로나 시간적으로 문제가 많아 의사 면담을 대신할 수 있는 방법으로 연구된 것이다. 질문 내용은 신경증·정신병과 관련된 증상을 알아내기 위한 것으로, 여기에서 점수가 높게 나오면 의사와 개별적인 면담을 하도록 했다. 우드워스의 시도는 성공적이었으며 이와 유사한 질문지형 성격검사를 제작하게 하는 계기를 만들었다. 1931년에는 미국 심리학자 베른로이터(Robert Bernreuter)가 성격검사도구(Bernreuter Personality Inventory)를 개발했는데, 이는 신경성·지배성·내향성·자족감 등과 같이 성격을 다면적으로 평가하는 검사 방법이었다.[12]

그런데 1910~1930년대의 질문지형 성격검사는 문제점이 발견되었다. 예를 들어 베른로이터 검사에서 "당신은 공상을 많이 합니까?"는 신경증을 감별하기 위한 질문이었는데, 이에 대한 대답을 분석한 결과 정상인 그룹의 43퍼센트, 신경증 그룹의 40퍼센트, 정신병 그룹의 31퍼센트가 '그렇다'고 대답했다. 어떤 질문에서는 신경증이 아닌 사람들이 신경증 환자보다 더 그렇다고 대답하는 경우도 있었다.[13] 원래 질문을 처음 만들 때는 신경증이나 정신병의 증상 목록을 참고했는데, 각 문항에 대해 피검사자나 검사자 모두 같은 의미로 해석할 것이라고 생각했지만, 실제로는 같은 질문을 사람마다 다르게 해석했던 것이다. 그래서 개발자들이 만든 질문 내용을 검증해야 할 필요성이 대두되었다. 즉 질문지를 만들면 개발자가 애초에 의도했던 감별이 실제로 가능한지 정상 그룹과 환자 그룹 등에서 반응을 검증해야 한다. 이를 '경험적 질문 제작'이라고 한다. 지금은 이것이 심리검사 방법을 개발하는 보편적인 방법이며, 이 방법으로 최초로 성공한 것이 1943년에 발표된 MMPI다.

MMPI(다면적 인성검사)

정신과 진료에 주로 이용 | MMPI(Minnesota Multiphasic Personality Inventory)란 미네소타대학교에서 만든 다면적 성격검사다. 심리평가에서 inventory는 목록(list)을 뜻하는 것으로 다수의 질문들로 구성된 검사 방법을 의미하고, 다면적(multiphasic)이란 성격의 여러 측면을 평가한다는 것이다. 그리고 MMPI를 1963년 한국어로 처음 번역할 때 personality를 '인성'이라고 표현해서 지금도 다면적 인성검사라고 한다.

미네소타대학교 심리학자 해서웨이(Starke Hathaway)와 신경학자 매킨리(John McKinley)는 기존의 성격검사 방법을 개선하고 성격의 여러 측면을 검사하는 방법을 만들기 위해 정신과 교과서, 정신과 환자 사례 보고, 기존의 성격검사 등을 토대로 약 1000개 이상의 문항을 수집해서, 중복되는 문항이나 자신들의 목적에 중요하지 않은 문항을 제거하고 504개의 문항 목록을 만들었다.[14]

이들이 처음 개발한 척도 1은 건강염려증(hypochondriasis)이었다. 먼저 건강염려증을 '신체적 건강 상태에 대한 비정상적인 신경증적 관심'으로 정의한 다음 이 정의에 맞는 건강염려증 환자 50명을 기준집단으로 정했다. 다음에는 이와 비교 대상이 되는 정상인 집단으로 미네소타대학병원 입원 환자들의 친구나 친척들 724명, 대학 진학 지도를 위해 미네소타대학교 심리검사실에 찾아온 고등학교 졸업생 265명, 기능직 노동자 265명, 미네소타대학병원에 신체질환으로 입원한 환자 중 정신과적 증상이 없는 환자 254명, 미네소타대학병원 정신과 입원 환자 221명 등을 선택했다. 그런 후 이들에게 여러 질문에 답하게 해서 건강염려증 집단과 비교집단 사이에서 반응이 다르게 나타나는 질문을 골랐다. 문항을 고르는 기준은 오직 기준집단과 비교집단이 다르게 대답하느냐 그렇지 않느냐 여부였다. 따라서 왜 건강염려증을 구별하는 데 기준이 되는지 명확히 설명할 수 없는 문항도 채택되었다.[15] 이런 절차로 뽑은 척도 1의 예비 문항은 55개였는데, 정신과 환자 그룹이나 다른 척도와 감별되는 정도를 고려해서 최종적으로 33개 문항을 골라 완성했다. 이런 방법으로 순차적으로 척도를 추가해가서 마지막으로 척도 0(사회적 내향성)까지 모두 열 개의 척도가 완성되었다.

MMPI는 1940년대에 만들어질 당시 기준집단이 미네소타 지역에 사는 백인들(주로 30대)로 미국의 전체 인구를 대변하지 못했다. 그리고 일부 문항의 내용은 시대가 지나면서 현대인에게는 맞지 않고, 일부는 기독교 신앙과 관련된 문항도 있고 남녀차별적인 용어, 성행위에 관련된 용어 등이 부적절하다는 비판이 있어서 1989년에는 개정된 MMPI-2가 나왔다. MMPI-2는 피검사자가 어떤 태도로 검사에 응했는지를 평가하는 타당도척도를 포함하고 있어서 왜곡된 거짓 반응인지 감별하는 기능도 가진다.

MMPI-2는 567개의 문항으로 구성되며, 모든 문항에 대답하려면 보통 60~90분 정도 소요되고, 결과는 열 개의 임상척도로 나타난다. 이 임상척도는 1940년대에 정신과에서 사용하던 진단명으로 현재의 진단명과 맞지 않아, 진단명 없이 척도 1, 척도 2 ……
척도 0 등 숫자로 표기하기도 한다. MMPI는 현재 가장 신뢰성 있
는 성격검사 방법이지만, 일반인의 성격을 알아보는 것이 아닌 정
신과적 진단을 위한 도구로 개발되고 연구되어왔기에 일반인의
성격검사보다는 정신과 진료에서 주로 이용된다.

MBTI(성격유형검사)

세계에서 가장 영향력 있는 성격검사 | MBTI(Myers-Briggs Type
Indicator)는 미국의 마이어스(Isabel Myers)와 브리그스(Katharine
Briggs) 모녀가 융의 심리유형이론을 근거로 만든 성격유형 지표
로, 현재 세계적으로 일반인들 사이에서 널리 이용되는 성격검
사 방법이다. 융 학파에서 융의 심리유형이론에 충실한 그레이-
휠라이트검사(Gray-Wheelwright Test, 1964년)와 싱어-루미스검사
(Singer-Loomis Inventory, 1982년) 등을 개발했지만 대중적인 영향
력은 약하고, 융 이론의 변형인 MBTI의 영향력이 훨씬 크다.

브리그스는 1875년 미국에서 태어났는데, 대학에서 농업을 공
부하고 선생님으로 일했다. 당시에는 여성교육이 일반적이지 않
은 상황에서 대단한 학문적 성취를 이룬 것이다. 그녀는 아동의
교육과 발달이론에 관심이 있었으며, 아동이 장차 어떤 직업을 가
지면 좋을지 테스트하는 방법을 고안하기도 했고, 사람의 성격을
사색유형(meditative type) · 자동유형(spontaneous type) · 경영유형

(executive type) · 사회유형(sociable type) 등 네 가지로 나누는 시도를 했다. 이는 나중에 MBTI 용어 Ixxx, ExxP, ExTJ, ExFJ 등으로 발전했다.[16]

브리그스는 융의《심리유형》을 접한 후 자신이 생각했던 성격 이론과 유사하지만 훨씬 뛰어나다고 판단하여 이에 대한 연구 논문을 발표하는 한편, 딸인 마이어스에게 도움을 요청했다. 마이어스는 1919년 대학을 졸업하고 추리소설 작가로 활동하고 있었는데, 어머니를 도와 여성들이 제2차세계대전 중 산업 현장에 투입되었을 때 어떤 직업이 적당하고 효율적인가를 판단할 수 있는 성격선호지표를 개발하기 시작했다. 그 결과가 1944년에《브리그스-마이어스 유형검사 핸드북*Briggs-Myers Type Indicator Handbook*》으로 출간되었다. 이것은 1956년에 모녀의 순서를 바꾸어 딸 이름을 앞으로 내세운 마이어스-브리그스 유형검사(MBTI, Myers-Briggs Type Indicator)로 변경되었는데, 1962년에는 ETS(Educational Testing Service)와의 합작으로 MBTI 매뉴얼이 출간되었다.[17] ETS는 TOEFL, TOEIC, GRE 등을 만든 세계적인 교육평가회사다. MBTI는 1975년에 다시 CPP(Consulting Psychologists Press)에 인수되면서 인지도가 더욱 상승했다. 현재는 1998년에 개정된 세 번째 판이 주로 이용된다.

MBTI는 네 개의 성격차원인 외향-내향, 감각-직관, 사고-감정, 판단-인식 등에 대한 선호도를 평가하기 때문에 성격유형 선호지표라고 불린다. 피검사자는 단어나 문장으로 이뤄진 126개내지 166개 문항에 대한 두 개의 선택지 중 자신의 성격을 잘 나타낸다고 생각하는 것을 고르는데, 그 결과는 16가지 성격유형으로 나타난다.[18] MBTI는 융의 심리유형이론에 바탕을 두지만, 융의 이론을 그대로 구현한 것은 아니다. 융의 심리유형이론에 따르면 정신 기능에는 모두 네 가지 유형이 있고, 각각에는 내향적-외향적인 태도가 있기 때문에 모두 여덟 가지 유형의 성격이 있는데, MBTI에서는 판단형-인식형을 추가해서 유형을 16가지로 늘렸다.[19] 또한 융은 사람을 유형으로 나누기는 했지만 범주화하지는 않았다. 예를 들어 의식적인 차원에서는 외향적인 유형이라고 하더라도 무의식에서는 반대 성향인 내향적인 성향이 나타나고 있기 때문에 이를 종합적으로 고려해야 한다고 했다. 반면 MBTI는 사람을 특정 유형으로 분류한다.

현재 MBTI는 사업적으로도 크게 번창해서 많은 기업체에서 평가 서비스와 훈련 프로그램 등을 진행 중이며, 전 세계적으로 해마다 250만 명 이상이 검사를 한다고 추정된다. 이렇게 대중적인 인기를 끌고 있는 검사 방법이지만, 문제는 평가를 반복할 때마다 항상 같은 유형으로 나올 확률이 낮다는 점이다. 39~76퍼센트는 두 번째 검사에서 다른 결과를 보인다.[20]

정확한 성격검사를 위해서는 검사를 반복하더라도 동일한 결과를 얻을 수 있어야 한다. 이를 신뢰도(reliability)라고 하는데, 동일한 방법으로 성격검사를 했는데 평가 시기나 평가자에 따라 결과가 동일하게 나오지 않으면 그 결과를 신뢰하기가 어렵다. 성격검사에서 중요한 다른 한 가지는 타당도(validity)다. 타당도란 이 검사가 성격을 정확하게 잘 측정하느냐의 문제인데, 과학·기술 분야에서 미국 정부에 과학적 근거를 제공하는 자문기관인 미국과학아카데미(NAS, National Academy of Sciences)는 1991년 MBTI의 타당도를 검토한 결과, 외향성-내향성은 타당도가 높지만 다른 유형은 타당도가 낮다고 발표하기도 했다.[21]

MBTI가 신뢰도와 타당도에 문제가 많은 검사임에도 불구하고 인기가 있는 이유에 대해 세계적인 심리학자 리틀(Brian Little)은 다음과 같이 설명했다.[22] 일단 MBTI 검사는 쉽고 재미있다. MBTI 평가를 중심으로 워크숍을 조직하면 참가자 대부분이 즐거워하고, 조별 활동을 할 때 조를 효과적으로 짤 수도 있다. 사람들이 MBTI 유형을 주고받으며 서로 비교하다 보면 성격과 취향을 주제로 대화를 시작할 수 있는데, 별다른 근거가 없는 별점과는 달리 진정으로 서로를 이해하는 대화로 이어질 수 있다. 그리고 해당 자료는 관련 부산물과 묶어 마케팅을 잘한 덕분에 전문적인 느낌까지도 준다. 또한 MBTI에는 나쁜 유형이 없기 때문에 사람들은 자신의 결과를 좋아하고 자신의 정체성의 일부로 삼는다. 그러다 보니 부담 없이 자기의 성격유형을 상대방에게 이야기할 수 있다.

NEO 성격검사(NEO-PI-R)

신뢰도와 타당도가 입증된 성격검사 | NEO-PI-R(Revised NEO Personality Inventory)는 코스타와 맥크레가 1992년에 발표한 것으로, 신뢰도와 타당도가 입증되어 성격심리학 연구자들이 이용하는 검사 방법이다. 코스타와 맥크레가 1978년에 이를 처음 개발했을 때는 신경성(Neuroticism)·외향성(Extraversion)·개방성(Openness) 등 세 요인을 테스트하기 위한 것이라는 의미로 NEO-I(NEO Inventory)라고 명명했었는데, 이후 원만성(agreeableness)과 성실성(conscientiousness)이 더 있다는 점을 발견하고 1985년에는

234

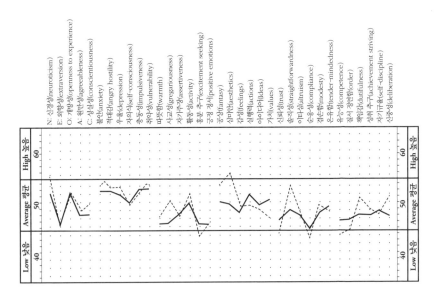

| 표 3 | NEO-PI-R 결과의 한 예. 점선은 자신이 질문지에 응답한 결과이며, 실선은 타인이 평가한 결과이다.

NEO-PI(NEO Personality Inventory)로 개정했다. 이후 이것이 학생들뿐 아니라 성인 그리고 인종이나 지역에 관계없이 타당하다는 것을 밝히고 최종적으로 개정(revise)하여, 1992년에 NEO-PI-R를 발표하고 몇 년을 주기로 개정하고 있다. NEO-PI-R의 결과는 다음과 같은 프로필로 제공된다.[표 3] 이 프로필은 자신의 성격특질이, 연구된 그룹에서 상대적으로 어느 위치인지에 대한 정보를 제공한다.

NEO-PI-R 검사는 총 240개 문항으로 구성되어 검사를 위해서는 45분 정도의 시간을 집중해야 하는 단점이 있다. 그래서 문항을 44개 또는 60개로 줄인 검사 방법도 개발되었다. 신뢰도와 타당도가 검증된 가장 적은 문항의 테스트는 10문항 성격척도(TIPI, Ten-Item Personality Inventory)다.[23] 이 검사를 개발했던 미국 심리학자 고슬링(Samuel Gosling)은 자신의 인터넷 사이트(GOZ LAB, http://gosling.psy.utexas.edu)에 공개했는데, 다음과 같이 구성된다.

다음 문항마다 자신에게 해당하는 점수를 1~7의 범주에서 고른다.

- 전혀 동의하지 않는다: 1점

- 동의하지 않는다: 2점

- 그다지 동의하지 않는다: 3점

- 중간이다: 4점

- 어느 정도 동의한다: 5점

- 동의한다: 6점

• 매우 동의한다: 7점

내가 보기에 나 자신은

① 차분하다. 감정의 기복이 적다.

② 근심 걱정이 많다. 쉽게 흥분한다.

③ 외향적이다. 적극적이다.

④ 내성적이다. 조용하다.

⑤ 새로운 경험에 개방적이다. 복잡다단하다.

⑥ 변화를 싫어한다. 창의적이지 못하다.

⑦ 동정심이 많다. 다정다감하다.

⑧ 비판적이다. 논쟁을 좋아한다.

⑨ 신뢰할 수 있다. 자기절제를 잘한다.

⑩ 정리 정돈을 잘 못한다. 덤벙댄다.

채점은 다음과 같이 한다. 단 안정성은 정서적 안정성을 의미하며, NEO 성격검사에서 신경성의 반대 성향에 해당한다. 그리고 실제 테스트에서는 열 개의 문항이 지금처럼 요인별 순서로 되어 있는 것은 아니고 무작위로 뒤섞여 있다.

• 안정성=(①-②+8)÷2

• 외향성=(③-④+8)÷2

• 개방성=(⑤-⑥+8)÷2

- 원만성=(⑦-⑧+8)÷2
- 성실성=(⑨-⑩+8)÷2

아시아인 333명의 결과는 다음과 같다. 여기에서 높음은 상위 16퍼센트에 해당하고, 낮음은 하위 16퍼센트에 해당한다.

- 안정성: 높음 6.0점 이상, 평균 4.6점, 낮음 3.3점 이하
- 외향성: 높음 5.4점 이상, 평균 4.1점, 낮음 2.8점 이하
- 개방성: 높음 6.2점 이상, 평균 5.1점, 낮음 4.0점 이하
- 원만성: 높음 6.2점 이상, 평균 5.1점, 낮음 4.1점 이하
- 성실성: 높음 6.3점 이상, 평균 5.1점, 낮음 4.0점 이하

성격의 5요인모델을 의미하는 '빅 파이브(Big Five)'란 말을 만들었던 골드버그는 성격심리학 연구를 활성화하기 위해 성격특질을 평가하는 문항들을 모든 사람이 사용할 수 있도록 공개하자고 1992년에 제안했다. 이 제안은 현재 3300여 개 이상의 문항으로 구성된 국제성격문항총람(IPIP, International Personality Item Pool)으로 발전했으며, 이에 근거한 새로운 검사 방법들이 계속 개발되고 있다.

성격지능

성격을 잘 파악하는 능력 | 저 사람이 나에게 눈길을 주는 이유는 나를 만나서 반갑다는 뜻일까? 우리에게 일어나는 사건들이 그 의미를 설명해주는 표식을 가진다면 삶은 한층 쉬워질 것이다. 그러나 실제로는 그런 신호가 없기 때문에 사람들은 애매한 상황을 자기 나름대로 해석할 수밖에 없다.[24]

우리는 누군가를 만나 대화하면서 상대방의 성격을 수시로 판단한다. 언행과 얼굴 표정 등으로 먼저 평가하고, 그가 속한 집단과 배경, 그리고 그런 행동이 나타나는 상황도 고려한다.[25] 그런데 얼굴만 보고 얼마나 정확하게 성격을 추론할 수 있을까? 영국 진화심리학자 펜튼보크(Ian Penton-Voak)는 18~22세의 남성 146명과 여성 148명의 얼굴을 사진으로 촬영하고 성격5요인모델에 근거한 성격테스트를 했다. 그리고 열 명의 자원자에게 사진만 보고 성격을 추론하도록 했는데, 정확도는 높지 않았지만 우연히 맞히는 것보다는 조금 나았다.[26] 펜튼보크는 다시 사진 촬영자 294명 중 성격의 5요인에서 극단 10퍼센트에 들어가는 사람들만 골라 이 사진들을 합성해서 남녀 각각 열 종류의 이미지를 만들었다. 그런 후 이 열 종류의 성격특성을 나타내는 합성 이미지들을 보고 각각을 일반인이 얼마나 잘 평가할 수 있는지 실험해봤는데, 개별적인 사진을 평가하는 정도의 정확성으로 성격을 맞혔다.[27]

많은 사람이 첫인상만으로도 성격을 정확하게 판단할 수 있다고 믿는다. 물론 펜튼보크의 연구가 보여주듯 사진 한 장 보는 것만으로도 비록 정확하지는 않지만 우연의 일치보다는 나은 수준으로 성격을 판단할 수 있다. 그렇지만 실제 대면에서는 사진 한 장보다 훨씬 많은 정보를 바탕으로 하기 때문에 좀 더 정확한 판단을 할 수 있다. 얼굴이 빨개지는 등의 신체적인 반응이 중요한 단서가 되기 때문이다.

주변 환경도 성격을 추론하는 단서가 된다. 사람들은 일하는 공간이나 온라인 등에서 자신의 성격을 드러내고 단서를 흘린다. 특히 사적인 공간인 집 안의 침실, 화장실, 수납장 등에서는 더 잘 드러난다. 잘 꾸며져 있고 다채로우며 유쾌한 분위기가 느껴지는 사무실에서 일하는 사람은 외향적인 성격일 가능성이 높으며, 잘 정돈되어 있고 깔끔한 사무실에서 일하는 사람은 성실한 성격일 가능성이 높다.[28] 또한 사람들은 성격을 추론할 때 개인이 속한 '집단'도 고려한다. 운동 팀에 속해 있다면 활동 수준이 높을 것이라고 예상할 수 있다. 직장이나 직책에 대한 정보도 성격적 단서를 제공한다.

상대방의 성격을 판단하는 능력은 모든 사람이 같지 않다. 아주 작은 단서를 가지고도 성격을 잘 파악하는 사람이 있는 반면, 보이는 많은 단서에서 불구하고 그렇지 못한 사람도 있다. 이 능력의 차이를 성격지능(personal intelligence)이라고 한다.[29] 이 개념은 미국 심리학자 메이어(John Mayer)가 처음 제안했는데, 이를 테스트하는 문항을 개발하기도 했다. 메이어가 운영하는 사이트(http://personalintelligence.info)에서는 다음과 같은 샘플 문항과 정답을

제시하고 그에 대한 근거를 설명했다.[30]

(1) 직설적(straightforward)이고 겸손한(modest) 사람을 묘사하는 가장 적
   절한 표현은?
   ① 아이디어와 신념에 가치를 두고 평가한다.
   ② 활기차고 에너지가 넘친다.
   ③ 타인에게 동정적이고, 부드러운 마음씨를 가졌다.
   ④ 타인의 평가를 의식하고 불안하다.
   – 답은 ③이다. 직설적이고 겸손한 사람은 타인의 감정에 공감을 잘하
   고 배려를 잘한다는 연구 결과가 많다.

(2) 독서클럽 사람들을 좋아하고 그들의 책 선택도 좋아하던 사람이 스케
   줄이나 활동성이 특별히 변하지 않았는데도 점차 클럽 모임에 참여하
   는 횟수가 줄었다. 가장 가능한 이유는?
   ① 너무 바쁘다.
   ② 토론을 더 이상 즐기지 않는다.
   ③ 에너지가 줄어들어 주변 일에 흥미를 잃었다.
   ④ 자신을 학대한다.
   – 답은 ②다. 에너지 수준이나 활동성에는 변화가 없고, 클럽 사람들을
   여전히 좋아하기 때문에, 토론을 더 이상 좋아하지 않게 되었다고 해
   석하는 것이 가장 합리적이다.

(3) 매력적인 외모를 지녔다는 평가를 받는 사람은?

　① 비조직적이다.

　② 유연하다.

　③ 글래머 스타일이다(glamorous).

　④ 사람들과 잘 어울린다.

　– 답은 ③이다. 외모가 매력적인 사람들은 자주 글래머러스하다는 평

　　을 듣기 때문이다.

(4) 요령이 없고(tactless), 유머가 부족한 사람은?

　① 대인관계가 원만하지 않다.

　② 신경질적이다.

　③ 부주의하다.

　④ 주목받기를 원한다.

　– 답은 ①이다. 유머가 없다고 해서 대인관계가 원만하지 않다고 할 수

　　는 없지만, 요령도 부족하면 대부분 대인관계가 원만하지 않다.

(5) 사람들과 잘 어울리는 성격은?

　① 종교적이고, 냉정하고, 웃기다.

　② 정리 정돈을 잘하고, 사회적이며, 변덕스럽다.

　③ 코멘트에 민감하고, 부정적인 기분이며, 사회적이다.

　④ 활발하고, 사회적이며, 위험을 감수한다.

　– 답은 ④다. 외향적인 사람은 에너지가 넘치며, 사람들과 어울리기를

좋아하고, 종종 위험을 감수하는 경향을 보인다. 물론 외향적인 사람
도 기분에 영향을 받기는 하지만 일반적인 것은 아니다.

(6) 자기기만(self-deception)적인 사람은?

① 자기가 처한 상황을 좋아하지 않고 타인에게 거짓말한다.

② 자기가 원하는 것에 대한 잘못된 믿음을 가지고, 그 믿음을 정당화
하려는 근거를 만들면서, 그것이 이뤄지기를 원한다.

③ 실패와 비난을 두려워한다.

④ 잠재의식에서는 진실을 의식하고 있지만, 잘못된 행동을 한다.

– 답은 ②다. ①은 자기기만이 아닌 타인을 기만하는 것이며, ③은 모
든 사람에게 적용되는 일반적인 것이며, ④는 너무 애매한 묘사다.
자기기만이란, 정의하기는 어렵지만, 예를 들어 알코올중독자가 자
신은 술을 조절할 수 있다고 믿는다거나, 자기 부인은 절대 바람나지
않을 것이라고 믿는 남편, 질투심이 강한 사람이 동료의 성공을 무자
비한 야망 때문이라고 믿는 것 등이다.[31]

(7) 자신이 사교적이고 열린 마음을 가지고 있다는 것을 타인에서 어떻게
알릴 수 있을까?

① 사무실을 매우 화려하게 꾸민다.

② 책상 위 종이 서류를 말끔하게 정리해둔다.

③ 유명한 그림을 벽에 건다.

④ 배경음악을 틀어둔다.

– 답은 ①이다. 성격과 사무실 공간의 관련성을 연구한 바에 따르면,
사무실을 화려하게 꾸미는 사람들은 열린 태도를 가지며 보다 사회적
이고 사람들과 교류를 한다.

메이어에 따르면 성격지능이 높은 사람들은 타인뿐 아니라 자
신도 객관적으로 볼 수 있는 능력이 높다. 따라서 자기가 추론한
타인의 성격이 실제와는 다를 수 있다는 가능성에 대해서도 열려
있다.[32]

12 | 성격장애
Personality disorder

미국정신의학회의 《DSM-5》에서는 성격장애(personality disorder)를 '내적 경험과 행동의 지속적 패턴이 자기가 속한 문화에서 현저하게 편향되어 있는 것'이라고 정의했다.[1] 내적 경험과 행동의 지속적 패턴이란 말은 성격을 정의한 것이고, 편향(deviation)이란 말은 다수(majority)가 아니라는 의미이므로, 성격장애란 성격특성이 자기가 속한 사회에서 소수(minority)에 속하는 경우를 말한다.

정상과 비정상

우연의 독트린, 다수의 원칙 │ 정상(正常)을 의미하는 영어 normal은 로마시대의 목수가 사용하던 직각자라는 개념에서 나왔다.[2] 지금도 기하학에서는 '직각'이라는 의미로 쓰인다. 그런데 우리가 현재 일상적으로 사용하는 정상(normality)이라는 개념은 근대에 만들어진 개념으로, 집단의 분포를 설명하는 통계학에서 나왔다. 집단의 분포에 대해 처음으로 연구 결과를 내놓은 사람은 18세기의 수학자 아브라함 드무아브르(Abraham de Moivre)다. 그는 프랑스에서 태어났지만 신교도 핍박을 피해 영국으로 건너가 활동했는데, 우연히 일어난 사건들의 결과에 관심이 많았다. 예를 들어 동전을 100번 던지면 바닥에 동전 뒷면이 나타날 가능성이 얼마나 될까? 그는 동전을 던지는 횟수가 증가할수록 앞면이나 뒷면이 나타날 가능성이 예측 가능한 패턴을 보인다는 사실을 발견했다. 100번을 던지면 동전 뒷면이 나올 가능성은 50회가 될 가능성이 가장 높고, 49회나 51회가 나올 가능성은 조금 줄어든다. 48회나 52회가 나올 가능성은 조금 더 줄어들고, 47회나 53회가 나올 가능성은 더욱 더 줄어들고, 아예 뒷면이 안 나오거나 100회 모두 뒷면이 나올 가능성은 가장 낮다. 즉 동전의 앞면이나 뒷면이 50퍼센트의 확률로 나올 가능성이 가장 높고, 앞뒤로 더 갈수록 가능성은 점차 낮아진다.

드무아브르는 이런 관찰 내용을 공식으로 만들었는데, 그가 세상을 떠난 뒤 2년이 지나 그의 저서 《우연의 독트린The Doctrine of Chances》 제3판이 출간되면서 그의 이론이 세상에 알려졌다.[3] 동전을 여러 번 던져서 동전 뒷면이 나오는 각 경우의 수를 그래프로 나타내면 종(bell) 모양 같은 곡선이 만들어지는데, 이 곡선은 19세기 말에 정규분포(normal distribution)라고 불렸고, 영국 통계

학자 피어슨(Karl Pearson)이 평균과 표준편차 개념으로 설명하면서 대중화되었다.[4]

표준편차(standard deviation)란 데이터의 분산(variance)을 나타내는 것으로 분산의 제곱근에 해당하며, 표준편차가 '0'에 가까울수록 데이터는 평균치에 근접한다. 이렇게 정규분포에서 정상(normal)이란 개념이 표준(standard)이라는 개념과 같이 사용되면서 normal이 올바른(right)이라는 의미로도 사용되기 시작했다. 정상이 이렇게 규정되자 이 범주를 벗어난 것은 비정상(abnormal)이라고 하게 되었다. 사실 이는 근대 사회가 '다수(plurality)의 원칙'으로 운영되는 것과 관련한다.

'정상-비정상'이란 통계학적인 의미이기 때문에 어느 정도까지를 정상이라고 할지는 임의적인 합의에 의해서 결정되는데, 대개 다수(majority)의 기준인 50퍼센트 이상부터 95퍼센트 이내로 하는 경우가 많다. 95퍼센트는 정규분포의 표준편차 '2' 이내에 포함되는 경우다. 표준편차 '1' 이내에는 68퍼센트의 사람들이 포함되며, 표준편차 '2' 이내에는 95퍼센트, 표준편차 '3' 이내에는 99.7퍼센트의 사람들이 포함된다. 아이큐테스트를 예로 들면 평균은 항상 100으로 세팅되어 있는데, 표준편차 '2'의 하위 2.5퍼센트는 70 미만이며 상위 2.5퍼센트는 130 이상이다. 현재 지적장애(정신지체)를 아이큐 70 미만으로 하는 이유도 여기에 근거한다.

정신질환 분류

│ 근대 이전에 정신질환자들은 쇠사슬에 묶여 수용소에 감금되었는데, 프랑스혁명 시기에 활동했던 피넬이 쇠사슬을 풀고 치료를 해야 한다고 주장했다. 피넬은 치료를 위해 정신질환을 처음으로 정의하고 분류했다. 피넬 이후 프랑스 학자들이 정신질환 분류법을 많이 제시했는데, 과학의 중심이 독일로 옮겨 가면서 정신의학의 주도권도 독일로 넘어갔다.

크레펠린은 의사 자격을 취득한 후 분트가 개설한 심리실험실에서 공부하고 하이델베르크대학교에서 교수로 활동하다가, 1904년 뮌헨대학교에 정신과를 만들고 책임교수가 되었다. 크레펠린은 환자마다 카드를 만들어 병력과 증상, 퇴원 당시의 상태를 자세하게 기록했다. 그리고 그 환자가 다시 입원하면 변화를 관찰해서 환자 개인에 대한 자료를 축적했다. 지금은 의사가 의무 기록을 쓰는 것이 당연한 일이지만 당시에는 새로운 시도였다. 자료가 쌓이면서 크레펠린은 증상을 세밀하게 관찰하는 것만으로도 질병을 분류하고 경과를 예측할 수 있었고, 환자로부터 얻은 자료를 기존의 이론에 끼워 맞추면 안 된다는 사실을 깨달았다.[5] 크레펠린은 당시의 의학 수준으로는 정신질환의 원인을 정확히 알 수 없으므로 원인에 따라 진단명을 분류하는 것이 불가능하다고 생각했다. 그래서 추측성의 원인 진단보다는 관찰된 사실만을 토대로 질병을 정의하고 분류했다.[6] 이것은 현대 정신의학의 진단분류체계 원칙이기도 하다.

20세기 초반에는 각 나라별로 의학교육과 전문의 수련을 표준화하고 보건정책 수립을 위해 국가적인 차원에서 질병에 대한 통계가 필요했다. 그래서 1900년에 사망 원인을 분류하기 위한 국제회의가 소집되어 질병분류에 대한 세계적인 기준인 국제질병분류(ICD, International Classification of Diseases)를 처음으로 만들었다. 제2차세계대전 후에는 WHO 주관으로 국제질병분류가 1948년에 《ICD-6》으로 출간되었고, 이후 정기적으로 개정판을 발행하고 있다. 2018년 현재는 1990년에 출간된 《ICD-10》을 사용하고 있으며 《ICD-11》을 준비 중이다.[7] ICD는 우리나라를 포함해 전 세계 공통으로 사용하는 분류체계이며, 정신질환의 분류도 포함한다. 그런데 정신질환에서만은 이와 경쟁적인 분류체계가 따로 있다. 미국정신의학회에서 만든 정신질환진단통계편람(DSM, Diagnostic and Statistical Manual of Mental Disorders)인데, 2013년에 《DSM-5》가 출간되었다.

정신질환 분류에서 ICD와 DSM 두 체계는 경쟁 관계인데, DSM의 영향력이 훨씬 크다. 사실 《ICD-10》에 등록된 정신질환 분류는 1980년의 《DSM-Ⅲ》을 기준으로 했기 때문에 DSM과 ICD는 사실상 거의 동일하지만 각기 장단점이 있다. ICD는 좀 더 단순한 체계를 필요로 하는 개발도상국에 더 적당하고, DSM은 정신질환을 연구하는 데 유용하기 때문에 연구와 진료가 동시에 진행되는 선진국에 적당하다.[8]

미국에서 정신질환 분류가 시작된 시초는 1918년에 국가정신

건강위원회에서 만든 《광인치료시설에서 사용하기 위한 통계편람*Statistical manual for the use of institutions for the insane*》이었다. 이는 중증 정신질환으로 사회생활이 불가능해 수용소에 입원한 환자를 분류하고 통계를 내는 것이 목적이었다.[9] 20세기 초반에는 크레펠린을 포함한 정신과 의사들을 alienist라고 불렀는데, 프랑스어로 '미치다'라는 뜻인 aliene에서 유래한 말로 '미치광이를 돌보는 사람'이라는 의미로, 이들은 광인치료시설에 수용된 환자들을 치료했다. 정신과 의사들이 지금처럼 외래 환자를 보는 등 정신과의 외연이 크게 확장된 것은 프로이트 덕분이었다.

프로이트는 대학에서 신경해부학을 연구했고, 뇌 기능에서 신경시냅스가 중요하다는 사실을 깨우친 개척자 중 한 사람이었는데, 대학에서 나온 후에는 신경질환(nervous disorder)을 전문으로 하는 개인 진료소를 개설했다. 프로이트는 신경학자로 훈련을 받았고 본인은 신경질환을 치료한다고 생각했지만, 정작 신경학계에서는 무시되고 심리학과 정신의학에서 환영받았다. 그는 정신병원에 입원할 정도가 아닌 가벼운 정신적인 증상이 신경질환에서 비롯된다고 믿었기 때문에 이를 신경증(neurosis)이라 명명하고 새롭게 개념화했다. 프로이트와 동시대에 활동했던 많은 유대인 의사들이 나치를 피해 미국에 건너갔는데, 당시에는 이미 미국에서 심리학자와 임상심리치료사가 급격히 늘어나는 중이었다. 이들 심리치료 집단은 프로이트의 정신분석학이론을 활용해 환자를 진료하면서 정신질환의 외연을 확장했다.

그리고 이즈음 발발한 두 번의 세계대전은 정신의학을 한층 더 발전시켰다. 정신질환을 앓는 군인들이 전쟁 수행에 방해가 되고 제대한 이후에도 지속적으로 장애를 일으키는 경우가 많아, 입대 전에 이들을 감별해야 하는 임무가 정신과 의사에게 주어졌다. 당시 의사가 진단할 수 있는 정신병은 수용소에 가둘 정도로 심각한 경우에 한정되기는 했지만, 정신과 의사의 의견은 징집이나 군인 치료에 큰 영향력을 발휘했고 많은 의사가 군대 고위직에 올랐다.[10]

전쟁은 기존의 정신병으로 설명되지 않는 환자를 양산해냈다. 그래서 이들을 이해할 수 있는 '군인의 심장'이나 '전쟁피로증후군' 같은 새로운 병명이 생기고 정신의학의 영역이 점차 확장되면서, 제2차세계대전 이후에는 미국의 모든 의대에 정신과가 창설되었다. 1948년에 미국정신의학회는 단일한 정신질환 분류법을 제정하기 위한 위원회를 조직했다. 정신과 의사들에게 초안이 배부되고 새로운 제안을 받아들이는 과정을 거쳐 1952년에 정신질환진단통계편람(DSM)이 만들어졌는데, 병명을 106개로 정리하고 진단을 위한 정의를 내렸다. 진단 매뉴얼에는 당시 정신의학계 주류였던 프로이트의 개념인 정신신경증(psychoneurosis)이 주요 질환에 등록되었으며, 진단 기준에는 무의식적 방어기전 같은 개념이 반영되었다.[11] DSM은 이후 정기적으로 개정판을 발행하고 있는데, 첫 개정판《DSM-Ⅱ》는 1968년에 출간되었고 이때 182개의 정신질환이 망라되었다.

1950~1960년대의 미국 정신의학은 치료에 중점을 두었으며, 정

신분석학으로 뭐든 치료할 수 있다는 자신감에 차 있었다. 그러나 1960~1970년대에는 정신의학 자체에 의문을 제기하는 연구 결과들이 발표되기 시작하면서 혼란에 빠졌다. 미국과 영국의 정신병 진단을 비교하는 연구가 많이 발표되었는데, 런던의 정신병원에 입원할 때보다 뉴욕의 정신병원에 입원할 때 조현병으로 진단되는 경우가 훨씬 많았다. 정말로 미국과 영국의 정신병이 다를 수 있는가에 대한 답을 위해 동일한 환자로 이뤄진 집단을 미국과 영국 정신과 의사에게 진단받게 했다. 이 의사들은 비디오테이프를 보면서 진단했는데, 미국과 영국에서 진단되는 병명이 확연히 달랐다.[12]

정신질환의 진단 자체에 의혹을 제기한 다음 연구 논문은 더 충격적이었다. 정상(sane)과 정신이상(insane)을 판단하는 근거에 의문을 가졌던 미국의 심리학자 로젠한(David Rosenhan)은 동료 일곱 명과 공모해서 각자 정신병원에 가서 자꾸 환청이 들린다고 말했다. 이 가짜 환자 여덟 명은 모두 입원되었는데 자신들의 임무는 퇴원 허가를 받는 것으로 서로 합의한 상태였다. 그들은 각자 스스로 대책을 마련해서 퇴원해야 했다. 기본적으로 의사에게 자기가 제정신임을 밝혀야 했던 것이다. 이들은 병원에 입원한 동안에는 가짜 환자의 행세를 하지 않고 정상적으로 생활했지만, 이 중 일곱 명은 조현병 진단을 받았으며 나머지 한 명은 조울증 진단을 받았다. 입원 후에 이들이 보였던 정상적인 행동은 오히려 병을 앓고 있다는 증거로 해석되었기 때문에, 퇴원 허가를 받기까지 3주 정도나 걸렸다.[13]

정신의학의 위기를 맞아 미국정신의학회는 1974년 새로운 DSM을 만들기 위해 팀을 만들고, 정신과 의사 로버트 스피처(Robert Spitzer)를 대표로 임명했다. 이들은 논란의 여지가 있는 질병의 원인에 대해서는 언급하지 않고 오로지 관찰 가능한 표면적인 증상으로만 진단 기준을 만드는 것을 목표로 했다. 따라서 정신분석학적인 진단이었던 신경증(neurosis) 등은 삭제되었고, 무의식이론에 기초한 어떠한 설명도 모두 배제되었다. 팀원들은 합의안을 만들 때까지 사실상 방에 갇혀 새로운 진단체계를 만들었는데, 2년 동안 검증 기간을 거쳐 1980년에 《DSM-Ⅲ》이 출간되었다.

《DSM-Ⅲ》에는 265개의 질환이 망라되었는데, 특정 질환 진단 기준에서 제시하는 증상이 몇 개가 있는지, 그 증상이 얼마 동안 지속되는지를 점수화해서 진단하도록 했다. 또한 정신질환을 전면적으로 이해하기 위한 시도로서 정신질환뿐 아니라 신체질환과 스트레스 요인, 사회적 기능 수준 등을 다면적으로 평가해서 진단을 다섯 개의 축(axis)으로 나타내도록 했다. 이때 조현병·우울증·불안증 등 통상적인 정신질환은 축-Ⅰ에 배치하고, 일생 동안 지속되는 성격질환과 정신지체는 축-Ⅱ에 배치되었다. 그 결과 정신질환을 가지면 보통 성격 문제가 동반되기 때문에 축-Ⅰ과 축-Ⅱ의 진단이 동시에 내려지는 경우가 많아졌다. 또 포착되지 않는 증상을 간과하여 진단을 놓치게 될 가능성은 매우 줄어들었지만 반대급부로 정신질환 진단의 팽창을 불러왔다.[14]

《DSM-Ⅲ》은 객관적으로 관찰 가능한 증상을 가지고 진단하도록 했기 때문에 경험 있는 사람이라면 진단의 일치도가 높아지는 장점이 있었다. 따라서 《DSM-Ⅰ》과 《DSM-Ⅱ》는 미국 정신병원에서만 사용되었지만 《DSM-Ⅲ》은 정신병원뿐 아니라 보건기관·보험회사·법정 등 사회 각 분야로 빠르게 퍼져갔고, 전 세계적인 영향력을 가지게 되었다. 이제 DSM은 전 세계 정신과 의사들의 바이블 같은 역할을 하기 시작했다.

성격장애 분류

《DSM-Ⅰ》에서 《DSM-5》까지 | 《DSM-Ⅲ》은 크레펠린의 원칙을 따르는데, 그는 1915년에 병적 성격(morbid personality)을 일곱 가지로 정리했다.[15] 그런데 현재 통용되는 성격장애 분류의 기초를 만든 사람은 크레펠린의 후계자 슈나이더(Kurt Schneider)다. 슈나이더는 크레펠린이 설립한 독일정신과학연구소(Deutsche Forschungsanstalt für Psychiatrie)의 책임자로 일하면서 크레펠린이 처음 정립했던 조현병의 특징적인 증상인 망상이나 환각의 개념 정립에 공헌했다. 그는 정신병(psychosis)과 정신병질(psychopathy)을 구분했는데, 그가 말한 psychopathy는 오늘날 사이코패스 용어의 기원이지만 당시에는 넓은 의미의 비정상적인 성격(abnormal personality)을 의미했다. 당시 psychopathy가 정신병이냐 도덕적인 문제냐의 논쟁이 있었는데, 슈나이더는 psychopathy는 정신병도 아니고 도덕적인 문제도 아니라고 주

장했다. 단지 통계적으로 정상 범위에서 벗어난 상태이며, 성격 문제로 자신이 고통을 받고 사회에 고통을 안겨준다면 '비정상적인 성격'이라고 정의했다. 그리고 1923년에는 비정상 성격을 열 가지로 분류했다.[16]

슈나이더가 사용했던 personality 개념은 정신의학계에 금방 확산되었고, 당시에 성격을 의미하는 유사 개념인 character나 temperament 등은 사용 빈도가 줄어들었다. 미국정신의학회는 1952년《DSM-I》에서 성격장애(personality disorder)를 '발달장애 또는 병적인 성격구조가 특징이며, 본인 스스로의 주관적인 불안감이 매우 약하고 스트레스를 거의 받지 않으며, 대부분은 일생 동안 지속되는 장애'라고 정의하고 크게 세 범주의 열두 가지 질환으로 분류했다.[17] 그리고 1968년의《DSM-II》에서는 성격장애를 '뿌리 깊이 내재된 부적응적인 행동 패턴'으로 정의하고 최종 열 가지 질환으로 정리했다.[18]

1980년의《DSM-III》에서는 성격장애를 '경직되고 부적응적인 성격으로 인해 사회생활이나 직업생활에 심각한 장애를 초래하거나 주관적으로 스트레스를 받는 경우'라고 정의하고 11개의 질환을 제시했는데,《DSM-II》에 포함되었던 질환 중 네 개가 삭제되었고, 조현형·경계성·자기애성·회피성·의존성 성격장애 등 다섯 질환을 새로 등록했다. 또한《DSM-III》은 성격장애를 A·B·C 등 세 개 군(cluster)으로 나눴다. 이 중 A군은 괴상하고 괴이한 행동이 특징으로, 편집성·조현성·조현형 성격장애 등을 포함한다.

B군은 극적이고 감정적이며 변덕스러운 행동이 특징으로, 반사회성·경계성·연극성·자기애성 성격장애 등이 포함된다. C군은 불안하고 겁이 많은 행동이 특징으로, 회피성·의존적·강박적·수동-공격적 성격장애 등이 해당한다. 이처럼 성격장애를 A·B·C로 구분한 이유는 어떤 근거가 아니라 위원회에 참여한 전문가들의 임상적 직관에서 나온 것이다.[19]

1994년에 나온 《DSM-IV》에서는 성격장애를 진단하는 비정상의 기준으로 '자기가 속한 문화에서 기대되는 것으로부터 벗어난 상태'를 추가했다. DSM의 세계적인 영향력을 고려한 것으로, 미국 문화에서 만들어진 질병 기준을 그대로 다른 문화에도 적용해서는 안 된다는 의미다. 《DSM-IV》에서도 《DSM-III》의 기준을 그대로 따랐으며 단지 수동-공격성 성격장애가 목록에서 빠지고, 열 개의 진단으로 정리되었다. 이는 2013년에 나온 《DSM-5》에서도 기본 골격은 그대로 유지되었다. 그런데 《DSM-5》의 내용이 확정되기 전인 2010년에 발표된 초안에서는 기존의 성격장애 분류가 중복되고 일관성이 부족하다는 이유로 편집성(paranoid)·조현성(schizoid)·연극성(histrionic)·의존성(dependent) 성격장애 등 네 개는 삭제하고 여섯 개의 성격장애가 제시되었다. 하지만 이후 논의 과정에서 반대에 부딪쳐 기존의 《DSM-IV》의 체계를 그대로 유지했다.[20]

DSM은 1952년 이래 2013년까지 네 차례의 개정 과정을 거치면서 《DSM-I》, 《DSM-II》, 《DSM-III》, 《DSM-IV》, 《DSM-5》

등의 버전으로 변해왔다. 가장 최근 버전은 로마자 대신 아라비아 숫자로 바꼈는데, 컴퓨터 소프트웨어 버전 작성 원칙을 따르는 것이다. 이후 골격의 변화가 없는 변경은 《DSM-5.1》, 《DSM-5.2》 등으로 업데이트될 것이고, 큰 골격의 변화는 《DSM-6》으로 버전이 바뀔 것이다.

성격장애 종류

인지 · 감정 · 관계 · 충동의 편향 패턴 열 가지 | 《DSM-5》는 성격장애를 '내적 경험과 행동이 그 개인이 속한 문화에서 현저하게 편향되어 있는 패턴'이라고 정의하고, 이는 인지(cognition) · 정동(affectivity) · 대인관계 · 충동조절 등에서 관찰된다고 했다.[21] 따라서 성격장애를 진단하기 위해서는 인지 기능 · 정동(=감정) · 대인관계 등과 충동조절을 잘하는지를 관찰해서 다음 열 개 질환의 진단 기준에 해당하는지를 검토해야 한다.

- A군: 편집성, 조현성, 조현형 성격장애
- B군: 반사회성, 경계성, 연극성, 자기애성 성격장애
- C군: 회피성, 의존성, 강박성 성격장애

① **편집성 성격(paranoia personality)** 편집(偏執)이란 편향되게 고집부린다는 의미로, paranoia를 옮긴 말이다. paranoia는 고대

그리스어 para(beside)와 noos(mind)의 결합어로서 '마음 옆에 있다'는 의미다. 말 그대로는 정신질환을 의미하지만, 타인을 믿지 못하고 의심하며 타인의 동기를 악의적으로 해석하는 상태를 의미한다. 편집적인 성격은 충분한 근거 없이 타인이 자신을 기만하고 해를 끼친다고 믿는다. 타인을 의심하기 때문에 상대방의 행동을 유심히 관찰하여 악의적인 동기가 없는지 수시로 살피고, 조금이라도 의심이 들면 이것을 자신의 믿음에 대한 근거로 삼는다. 타인이 친절히 잘해주면 자신을 이용하려는 목적이 아닌지 의심하며, 자신에 대한 정보가 자신에게 나쁘게 이용될 것이라는 두려움 때문에 타인에게 비밀을 털어놓지 못한다. 따라서 친구도 없어지며 외톨이로 지내는 경우가 많다. 편집성 성격장애는 일반인의 3퍼센트에서 나타나는데, 남성에서 더 많고 알코올중독자에서는 훨씬 증가한다.[22]

② **조현성 성격(schizoid personality)**　조현성이란 schizoid를 옮긴 말로, 과거에는 '분열성'이라고 번역됐다. schizoid란 말은 스위스 정신의학자 오이겐 블로일러(Eugen Bleuler)가 만든 schizophrenia(조현병)란 말에서 유래한 것으로, 조현병을 닮았다는 의미다. 블로일러는 schizoid를 '외부 세계와 동떨어져 자신에게만 관심을 두는 성향'이라는 의미로 사용했다.[23] 조현성 성격은 일반인의 5퍼센트에서 나타나는데, 친밀한 관계에 대한 욕구가 없어 혼자 지내는 것을 좋아하며 이성과의 성적인 접촉도 싫어한다.

타인의 칭찬이나 비난에 무관심하며 타인이 자신을 어떻게 생각하는지 신경 쓰지 않기 때문에 분노나 기쁨 같은 강한 감정을 느끼지 않는다. 간혹 자폐증과 감별이 어려운데, 자폐증은 사회적 관계가 더욱 소원하며 동일한 행동을 반복하는 특징으로 감별한다.[24]

③ **조현형 성격(schizotypal personality)**　1980년《DSM-Ⅲ》에 처음 등장한 성격장애로, 1970년대에 미국에서 조현병이 과다하게 진단되고 있다는 비판에 의해서 새로이 만들어진 범주다.《DSM-Ⅲ》에서 조현병의 진단 기준을 엄격하게 하면서 조현병으로 분류할 수 없었던 증상들을 모아 만든 것이 조현형 성격이다.[25] 20세기 초반 크레펠린과 블로일러가 조현병의 개념을 정립한 이후 정상과 조현병의 중간 지점에 존재하는 증상들을 1953년에 미국 정신과 의사 산도르 라도(Sandor Rado)가 조현형(schizotypy)이란 개념으로 이미 정리한 바 있었다.[26]

조현형 성격은 일반인의 5퍼센트에서 나타나는데, 조현병 환자의 가족에서 잘 나타나고 일부는 실제 조현병으로 진행한다. 조현형 성격은 상식적으로 이해하기 힘든 괴짜 성격이다. 괴짜라고 불리는 사람들은 보통 사람들의 상식적인 기대와 어긋나게 매우 독특한 특징을 보이는데, 조현형 성격은 보통 특이한 것이 아니라 매우 기괴하고 이상하다. 겉으로 드러나는 행동과 외모가 이들의 특징을 잘 보여줄 수도 있는데, 상황에 맞지 않는 화려한 복장을 입기도 한다. 또는 무더운 여름에 겨울 코트를 입고 털모자를 쓴다든지 반바지에 양복저고리만 입고 다니기도 한다. 이들은 사람들이 지키는 관습에 관심이 없고 완전히 무시하기도 한다. 또한 타인을 의심하는 편집증 증상도 보이며 타인과 교제를 피한다. 그런데 망상과 환각 등의 증상이 있다면 조현형 성격이라기보다는 조현병으로 진단해야 한다. 하지만 특정 문화, 특히 종교적인 신념이나 의식은 외부인이 보기에는 조현형 성격장애와 구별이 어려운 경우가 많다. 방언을 하는 경우라든지, 내세의 삶을 추구하고 현실적인 삶에 무관심해진다든지, 건강이나 질병에 대해 마술적인 믿음이나 샤머니즘에서 유래된 미신을 믿는 것 등이 그렇다. 이런 경우는 문화적인 맥락에서 평가해야 한다.[27]

④ **반사회성 성격(antisocial personality)**　　타인의 권리를 무시하거나 침해하는 행동을 지속적으로 하는 것을 말한다. 1952년의 《DSM-Ⅰ》에서는 sociopathic personality(antisocial reaction, dyssocial reaction) 등으로 불렸으며, 《DSM-Ⅱ》에서부터 antisocial personality로 통일되었는데, 종종 소시오패스 또는 사이코패스 등으로도 불린다. 현재 WHO의 질병분류에서는 dissocial personality라고 나온다. 반사회성 성격은 일반인의 1~3퍼센트에서 나타나는데, 교도소에 수감된 범죄인을 대상으로 하면 70퍼센트가 여기에 해당한다. 이들은 거짓말과 속임수가 특징이고, 희생자에 대한 죄책감이 전혀 없으며, 오히려 희생자들이 바보같이 무능하기 때문에 그렇게 되어도 마땅하다고 비난한다.[28]

⑤ **경계성 성격(borderline personality)** 1980년《DSM-Ⅲ》에서 성격장애로 처음 등록되었다. 정신과에서 borderline이란 말은 1884년부터 사용되기 시작했는데, 1938년 미국 정신분석가 아돌프 스턴(Adolf Stern)은 이를 정신병(psychosis)과 신경증(neurosis)의 경계에 있다는 의미로 '심하지 않은 조현병'이라는 뜻으로 사용했다. 그리고 1960~1970년대에는 정동질환(affective disorder)에서 심하지 않은 조울병을 의미했다. 1980년《DSM-Ⅲ》에서는 경한 조현병이 조현형(schizotypal) 성격으로 분류되고 경한 조울병이 순환성장애(cyclothymic disorder)로 분류되면서, 불안정한 성격은 경계성 성격으로 분류되었다.[29]

경계성 성격은 대인관계나 감정 상태가 매우 불안정하고 충동적인 행동을 자주 하는 것이 특징이다. 일반인의 2~6퍼센트가 이에 해당하는데, 여성에서 압도적으로 많다. 이들은 혼자 있다는 것을 견디지 못하기 때문에 타인에게 버림받는 것을 두려워한다. 만약 버림받으면 자신이 나쁘기 때문이라고 믿는다. 이들은 공감을 잘하고 타인을 도와주지만 그 대가로 상대방도 자기가 필요할 때면 언제든지 옆에 있어주기를 기대한다. 상대방을 붙잡기 위한 노력이 자해나 자살 같은 충동적인 행동으로 나타나기도 한다.[30]

⑥ **연극성 성격(histrionic personality)** histrionic은 자궁을 의미하는 그리스어 hystera에서 유래했다. 히포크라테스는 자궁이 움직이면 병이 생긴다고 주장했는데, 이런 믿음은 중세시대와 근대시대

에까지 영향을 미쳤다. 히스테리(hysteria)는 19세기 말에 프랑스 신경병리학자 샤르코(Jean-Martin Charcot)에 의해 신경-심리학적 개념으로 발전했고, 프로이트에 의해 신경증의 일종으로 정립되었다. 히스테리가 hysterical personality라는 명칭으로 처음 등록된 것은 1968년《DSM-Ⅱ》에서였는데, 1980년《DSM-Ⅲ》에서는 hysterical이 역사적으로 여성을 비하하고 악마와 연관된 부정적인 의미로 사용되어왔기 때문에 histrionic이란 말로 바꿨다.[31]

연극성 성격은 모든 상황에서 자신이 중심에 있어야 하기 때문에 인정받기 위해 열정적으로 노력한다. 그런데 계속 관심을 끌려고 하면 할수록 매력을 잃기 마련이어서, 성적으로 유혹하거나 거짓 장면을 연출하는 행동을 하게 된다. 이들의 행동은 마치 연극 무대에서 연기를 하는 것과 같다고 해서 연극성 성격장애라고 하는데, 이들은 외모에 대해서 칭찬을 받기 위해 외모를 가꾸는 데 지나치게 시간과 돈을 사용하며, 칭찬이 아닌 비판적인 말을 들으면 불같이 화를 낸다. 과거 이를 두고 '히스테리를 부린다'고 표현하기도 했는데, 현재는 여성을 비하하는 표현이라는 이유로 사용이 줄어드는 추세다. 연극성 성격은 일반인의 2퍼센트에서 나타나는데, 여성에서 더 많이 나타날 것 같지만 남녀 차이는 없다. 남성의 경우에도 자기를 항상 꾸미며 모임에 가면 자기가 중심이 되어 사람들을 즐겁게 해주다가도 사소한 감정적인 문제로 분노발작을 보이는 경우도 많다.[32]

⑦ **자기애성 성격(narcissistic personality)** 나르시스(narcissus)는 수선화를 말하는데, 그리스신화에서 자기애라는 의미를 가지게 되었다. 나르시스라는 목동 소년은 매우 잘생겨서 많은 요정들에게 구애를 받지만 모두 거절한다. 어느 날 양 떼를 몰고 다니다가 호숫가에 다다랐는데, 물속에서 세상에서 처음 보는 아름다운 얼굴을 보게 된다. 그 얼굴은 나르시스가 손을 집어넣으면 파문에 흔들리다가 물결이 잔잔해지면 또다시 나타나곤 했다. 나르시스는 물에 비친 모습이 자신이라고는 생각하지 못하고 사랑에 빠져 결국 그 모습을 따라 물속으로 들어가 죽고 말았다. 나르시스가 있던 자리에서 꽃이 피어났는데, 사람들은 그의 이름을 따 나르시스(narcissus)라고 했다.

나르시시즘이라는 개념은 19세기 말 프로이트에 의해 심리학적 개념으로 처음 정립되었다. 이를 미국 심리학자 코헛(Heinz Kohut)이 성격장애로 이론 정립을 했고, 1980년《DSM-Ⅲ》에 성격장애로 등록되었다.[33] 자기애성 성격은 자신의 능력을 과대평가하고 잘난 척하고 허세를 부리고 지나친 자기도취에 빠져 있다. 그런데 자존감이 취약하기 때문에 누군가 비판을 하거나, 그런 비난이 없다고 해도 일에 실패했을 때 스스로 상처를 쉽게 받아 창피함과 모욕감을 잘 느낀다. 자기애성 성격은 일반인의 1~6퍼센트에서 나타난다. 사춘기 때부터 발병하지만 중년 이후 노화 과정에서 나타나는 신체적·직업적 제약을 받아들이는 데 어려움을 겪으면서 증상이 심해진다.[34]

⑧ **회피성 성격(avoidant personality)**　회피성 성격은《DSM-Ⅲ》에 처음 성격장애로 등록되었는데,《DSM-Ⅱ》에 등록되었던 조현성 성격에서 분화된 것이다.《DSM-Ⅲ》초안을 준비했던 미국 정신과 의사 프랜시스(Allen Frances)는 조현성 성격(schizoid personality)이란 개념이 조현병과 유사한(-oid) 개념이기 때문에, 정신병적인 증상 없이 홀로 지내는 사람의 성격적 문제를 '내향성(introverted) 성격장애'라는 새로운 범주로 만들려고 했다. 그런데 내향성 성격은 질병이라고 할 수 없다는 반대 여론에 밀려 성격질환에 등록되지 못했다. 그래서 이를 어떻게 할 것인가 논의한 끝에 내향적인 성격장애는 조현성 성격으로 그대로 남게 되었고, 불안감이나 공포감 때문에 대인관계를 피하게 되는 회피성 성격이 새로이 만들어졌다.[35] 그래서 현재《DSM-5》체계에서는 본인이 대인관계를 원하지만 불안감으로 회피하는 경우는 회피성 성격이라고 하고, 본인 스스로 원해서 고립된 생활을 하는 경우는 조현성 성격이라고 하게 되었다. 즉 '조현성 성격'이란 개념은 원래 단어의 의미는 '조현병 같다'이지만 조현병과는 전혀 관계가 없다. 그리고 조현병 증상과 유사한 성격은 '조현형(schizotypal) 성격'으로 명명되었다.

　회피성 성격이란 사람들과의 관계를 회피하는 성격을 말한다. 인간관계가 소원한 점에서는 조현성 성격과 유사하지만 조현성 성격은 아예 인간관계에 대한 욕구가 없는 데 비해, 회피성 성격은 관계에 대한 욕구가 있기는 하지만 수치심이나 놀림받을 두려움 때문에 대인관계를 피한다는 차이가 있다. 애정과 인정을 갈구하지만 타인과의 이상적인 관계에 대해 환상을 가지며, 자존감이 낮아 인간관계가 제한된다. 회피성 성격은 일반인의 2퍼센트에서 관찰되며 남녀 비율은 비슷하다.[36] 회피성 성격장애는 WHO 질병 분류에서는 '불안(anxious)성격장애'로 명명되는데, 병명에서 보듯이 회피성 성격은 불안증과 구별하기 어렵고, 사회불안장애(사회공포증)와 매우 유사하다. 그래서 《DSM-Ⅲ》에서 회피성 성격장애라는 새로운 범주를 만든 것은 진단의 인플레이션을 불러일으켰다는 비판이 제기되었다.

⑨ **의존성 성격(dependent personality)**　돌봄을 받고자 하는 욕구가 지나쳐 타인에게 매달리고 스스로 복종하는 성격장애를 말한다. 다른 사람의 도움 없이는 적절하게 기능하지 못할 것이라고 스스로 생각하기 때문인데, 자신이 어디에 살아야 하고 어떤 직업을 가져야 하며 어떤 이웃과 친해져야 하는지를 부모나 배우자에게 의존한다. 자신이 의지하는 사람과 의견이 다를지라도 자신의 의견을 표현하지 못할 뿐 아니라 오히려 자기가 틀렸다고 생각한다. 일반인의 0.5퍼센트에서 나타난다.[37] '의존성 성격'이라는 개념의 원류는 프로이트의 구강기(oral stage) 성격에 대한 설명이다. 부모에게 의존했던 영아기의 특성이 성인기에도 지속되는 성격이 구강기 성격인데, 의존성이 중요한 부분을 차지한다. 《DSM-Ⅰ》과 《DSM-Ⅱ》에서는 수동-의존형(passive-dependent type)과 히

스테리 성격(hysterical personality)의 세부 항목으로 있다가 1980 년《DSM-Ⅲ》에서 처음으로 독립된 성격장애로 등록되었다. 그런데 의존성은 회피성 성격, 경계성 성격, 연극성 성격 등 다른 성격장애에서도 많이 나타나기 때문에 감별 진단에 혼동이 온다. 따라서 2010년《DSM-5》의 진단 기준을 만들 때 의존성 성격은 삭제될 계획이었으나, 급격한 변화는 바람직하지 않다는 의견이 많아 그대로 유지되어 2013년《DSM-5》에도 포함되었다.[38]

⑩ **강박성 성격(obsessive-compulsive personality)**   정리 정돈을 완벽하게 하려는 성격을 말한다. 강박(强迫)이란 말 자체는 강하게 다그친다는 의미인데, 극도로 신중하여 세부적인 것에 지나치게 집착하는 성격을 의미한다. 강박성 성격은《DSM-Ⅰ》에서는 compulsive personality로,《DSM-Ⅱ》에서는 obsessive-compulsive personality로 등록되었는데, 그 원류는 프로이트의 항문기(anal stage) 성격에서 유래했다. 이는 아이가 1~3세에 배변 훈련을 하게 되는 항문기에 요구되었던 질서 정연함이나 청결함에 대한 고집이 성인기에도 지속되는 것을 의미한다.[39]

영어로 강박성 성격(obsessive-compulsive personality)과 강박장애(obsessive-compulsive disorder)는 같은 단어를 사용하지만 DSM에서는 전혀 다르게 구별되어 사용된다. obsession이란 강박사고로 번역하는데, 자기가 원하지 않는 생각이 자꾸 침투해오는 것이다. 예를 들어 '내가 저 여자를 강간할 것 같다'라는 생각이 자꾸 떠오르는 것 등이다. 그리고 compulsion이란 강박행동으로 번역하는데, 예를 들어 오염에 대한 강박사고 때문에 손이 부르트도록 반복해서 씻는 것이다. 강박장애는 강박사고와 강박행동이 불합리한 것이라는 사실을 본인이 알고 있음에도 중단되지 않아 일상생활을 불가능하게 하는 병이다. 반면 강박성 성격은 어떤 일을 하려 할 때 세부 사항·규칙·목록·순서 등을 세세하게 신경 쓰고 이에 너무 집착하는 것을 말한다. 예를 들어 자신이 해야 할 일을 적어놓은 목록을 어디에 뒀는지 몰라서 찾지 못할 때, 기억을 떠올려 목록을 대략 다시 작성하고 임무를 완수하기보다는 그 목록을 찾는 데 과도하게 시간을 쓰는 것이다.

강박성 성격은 성격장애 중 가장 흔해서 일반인의 2~8퍼센트에서 나타난다. 다른 성격장애의 경우는 조현성(schizoid)은 5퍼센트, 조현형(schizotypal)은 5퍼센트, 경계성(borderline)은 2~6퍼센트, 편집성(paranoid)은 3퍼센트, 자기애성(narcissistic)은 1~6퍼센트, 연극성(histrionic)은 2퍼센트, 회피성(avoidant)은 2퍼센트, 반사회성(antisocial)은 1~3퍼센트, 의존성(dependent)은 0.5퍼센트 등으로 나타난다. 그런데 성격장애는 서로 겹치는 부분이 많아서 실제 성격장애로 진단되는 경우 두세 가지를 같이 가지는 경우도 많기 때문에 성격장애 전체적으로는 일반인의 6~13퍼센트에서 나타난다.[40]

13

성격강점
Character strengths

—

성격강점

인성교육

심리학자들은 분트가 독일 라이프치히대학교에서 심리실험을 시작한 1879년을 심리학의 출발점으로 기념한다. 이후 정신 기능을 과학적으로 이해하려는 심리학은 분트와 동시대의 미국 심리학자 윌리엄 제임스가 주장한 대로 '정상을 이해하는 가장 좋은 방법은 비정상에 대해 연구하는 것'이라는 개념을 따랐다. 1947년에는 미국국립정신보건원(National Institute of Mental Health)이 창립되어 정신장애에 대한 투자와 연구가 활발히 이뤄졌으며, 미국심리학회에서도 임상심리학과 그와 관련된 상담·심리치료 분과가 압도적으로 발전했다. 지난 100여 년 동안 비정상에 대한 심리학 연구는 정신의학의 발전과 궤를 같이해왔고, 제임스의 주장은 타당성을 입증받았다.[1]

사실 정상은 비정상에 비해 이해하기가 더 힘들다. 의학의 경우도 질병을 이해하고 나서야 정상 생리현상을 이해할 수 있게 된다. 그런데 1998년 미국심리학회장으로 취임한 셀리그먼은 심리학이 추구해야 할 방향을 다음과 같이 표현했다. "심리학은 인간의 약점과 장애에 대한 학문만이 아니라 인간의 강점과 미덕에 대한 학문이기도 해야 한다. 진정한 치료는 손상된 것을 고치는 것만이 아니라 우리 안에 있는 최선의 역량을 이끌어내는 것이어야 한다."

성격강점

긍정심리학의 탄생, 좋은 성격 24가지 │ 긍정심리학(positive psychology)을 창안한 셀리그먼은 1942년 뉴욕에서 태어나 프린스턴대학교에서 철학을 공부하고 펜실베이니아대학교에서 심리학 박사를 마쳤다. 그는 1975년에 '학습된 무기력(learned helplessness)' 이론을 발표하면서 우울증 전문가로서 명성을 얻었는데, 인간의 긍정적 측면과 행복에 대한 연구로 방향 전환을 하고 《학습된 낙관주의Learned Optimism》라는 책을 발표했다. 그리고 1998년 미국심리학회장이 되면서 긍정심리학을 본격화했다.

긍정심리학은 셀리그먼 외에도 '몰입'의 연구자인 칙센트미하이(Mihaly Csikszentmihalyi), '행복' 연구자 디너(Edward Diener), '미덕' 연구자 피터슨(Christopher Peterson) 등이 함께 기여했는데, 이들이 연구하는 분야는 긍정상태(positive state) · 긍정특질

(positive trait) · 긍정조직(positive organization) 등이다. 행복이나 사랑이 긍정상태에 해당하며, 긍정특질은 긍정적인 성격 · 행동양식 · 미덕 · 재능 등을 의미하고, 긍정조직이란 긍정적으로 기능하는 가족 · 학교 · 직장 · 사회조직 등을 의미한다.[2] 셀리그먼은 긍정특질을 정의하고 진단하는 체계를 만들고자 피터슨과 함께 2000년에 VIA연구소(Values in Action Institute)를 설립했다.

피터슨과 셀리그먼 이전에도 긍정적이고 바람직한 성격에 대한 심리학자들의 다양한 주장이 있었다. 올포트는 성숙한 인간에게서 보이는 성격특징을 기술했는데, 자기 밖의 것에 대한 관심의 확장, 우호적인 대인관계, 정서적 안정감, 객관적인 현실 판단, 자기 객관화, 통합된 인생철학 등으로 설명했다.[3] 미국 심리학자 로저스(Carl Rogers)는 경험에의 개방성, 실존적인 삶, 자신에 대한 신뢰, 자유, 창조성 등으로 설명했고, 매슬로는 자아실현을 이상적인 성격으로 묘사했다.[4] 이렇게 심리학자들마다 다양한 견해를 제시했는데, 피터슨과 셀리그먼의 목표는 성격장애에 대한 진단 기준인 DSM과 같이 좋은 성격에 대한 진단 목록을 마련하려는 것이었다. 또한 덕(德)을 포함하는 바람직한 성격특질을 포괄하고자 했다.

피터슨은 전 세계의 다양한 시대와 문화에서 종교와 철학자들이 주장했던 성품과 덕목들을 수집하고 기존의 심리학적 연구를 기반으로 다음 열 가지 기준에 따라 평가했다.[5]

① 대다수의 문화에서 긍정적 덕목으로 여겨지는가?

② 이런 성격을 가진 사람은 행복한가?

③ 이 성격은 그 자체로 도덕적인가?

④ 타인에게 피해를 주지는 않는가?

⑤ 이런 성격의 반대 성격은 부정적인가?

⑥ 측정 가능한가?

⑦ 이런 강점은 다른 강점과 잘 구별되는가?

⑧ 모범적인 인물이 있는가?

⑨ 이런 강점이 결핍된 사람도 존재하는가?

⑩ 이런 강점을 육성하는 풍습이나 제도가 존재하는가?

VIA연구소의 연구 결과는 2004년에《성격강점과 덕목의 분류 *Character Strengths and Virtues*》로 발표되었는데, 다음과 같이 여섯 개의 덕목으로 구성된 24개의 성격강점이 추출되었다.[6]

① 지혜와 지식: 창의성, 호기심, 개방성, 학구열, 통찰

② 용기: 용감함, 인내, 진실성, 활력

③ 인간애: 사랑, 친절, 사회성

④ 정의: 시민정신, 공정함, 리더십

⑤ 절제: 용서, 겸손, 신중함, 자기조절

⑥ 초월성: 심미안, 감사, 희망, 유머감각, 영성

지혜(wisdom)는 많은 철학자가 다른 덕목의 구현을 지원하는 최상의 덕목으로 여겨왔다. 피터슨은 지혜를 '선(善)'을 위해 사용되는 지식'으로 정의하면서, 어느 누구도 지혜 앞에서 분개할 수 없으며 모든 사람이 이에 감사하게 된다고 설명했다.[7] 용기(courage)는 플라톤이 이상적 국가의 핵심 덕목으로 제안한 네 가지 덕목(지혜·용기·절제·정의) 중 하나로, 통치계급은 지혜가 필요한 반면 군사계급은 용기가 필요하다고 했다. 이후 용기는 서양에서 중요한 덕목에 항상 포함되었다. 한편 중국의 전통적인 유교의 덕목인 '인(仁)·의(義)·예(禮)·지(智)·신(信)'의 오상(五常)에는 용기가 없지만 맹자는 용기를 중요시했다. 맹자는 중국 전통에서 용기에 대한 개념을 정립했다고 할 수 있는데, 그는 용(勇)을 '부동심(不動心)을 위한 굳센 마음'으로 정의했다.[8]

서양 산업사회에서 정의(justice)는 기여하는 정도에 따라 보상이 배분되어야 한다는 공평함(equity)으로 이해되지만, 집단주의적인 문화에서는 필요(needs)에 따라 분배되는 것을 정의에 포함시키며 평등(equality)의 개념을 선호한다. 그런데 한 문화가 정의를 공평함으로 보든 필요/평등으로 보든, 정의의 전형은 공정함(fairness), 시민정신, 리더십 등 본질상 시민으로서 갖춰야 할 것들이다.[9] 인간애(humanity)란 대인관계에서의 강점으로, 타인을 돌보고 친구가 되어주는 것이다. 정의와 인간애가 모두 타인의 행복을 증진시키지만, 정의의 덕은 공정함에 있는 반면 인간애의 덕은 공정함을 넘어 관용을 보이는 것이다. 즉 인간애는 보답이 없을 때

조차 친절을 보이며, 처벌이 마땅할 때도 이를 이해하는 것이다.[10]

절제(temperance)란 지나친 것을 통제하는 덕목으로, 자신의 감정·동기·행동을 점검하고 관리하는 능력이다. 이때의 절제는 모든 것을 절제하라는 의미가 아니라 무절제를 피하라는 것으로, 중용(中庸)과 같은 의미다. 즉 지나침이나 독단에 빠지지 않는 것이다. 특히 신중함(prudence)은 단기적인 쾌락에 빠지지 않도록 하며, 용서는 증오로부터, 겸손은 오만으로부터, 자기조절(self-regulation)은 순간적인 욕망으로부터 벗어나게 해준다.[11]

초월성(transcendence)은 칸트에 따르면 인간 지식을 넘어서는 것을 의미하는데, 피터슨은 초월성을 우리 자신보다 더 큰 의미나 목적이 있다는 신념이면서 인생이 의미가 없다는 주장인 허무주의의 반대 개념이라고 정의했다. 초월성은 종교성을 포함할 수도 있지만 특정 종교를 의미하지는 않으며, 신성(divinity)일 필요도 없다. 찬탄·희망·감사를 불러일으키는 사물·사건·인물 등이라면 무엇이든 관계없다.[12] 즉 우리의 일상이 중요하지 않으며 자신이 작은 존재라고 보게 되는 모든 것을 말한다. 중국 전통의 유교는 신성한 입법자를 믿지 않는 현세적이고 이성적인 가르침이지만 초월적인 것을 무시하지는 않았고, 오히려 인간을 초월한 하늘[天]의 존재에 외경심을 가졌다.[13]

피터슨은 단지 목록만 만든 것이 아니라 질문지 형식으로 자신의 성격강점을 테스트할 수 있는 문항도 개발했다. 그런데 지혜를 포함한 여섯 덕목은 추상적이고 일반적이므로 이 자체를 측정하지는 않고, 각 덕목이 포함하는 강점들을 측정했다.

인성교육

인성도 능력이다 │ 긍정심리학자들이 성격강점을 연구하게 된 데는 미국에서 인성교육이 강조되던 시대적 배경과 관련이 있다. 미국 문화에서 무엇이 좋은 성격인지에 대한 대중적 관심은 시대에 따라 변해왔는데, 1960년대가 쾌락주의(hedonism) 시대였다면 1970년대는 자기중심주의(narcissism), 1980년대는 물질주의(materialism), 1990년대는 무관심주의(apathy)를 거쳐 2000년대에는 인성(character)이 중요하다고 생각하게 되었다.[14] 그런데 물질주의가 팽배하던 1980년대부터 미국 일각에서는 점증하는 청소년 탈선, 마약 남용, 폭력 증가, 매스컴의 상업화 등이 성격주의(personalism)와 개인의 자율성에 대한 지나친 강조에서 비롯되었다는 반성이 일었다.[15]

미국 시민들을 대상으로 학교에서 꼭 가르쳐야 할 덕목에 대해 조사한 1997년 〈퍼블릭 어젠다*Public Agenda*〉의 보고에 따르면 그 덕목은 정직(97퍼센트), 타인 존중(94퍼센트), 민주주의(93퍼센트), 타문화·타인종 존중(93퍼센트) 등이었다. 우리나라에서 한국교육과정평가원이 1600명의 학생, 학부모, 교사를 대상으로 실시한 설문조사에서는 정직(34퍼센트), 배려(32퍼센트), 예절(26퍼센트), 성실(22퍼센트) 등의 순서였다.[16] 미국에서는 1993년에 인성교육

자문기구인 인성교육파트너십(Character Education Partnership)이
출범했고, 1994년에는 학교교육향상법(The Improving America's
Schools Act)이 제정되어 인성교육이 강조되었다. 한편 우리나라에
서는 인성교육을 2014년에 법으로 의무화했다. 이 법이 등장하게
된 배경을 전남교육정책연구소 연구원 박혜경은 다음과 같이 설
명했다. "청소년 자살, 학교 폭력, 특히 세월호 사건 등을 거치면서
우리 사회 전반에 걸쳐 인성의 중요성이 이슈로 부각되었다. 인성
은 선천적으로 타고나는 성품이기도 하지만 대부분의 학자들은
사회나 환경에서 학습 과정을 통해 인성이 길러진다고 한다. 국민
들의 인성을 함양하고 행복하고 안전한 한국이라는 정책 방향에
맞춰 인성교육이 강조되면서 '인성교육진흥법'이 법으로 제정되
었다."[17]

인성(人性)이란 글자 자체는 '사람의 성질(性質)'을 뜻하지만 이
를 어떻게 정의할 것인지는 학자마다 다른데, 윤리학자 정창우는
'인간다운 성품과 역량'이라고 정의했다.[18] 정창우는 '인성교육진
흥법'을 제정하기 위한 기초적 연구를 한 학자인데, 좋은 인성을
기르기 위해서는 덕목을 아는 것뿐 아니라 이를 실행하는 능력도
같이 길러줘야 한다는 점을 강조하기 위해 역량(competence)이라
는 개념을 인성의 정의에 포함시켰다. 정창우는 동서양의 덕과 윤
리학적 전통, 긍정심리학, 미국의 인성교육 등을 참고해서 열두 가
지 덕목—지혜, 용기, 성실, 절제, 효도, 예절, 존중, 배려, 책임, 협
동, 준법, 정의—을 선정했는데,[19] '인성교육진흥법'에 최종적으로

선택된 핵심 덕목은 예(禮), 효(孝), 정직, 책임, 존중, 배려, 소통, 협동 등 여덟 가지다.

인류 역사에서 교육은 지식을 전달하고 도덕성을 육성한다는 두 가지 목적을 추구해왔는데, 여러 번 패러다임의 변화가 있었다. 현재 미국에서는 도덕교육 방법의 변화가 진행되고 있는데, 기존의 도덕교육이 자율성을 중요시했다면 인성교육에서는 교육자가 덕목을 결정하고 학생들이 잘 받아들일 수 있도록 교육하는 것에 주안점을 둔다. 따라서 도덕적 행위자로서의 자율성이나 독립성, 비판적인 도덕적 안목의 계발에 대해서는 소홀하다는 지적이 있을 수 있다.[20]

14

성격 변화
Personality change

—

성격 일관성

성격 변화

성격의 발달과 변화에 대한 다양한 주장이 있다. 20세기의 대표적인 심리학자 프로이트와 윌리엄 제임스는 각기 다른 주장을 했지만, 공통점은 일정 시기가 지나면 성격이 변하지 않는다는 것이다. 프로이트는 구강기(0~18개월), 항문기(1~3세), 남근기(3~5세)를 거치고 나면 성격은 변하지 않는다고 했고, 제임스는 30세가 되면 성격이 석고처럼 굳어져 다시는 부드러워지지 않는다고 했다. 그래서 제임스의 주장을 '석고 가설'이라고 부른다.

성격 일관성

성격이 변하지 않는 이유 | 성격은 잘 변하지 않는다는 것은 성격이라는 개념 자체에 내포되어 있다. 누군가의 성격이 어떻다고 평

가하는 것은 그 사람의 감정·생각·행동 등에서 변하지 않는 패턴을 말하는 것이기 때문이다.

미국 심리학자 로버츠(Brent Roberts)가 성격에 대한 종단연구 152개를 종합한 결과에 따르면, 성격특질의 안정성은 나이가 많아지면서 증가하는 것으로 나타났다. 성격특질을 검사하고 1년 이상이 지난 뒤 다시 검사했을 때 두 검사의 상관계수가 아동기에는 0.31이었으나 대학생 때에는 0.54로 증가했으며, 30세 무렵에는 0.64에 이르고 50세에는 0.74에 이르러 이후에는 그 수준을 유지했다. 성격의 안정성이 50세까지 점차 증가하여 정점에 다다르는 것이다.[1] 이는 나이가 들수록 성격은 변하지 않는다는 뜻이기도 하고, 젊을수록 성격은 변화 가능성이 크다는 뜻이기도 하다.

성격이 변하지 않는 이유를 설명하는 것으로 미국 심리학자 밀론(Theodore Millon)이 주장한 자기영속화(self-perpetuation)이론이 있다. 밀론에 따르면 성격 형성의 기반이 되는 아동기의 경험은 신경 구조에 남아, 이후의 경험을 받아들이는 기본 바탕이 되어 영향력이 확대된다. 아동의 행동이 부모의 반응에 영향을 미치고 부모의 반응은 아동의 행동을 강화하는 작용을 거쳐 특정 행동 패턴이 지속적으로 유지된다. 자기영속화 과정은 다양한 방식을 통해 일어난다. 개인은 자기개념과 일치하는 상황과 경험을 우선적으로 선택함으로써 자신을 강화할 뿐 아니라, 자기개념과 일치하지 않는 경험을 회피함으로써 자신을 보호한다. 또한 자기개념과 일치하지 않는 사건은 인지적 왜곡을 통해 사건의 의미를 자기에 일치하도록 해석한다. 성격은 생활 경험을 수동적으로 받아들이는 것이 아니라, 생활 경험을 능동적으로 유발하고 특정한 방향으로 왜곡 변형함으로써 스스로를 강화한다.[2]

성격의 핵심 구조인 심리도식 역시 성격의 안정성을 강화한다. 심리도식은 과거 경험을 내면화한 인식 틀로서, 자신과 일치하는 정보에 선택적으로 주의를 기울일 뿐 아니라 자신과 일치하는 방향으로 해석하여 스스로를 강화한다. 정서적으로는 심리도식에 대한 자각을 유발하는 불편한 감정을 회피함으로써 자신의 심리도식을 객관적으로 바라볼 수 있는 기회를 차단한다. 대인관계에 있어서도 자신의 심리도식에 맞는 관계나 상황을 선택함으로써 자신이 원하는 반응을 이끌어내도록 한다.[3]

성격이 변하지 않는다는 사실은 자신의 성격을 바꾸려고 시도할 때 잘 드러난다. 성격을 변화시키려면 그동안 익숙한 상황을 바꿔야 한다. 만약 소극적인 성격을 바꾸려고 노력한다고 할 때, 이전에는 그 성격 덕분에 부끄러운 상황을 피할 수 있었는데 이제는 그런 상황을 받아들여야 한다. 또한 참을성이 부족한 성격을 바꾸려는 사람은, 그 성격 덕분에 일처리만큼은 정말 빨리 했는데 느긋한 성격을 가지려고 노력하다 보면 답답하고 오히려 화가 나게 된다. 상냥하지 못하고 무뚝뚝한 성격을 바꾸려고 할 때, 사실은 그 덕분에 피곤한 사람들을 피해서 혼자만의 시간을 여유롭게 즐길 수 있었는데, 인간관계를 피하면서 사회성을 키울 수는 없기 때문에 이제는 남의 눈치를 봐야 하는 등의 불쾌한 경험을 감수해야 한다. 이러한 불편함을 장기간 감수하고 다양한 체험에 도전하여 결국 성격을 바꾸는 일은 쉽지 않다.

성격 변화

사회적 역할이 성격을 바꾼다 │ 성격은 잘 변하지 않는 속성이기는 하지만 성격이 변하는 사례는 많다. 정신질환을 앓게 되거나 알코올중독에 빠지게 되면 예전의 성격으로 그 사람을 판단하기가 어려울 정도가 된다. 또 종교적 회심(conversion)의 경우도 마찬가지이며, 사고를 당해 뇌를 다쳤을 때도 성격이 달라진다. 이러한 급작스러운 변화 외에도 성격이 변한다는 연구 결과들도 많다.

미국 심리학자 소토(Christopher Soto)가 2000년대에 인터넷을 기반으로 실시한 성격검사 프로젝트에서 영어권에 사는 10~65세 126만 7218명의 성격을 분석한 결과를 보면, 성격 프로필은 남녀 간에 차이가 있고 연령에 따라 달랐다.[4] 이를 5요인별로 분석해보면[표 4], 신경성의 경우 여성은 아동기와 청소년기에 증가했다가 성인기부터 점차 감소하는 경향을 보였고, 남성은 모든 연령대에서 나이에 따라 점차 감소했다. 그리고 외향성은 남녀 모두 아동기에서 청소년기까지는 감소하지만 그 후로는 별다른 변화가 없었다. 원만성·개방성·성실성은 남녀 모두 아동기에서 청소년기까지는 감소하다가 20대 이후 점차 증가하는 추세를 보이는데, 원만성과 성실성에서 나이에 따른 변화가 좀 더 눈에 띄었다.

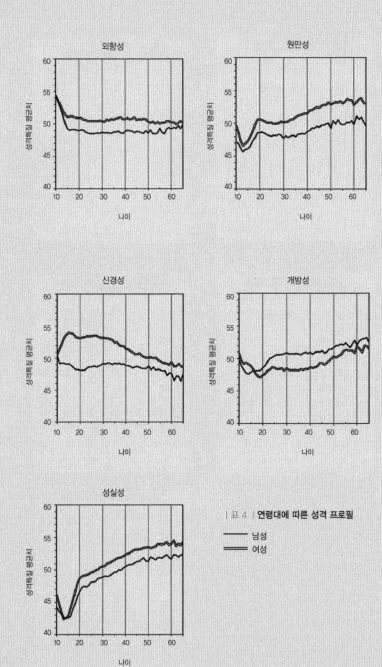

| 표 4 | **연령대에 따른 성격 프로필**

— 남성
— 여성

소토의 연구는 한 시점에서 다양한 연령대의 성격을 분석한 횡단연구다. 이를 통해 사람들이 나이 들면서 성격이 변해가는 추세를 추정할 수는 있지만, 한 개인의 성격이 나이에 따라 어떻게 변하는가를 정확히 알아보기 위해서는 종단연구가 필요하다. 로버츠는 기존의 종단연구 92개를 종합해서 분석한 결과를 2006년에 발표했다.[5] 연구에 참여한 사람들은 5만 120명이었으며, 연령 범위는 10~101세였고, 평균 9년간 관찰한 데이터였다. 이 연구에서는 5요인모델 중 외향성은 사회적 활력성(social vitality)과 사회적 주도성(social dominance)으로 나눴는데, 활력성은 사회적으로 즐겁게 잘 어울리는 성향을 측정한 것이고, 주도성은 자기주장을 강하게 관철하려는 정도를 측정한 것이다. 또한 신경성은 정서적 안정성으로 대체했지만 나머지 세 요인은 기존의 5요인모델과 동일한 개념 정의를 따랐다. 이렇게 정의한 여섯 개 성격특질의 변화를 보면[표 5], 주도성·성실성·안정성은 나이와 함께 지속적으로 증가한 반면, 활력성과 개방성은 청소년기에서 20대 초반까지는 조금 증가했다가 50~60대 이후에는 감소하는 경향을 보였다. 전반적으로 10세에서 100세까지의 인생 구간 동안 변화가 가장 현저했던 구간은 20~40세였다.

소토의 연구 결과에서는 성격이 연령대별로 차이가 있다는 사실을, 그리고 로버츠의 연구 결과에서는 10대에 형성된 개인의 성격이 20대 이후에도 계속 변한다는 사실을 알 수 있었다. 성격의 변화는 성격특성에 따라 달랐는데, 원만성·성실성·안정성은 나

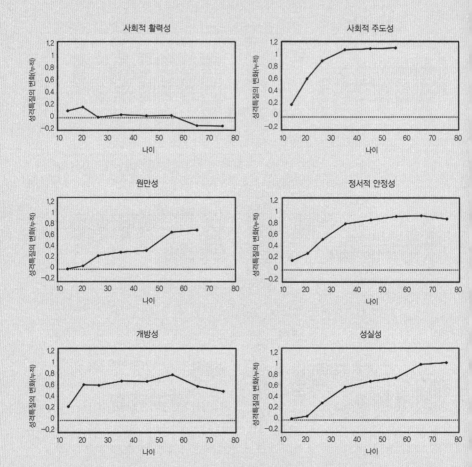

| 표 5 | **성격특질의 시간적인 변화**
위 표의 세로 축은 해당 연령 구간 동안 성격특질 변화의 누적 값을 나타낸다. 과거에 비해 상승하면 양(+)의 기울기로 표현되고 감소하면 음(−)의 기울기로 표현되는데, 연령의 증가에 따라 계속 증가하면 그만큼 축적되기 때문에 누적 값으로 나타내는 것이다.

이가 들수록 증가하는 반면, 신경성은 감소하는 경향이었다. 외향성은 나이에 따른 변화가 많아 보이지는 않지만 자기주장을 강하게 관철하려는(주도성) 경향은 나이가 들수록 강화되었다.[6]

성격은 단기적으로는 변하지 않지만 장기적으로는 변한다는 것은 성격심리학자들 사이의 일치된 견해인데,[7] 어느 정도까지 변하는지, 변화의 원인이 무엇인지에 대한 주장은 다양하다. 변화의 원인이 본인이 본래부터 유전적으로 가지던 성향의 발달에 의한 것이라는 주장과, 환경 변화에 따른 영향이라는 주장이 대립하고 있다. 독일 심리학자 스페트(Jule Specht)는 독일인 1만 4718명의 성격 변화 과정을 추적하는 종단연구를 실시했다.[8] 첫해에 성격을 검사한 후 4년 동안 무슨 사건이 있었는지 조사하고 4년째에 다시 성격검사를 해서, 성격의 변화 과정과 4년 동안 있었던 일들이 성격에 어떤 영향을 주었는지 연구했는데, 성격은 개인이 경험하는 인생의 사건들과 나이에 따라 전 생애를 통해서 변한다는 결과를 얻었다. 성인기의 성격은 전반적으로는 안정적이었지만 변화는 조금씩 있었으며, 이는 노년기까지도 지속되었다.

스페트의 연구에 따르면, 사람이 살면서 겪게 되는 여러 사건을 긍정성과 부정성에 따라 통합한 점수는 성격 변화를 예측하지 못했다. 즉 인생 경험이 성격을 변화시키는 것은 여러 사건이 종합적으로 영향을 미치기 때문이 아니라 특정 사건이 결정적이라는 의미다. 특히 여러 사건 중 사회적 역할의 변동은 성격 변화의 주요한 요인이다. 결혼해서 가정을 꾸리는 일, 아이를 출산해서 부모가 되는 일, 첫 직업을 갖는 일 같은 인생의 전환기는 성격의 변화를 초래한다. 취업에 따른 사회적 역할의 변동으로 성실하게 행동하도록 하는 압력이 있는 경우 성실성은 증가한다. 그러나 그러한 역할을 떠나거나 성실성을 덜 요구받는 역할로 옮겨 가면 성실성은 떨어진다. 또한 여러 사람을 통솔해야 하는 리더의 역할을 맡게 되면 외향성이 발휘되어 더욱 사교적이고 타인을 지배하는 성향이 나타나게 된다. 종단연구에서 개인의 성격 변화 패턴은 그가 생애 동안 담당했거나 사임했던 사회적 역할에 의해서 설명될 수 있을 정도로, 사회적 역할은 성격 변화를 예측하는 가장 기본적인 요인이다.[9]

사실 사회적 역할을 선택하는 데도 본인의 의도와 성격이 반영된다. 성격이 다르면 선택하는 직업이나 선호하는 활동이 다를 뿐만 아니라 같은 일을 하더라도 방식이 다르기 때문에 각자 경험하는 생활사건의 유형이 다르다. 외향적인 사람들은 긍정적인 사건을 더 경험하는 반면, 신경성이 높은 사람들은 부정적인 사건을 더 자주 경험한다.[10] 그런데 일단 선택된 사회적 역할은 성격 변화를 유도한다. 내향적인 사람이 많은 사람과 접촉해야 하는 업무를 담당할 경우 꾸준한 노력으로 수줍음을 극복하고 유쾌한 대인관계를 맺게 된다면, 내면적인 성격은 여전하다고 할지라도 외부로 표현되는 방식은 변한다.

개인에게 강력한 심리적 변화를 유발하는 사건을 주요생활사건(major life event)이라고 한다. 취업, 결혼, 출산 등 사회적인 위치 변화를 포함해서 사랑에 빠지는 일, 충격적인 사건 등이 이에 해당한다. 충격적인 사건은 외상(trauma)사건이라고도 부르는데, 자신이나 타인에게 실제적으로 죽음·심각한 상해·신체적 위협을 초래하는 사건을 말한다. 이에는 전쟁, 폭행, 성폭력, 납치·인질·테러·고문, 재해, 차량 사고뿐 아니라 사랑하는 사람을 잃는 관계 상실 등이 있으며, 일회적인 외상 또는 반복적으로 외상을 입는 경우도 있다.

외상이 주는 역경을 이겨내지 못하고 무력감에 빠지거나 극심한 공포감과 고통에 시달리는 경우 흔히 외상후스트레스장애(post-traumatic stress disorder)라는 진단을 받게 된다. 전 인구의 50퍼센트는 일생 동안 한 번 이상의 극심한 정신적 외상에 노출되는데, 이 중 7퍼센트에서 뇌에 구조적 변화가 오고 외상후스트레스장애를 앓게 된다.[11] '박살 난 가정(Shattered Assumptions) 이론'에 의하면, 세상은 안전하고 살기 좋은 곳이며 합리적이고 공정한 곳이라는 신념과 나는 소중한 존재라는 신념이 강할수록, 이러한 신념과 정면으로 배치되는 외상 경험은 개인의 근간을 파괴하여 심각한 혼란과 무기력감을 유발하고 외상후스트레스장애를 심하게 겪게 된다.[12]

1990년대에 미국 심리학자 테데스키(Richard Tedeschi)와 캘훈(Lawrence Calhoun)은 외상 경험이 심리적 성장을 유발한다는 외상후성장(post-traumatic growth) 개념을 제안했다. 아픈 만큼 성장한다는 뜻인데, 이 역시 신경학적 변화와 관련이 있다.[13] 역경을 경험하면서 처음에는 고통과 혼란에 휩싸이지만 점차 현실 세계와 자신의 취약점을 인정하고 이를 극복하는 과정에서 자신의 잠재력을 발견하게 되며 자신감과 통제감이 증가한다. 그리고 자기를 공개하고 주변의 도움을 받으면서 대인관계의 중요성을 깨닫게 되고 친밀감이 증가하며, 타인의 고통을 이해하고 공감하는 능력이 성숙해진다. 또한 위기와 역경에 직면해서는 신에 대한 분노나 인생에 대한 절망을 경험하지만 충격과 스트레스가 클수록 영적인 변화가 나타나 삶의 의미에서 우선순위가 변하기도 한다.[14]

성격 변화는 의도적인 노력에 의해서 나타나기도 한다. 성격의 기본적인 토대는 바꾸기 어렵지만, 성격을 구성하는 인지도식을 바꾸는 것이다. 동서양에서 역사적으로 제시된 인격 수양을 위한 다양한 방법은 모두 이런 원칙에서 만들어졌다. 생활사건을 해석할 때 외부로 향했던 생각을 자기 내면으로 돌려, 자신의 인지구조를 자각하고 상황 적응적으로 바꾸는 것이다.[15] 심리 전문가의 도움을 받을 수도 있는데, 심리치료는 정신분석치료와 인지치료 등 두 종류다. 정신분석치료는 무의식적인 차원의 문제를 분석해서 치료 방법을 찾는데, 실증적인 연구 결과가 부족해 퇴조하는 추세다. 현재는 심리치료라고 하면 인지치료가 대부분이다. 인지치료란 내담자의 인지구조적인 문제를 수정하고 문제행동을 해결해가는 치료법이다.

치료적 접근이 가장 필요한 것은 성격장애인데, 역설적으로 성격장애는 변화가 어렵다. 본인의 성격적인 문제로 대인관계 갈등과 사회적 부적응을 경험하지만 그 원인을 다른 사람의 문제로 전가시키기 때문이다.[16] 성격장애를 가진 사람은 성격 문제보다는 직장생활의 부적응이나 대인관계의 갈등으로 인한 우울증이나 불안증 같은 문제로 병원을 방문하는데, 이때 본인의 고통이 성격 문제라는 것을 자각하면 치료 동기가 발생한다.

주

1 성격유형

1   네이버 뉴스라이브러리: 〈동아일보〉 1970. 3. 12.

2   Wikipedia: Humorism

3   Wikipedia: Four temperaments

4   Robert M. Stelmack · Anastasios Stalikas, *Galen and the humour theory of temperament*, Personality and Individual Differences, 1991;12(3):255~263.

5   노환옥 · 유정희 · 이의주, 〈동양의학의 유형론과 사상의학의 유형원리〉, 인문학연구, 2010;17:249~264.

6   네이버 지식백과 한국민족문화대백과: 사상의학

7   Wikipedia: Ernst Kretschmer

8   Wikipedia: Somatotype and constitutional psychology

9   G. Gerlach · S. Herpertz · S Loeber, *Personality traits and obesity: a systematic review*, Obes Rev, 2015;16(1):32~63.

10 네이버 지식백과 한국민족문화대백과: 관상

11 설혜심, 《서양의 관상학 그 긴 그림자》, 한길사, 2002년, 47면.

12 설혜심, 같은 책, 121~123면.

13 설혜심, 같은 책, 47~48면.

14 토마스 자움 알데호프, 엄양선 옮김, 《왜 나는 항상 욱하는 걸까》, 21세기북스, 2010년, 24~26면.

15 토마스 자음 알데호프, 같은 책, 27면.

16 Wikipedia: Phrenology

17 에이드리언 레인, 이윤호 옮김, 《폭력의 해부》, 흐름출판, 2015년, 33~35면.

18 설혜심, 같은 책, 317면.

19 Ian S. Penton-Voak, Nicholas Pound, Anthony C. Little, David I. Perrett, *Personality judgments from natural and composite facial images: More evidence for a "kernel of truth" in social perception*, Social Cognition, 2006; 24(5):607~640.

20 J. H. Langlois, L. Kalakanis, A. J. Rubenstein, A. Larson, M. Hallam, M. Smoot, *Maxims or myths of beauty? A meta-analytic and theoretical review*, Psychol Bull, 2000;126(3):390~423.

21 Roger Highfield, Richard Wiseman, Rob Jenkins, *How your looks betray your personality*, New Scientist, 14 February 2009.

22 네이버 지식백과 한국민족문화대백과: 수상

23 로버트 T. 캐롤, 한기찬 옮김, 《회의주의자 사전》, 잎파랑, 2007년, 507면.

24 Wikipedia: Palmistry

25 Wikipedia: Palmistry

26 A. Dean, R. M. Sharpe, *Clinical review: Anogenital distance or digit length ratio as measures of fetal androgen exposure: relationship to male reproductive development and its disorders*, J Clin Endocrinol Metab, 2013; 98(6):2230~2238.

27 제롬 케이건, 김병화 옮김, 《성격의 발견》, 시공사, 2011년, 151~152면.

28 Rafael Wlodarski, John Manning, R. I. M. Dunbar, *Stay or stray? Evidence for alternative mating strategy phenotypes in both men and women*, Biology Letters, 2015;11:20140977.

29 설혜심, 같은 책, 72면.

30 Wikipedia: Tetrabiblos, 테트라비블로스

31 Wikipedia: Horoscope

32 설혜심, 같은 책, 72면.

33 설혜심, 같은 책, 136면.

34 Shawn Carlson, *A double-blind test of astrology*, Nature, 1985;318:419~425.

35 네이버 지식백과 두산백과: 명리학

36 김학목, 문화: 〈명리학(命理學), 미신인가 학문인가?-음양오행론과 관계하여〉, 퇴계학논총, 2015;25(0):215~236.

37 Wikipedia: Blood type personality theory

38 Wikipedia: 血液型性格分類

인간의 모든 성격 | 주

39 대한혈액학회, 《혈액학(제2판)》, 범문에듀케이션, 2011년, 662면.

40 류성일·손영우, 〈혈액형 유형학 연구에 대한 개관: 사회문화적, 행동과학적 및 생화
학적 관점에서〉, 한국심리학회지: 사회 및 성격, 2007;21(3):27~55.

41 Wikipedia: 血液型性格分類

42 조소현·서은국·노연정, 〈혈액형별 성격특징에 대한 믿음과 실제 성격과의 관계〉,
한국심리학회지: 사회 및 성격, 2005;19(4):33~47.

43 카를 구스타프 융, A. 야페 편집, 조성기 옮김, 《카를 융, 기억 꿈 사상》, 김영사, 2007
년, 375면.

44 Richard M. Ryckman, 장문선·곽호완·고재홍 외 옮김, 《성격심리학(제10판)》, 박학
사, 2013년, 89면.

45 Richard M. Ryckman, 같은 책, 91면.

46 이부영, 《분석심리학(제3판)》, 일조각, 2011년, 167면.

47 이부영, 같은 책, 173~176면.

48 이부영, 같은 책, 181~186면.

49 이부영, 같은 책, 189~193면.

50 Wikipedia: Enneagram of Personality

51 돈 리처드 리소·러스 허드슨, 주혜명 옮김, 《에니어그램의 지혜》, 한문화, 2012년,
125~129면.

52 돈 리처드 리소·러스 허드슨, 같은 책, 36면.

53 권석만, 《현대 성격심리학》, 학지사, 2015년, 57면.

54 Wikipedia: William Moulton Marston

55 Wikipedia: DISC assessment

56 권석만, 같은 책, 546면.

57 B. R. Forer, *The fallacy of personal validation: A classroom demonstration
of gullibility*, The Journal of Abnormal and Social Psychology, 1949;44(1):
118~123.

58 존 D. 메이어, 김현정 옮김, 《성격, 탁월한 지능의 발견》, 추수밭, 2015년, 59~60면.

59 존 D. 메이어, 같은 책, 60~61면.

2 성격 개념

1 네이버 한자사전: 格

2 국립국어원 표준국어대사전: 인격

3 진교훈, 〈선진유가에서 본 인격의 의미〉, 진교훈 외, 《인격》, 서울대학교출판부, 2007
년, 5면.

4 Wikipedia: 人格(じんかく)

5   이경재, 〈토마스 아퀴나스의 인격 개념〉, 진교훈 외, 같은 책, 82면.

6   Online Etymology Dictionary: man

7   Thomas Hobbes, *Leviathan*, 1651, p. 98~99. In Prepared for the McMaster University Archive of the History of Economic Thought, by Rod Hay.

8   이준호, 〈홉스의 인간론에서 정념과 이성〉, 철학연구, 2007;101:253~272.

9   김선하, 〈로크의 인격론〉, 진교훈 외, 같은 책, 114면.

10   Allen W. Wood, *Kant's Ethical Thought*, Cambridge University Press, 1999, p. 118.

11   Online Etymology Dictionary: personality

12   Wikipedia: キャラクター

13   정창우, 《인성교육의 이해와 실천》, 교육과학사, 2015년, 67~68면.

14   Online Etymology Dictionary: character

15   Patrick R. Frierson, *Character and Evil in Kant's Moral Anthropology*, Journal of the History of Philosophy, 2006;44(4):623~634.

16   박준식, 〈밀의 '성격'(character) 개념의 도덕교육적 함의 : 존 스튜어트 밀(J. S. Mill)의 이론을 중심으로〉, 윤리철학교육, 2010;14:79~91.

17   David A. Varel, Personality Testing in the Thirties and the Problem of the Individual in American "Mass" Society, Essays in History, 2012.(http://www.essaysinhistory.com/articles/2013/179)

18   Christopher Peterson·Martin Seligman, 문용린·김인자·원현주·백수현·안선영 옮김, 《성격 강점과 덕목의 분류》, 한국심리상담연구소, 2009년, 89~90면.

19   German E. Berrios, 김임렬·김용식·장재승 옮김, 《정신 증상의 역사》, 중앙문화사, 2010년, 484면.

20   이승환, 〈주자 수양론에서 성(性)과 성향: 기질변화설의 성품 윤리적 의미〉, 동양철학, 2007;28:139~167.

21   Robert M. Stelmack·Anastasios Stalikas, *Galen and the humour theory of temperament*, Personality and Individual Differences, 1991;12(3):255~263.

22   이한섭, 《일본어에서 온 우리말 사전》, 고려대학교출판부, 2014년, 57면.

23   진관타오·류칭펑, 양일모·송인재·한지은·강중기·이상돈 옮김, 《관념사란 무엇인가 2: 관념의 변천과 용어》, 푸른역사, 2010년, 106면.

24   진관타오·류칭펑, 같은 책, 107~110면.

25   진관타오·류칭펑, 같은 책, 112~113면.

26   김석근, 〈근대한국의 '개인' 개념 수용〉, 하영선 외, 《근대한국의 사회과학개념 형성 사》, 창비, 2009년, 349~351면.

27   이한섭, 같은 책, 57면.

3 성격특질

1 박아청,《성격은 변하지 않는 것인가?》, 교육과학사, 2000년, 12면.

2 Renato D. Alarcón·Edward F. Foulks·Mark Vakkur, *Personality Disorders and Culture: Clinical and Conceptual Interactions*, John Wiley&Sons, 1998, p. 23.

3 Wikipedia: Francis Galton

4 토마스 자움 알데호프, 엄양선 옮김,《왜 나는 항상 욱하는 걸까》, 21세기북스, 2010년, 42면.

5 Wikipedia: Lexical hypothesis

6 Richard M. Ryckman, 장문선·곽호완·고재홍 외 옮김,《성격심리학(제10판)》, 박학사, 2013년, 271면.

7 Wikipedia: Lexical hypothesis

8 Gian Vittorio Caprara·Daniel Cervone, 이한규·김기민 옮김,《성격탐구》, 학지사, 2005년, 72~73면.

9 Richard M. Ryckman, 같은 책, 276면.

10 Wikipedia: Karl Pearson

11 대니얼 네틀, 김상우 옮김,《성격의 탄생》, 와이즈북, 2009년, 41면.

12 이기범·마이클 애쉬튼,《H 팩터의 심리학》, 문예출판사, 2013년, 25면.

13 Wikipedia: Factor analysis

14 Richard M. Ryckman, 같은 책, 316면.

15 Richard M. Ryckman, 같은 책, 323면.

16 Richard M. Ryckman, 같은 책, 360~362면.

17 Wikipedia: Paul Costa Jr., Robert R. McCrae

18 P. T. (Jr.) Costa·R. R. McCrae, *NEO-PI-R·NEO Personality Inventory-Revised*, Hogrefe Ltd. The Test People, Oxford, 1992.

19 권석만,《현대 성격심리학》, 학지사, 2015년, 73면.

20 권석만, 같은 책, 59~60면.

4 성격요인①: 신경성

1 국립국어원 국어어휘역사: 짜증

2 국립국어원 표준국어대사전: 신경(神經)

3 Wikipedia: 神経(しんけい)

4 네이버 뉴스라이브러리:〈동아일보〉1921. 6. 22.

5 네이버 뉴스라이브러리:〈동아일보〉1939. 7. 21.

6   네이버 뉴스라이브러리: 〈동아일보〉 1925. 2. 25.

7   네이버 뉴스라이브러리: 〈동아일보〉 1957. 11. 26.

8   네이버 뉴스라이브러리: 〈동아일보〉 1958. 12. 8.

9   네이버 뉴스라이브러리: 〈경향신문〉 1990. 7. 23.

10   이병담, 《한국 근대 아동의 탄생》, 제이앤씨, 2007년, 129면.

11   Wikipedia: Neurosis

12   Wikipedia: Psychosis

13   장 라플랑슈·장 베르트랑 퐁탈리스, 임진수 옮김, 《정신분석 사전》, 열린책들, 2005
     년, 216면.

14   장 라플랑슈·장 베르트랑 퐁탈리스, 같은 책, 533~534면.

15   이부영, 《분석심리학(제3판)》, 일조각, 2011년, 223면.

16   Diagnostic and Statistical Manual of Mental Disorders(DSM), 1952년.(http://
     www.turkpsikiyatri.org/arsiv/dsm-1952.pdf)

17   스콧 스토셀, 홍한별 옮김, 《나는 불안과 함께 살아간다》, 반비, 2015년, 245면.

18   (사)한국심리학회 홈페이지, 심리학용어사전.

19   Richard M. Ryckman, 장문선·곽호완·고재홍 외 옮김, 《성격심리학(제10판)》, 박학
     사, 2013년, 373~374면.

20   P. T. (Jr.) Costa·R. R. McCrae, *NEO-PI-R·NEO Personality Inventory-Revised*,
     Hogrefe Ltd. The Test People, Oxford, 1992.

21   Wikipedia: Neuroticism

22   대니얼 네틀, 김상우 옮김, 《성격의 탄생》, 와이즈북, 2009년, 30~32면.

23   최태진, 《한국인의 성격 특성 요인》, 한국학술정보, 2005년, 129면.

24   대니얼 네틀, 같은 책, 30~32면·138~139면.

25   대니얼 네틀, 같은 책, 156~157면.

26   대니얼 네틀, 같은 책, 157면.

27   James McKenzie·Mahdad Taghavi-Khonsary·Gary Tindell, *Neuroticism and
     academic achievement: The Furneaux Factor as a measure of academic
     rigour*, Personality and Individual Differences, 2000;29(1), 3~11.

28   Sean Egan·Robert M. Stelmack, *A personality profile of Mount Everest
     climbers*, Personality and Individual Differences, 2003;34(8):1491~1494.

29   Wikipedia: Mount Everest

30   대니얼 네틀, 같은 책, 152면.

31   Richard M. Ryckman, 같은 책, 498~499·507면.

32   Richard M. Ryckman, 같은 책, 494~508면.

33   스콧 스토셀, 같은 책, 217~218면.

34   스콧 스토셀, 같은 책, 24면.

인간의 모든 성격 | 주

1 Richard M. Ryckman, 장문선·곽호완·고재홍 외 옮김,《성격심리학(제10판)》, 박학사, 2013년, 88면.

2 이부영,《분석심리학(제3판)》, 일조각, 2011년, 150~151면.

3 칼 구스타프 융, 정명진 옮김,《칼 융의 심리유형》, 부글북스, 2014년, 278면.

4 칼 구스타프 융, 같은 책, 334~335면.

5 이부영, 같은 책, 155면.

6 이부영, 같은 책, 158면.

7 네이버 뉴스라이브러리:〈동아일보〉1930. 2. 5.~2. 6.

8 Richard M. Ryckman, 같은 책, 360면.

9 Wikipedia: Reticular activating system

10 Richard M. Ryckman, 같은 책, 368~369면.

11 Marianne Miserandino, 정영숙·조옥귀·조현주·장문선 옮김,《최신 연구에 기초한 성격심리학》, 시그마프레스, 2013년, 203면.

12 R. Eric Landrum, *College Students' Use of Caffeine and Its Relationship to Personality*, College Student Journal, 1992;26(2):151~155.

13 Richard M. Ryckman, 같은 책, 372~373면.

14 John B. Campbell·Charles W. Hawley, *Study Habits and Eysenck's Theory of Extraversion-Introversion*, Journal of Research in Personality, 1982;16(2): 139~146.

15 Adrian Furnham·Anna Bradley, *Music while You Work: The Differential Distraction of Background Music on the Cognitive Test Performance of Introverts and Extraverts*, Applied Cognitive Psychology, 1997;11(5):445~455.

16 Richard M. Ryckman, 같은 책, 371~372면.

17 토마스 자움 알데호프, 엄양선 옮김,《왜 나는 항상 욱하는 걸까》, 21세기북스, 2010년, 71~75면.

18 대니얼 네틀, 김상우 옮김,《성격의 탄생》, 와이즈북, 2009년, 30~32면.

19 대니얼 네틀, 같은 책, 106~107면.

20 토마스 자움 알데호프, 같은 책, 76면.

21 William Fleeson·Adriane B. Malanos·Noelle M. Achille, *An Intraindividual Process Approach to the Relationship Between Extraversion and Positive Affect: Is Acting Extraverted as "Good" as Being Extraverted?*, Journal of Personality and Social Psychology, 2002;83(6):1409–1422.

22 대니얼 네틀, 같은 책, 107·114면.

23 Luke D. Smillie·Jan Wacker, *Dopaminergic foundations of personality and*

individual differences, Front Hum Neurosci, 2014;8:Article874.

24 대니얼 네틀, 같은 책, 121면.

25 Donald Cohen·James P. Schmidt, *Ambiversion: Characteristics of Midrange Responders on the Introversion-Extraversion Continuum*, Journal of Personality Assessment, 1979;43(5):514~516.

26 Adam M. Grant, *Rethinking the Extraverted Sales Ideal: The Ambivert Advantage*, Psychological Science, 2013;24(6):1024~1030.

27 Wikipedia: Dale Carnegie

28 Wikipedia: Dale Carnegie

29 톰 버틀러 보던, 이정은 옮김, 《내 인생의 탐나는 자기계발 50》, 흐름출판, 2009년, 35면.

30 수전 케인, 김우열 옮김, 《콰이어트》, 알에이치코리아, 2012년, 46면.

31 David A. Varel, Personality Testing in the Thirties and the Problem of the Individual in American "Mass" Society, Essays in History, 2012.(http://www.essaysinhistory.com/articles/2013/179)

32 수전 케인, 같은 책, 54~55면.

33 수전 케인, 같은 책, 55~56면.

34 이정균, 《정신의학》, 일조각, 1988년, 252면.

35 크리스토퍼 레인, 이문희 옮김, 《만들어진 우울증》, 한겨레출판, 2009년, 143면.

36 크리스토퍼 레인, 같은 책, 139면.

37 크리스토퍼 레인, 같은 책, 158면.

38 Wikipedia: Extraversion and introversion

6 성격요인③: 개방성

1 Lewis R. Goldberg, *What the hell took so long?*, In Patrick E. Shrout·Susan T. Fiske, *Personality Research, Methods, and Theory: A Festschrift Honoring Donald W. Fiske*, Psychology Press, 1995, p. 32.

2 P. T. (Jr.) Costa·R. R. McCrae, *NEO-PI-R·NEO Personality Inventory-Revised*, Hogrefe Ltd. The Test People, Oxford, 1992.

3 대니얼 네틀, 김상우 옮김, 《성격의 탄생》, 와이즈북, 2009년, 216~217면.

4 대니얼 네틀, 같은 책, 215~216면.

5 대니얼 네틀, 같은 책, 30~32면.

6 권석만, 《인간의 긍정적 성품》, 학지사, 2011년, 106면.

7 D. E. Berlyne, *A theory of human curiosity*, British Journal of Psychology, 1954;45(3):180~191.

8　권석만, 같은 책, 99면.

9　권석만, 같은 책, 99면.

10　권석만, 같은 책, 113~117면.

11　대니얼 네틀, 같은 책, 225면.

12　Paul T. Costa·Robert R. McCrae·John L. Holland, *Personality and vocational interests in an adult sample*, Journal of Applied Psychology, 1984;69(3): 390~400.

13　*Whitman's "Song of Myself"*, Online Source: http://www.bibliomania.com

14　권석만, 같은 책, 480~491면.

15　Eric Klinger·W. Miles Cox, *Dimensions of thought flow in everyday life*, Imagination Cognition and Personality, 1987;7(2):105~128.

16　Deborah F. Greenwald·David W. Harder, *Fantasies, Coping Behavior, and Psychopathology*, J Clin Psychol, 1997;53(2):91~97.

17　Wikipedia: Divergent thinking

18　대니얼 네틀, 같은 책, 228면.

19　권석만, 같은 책, 72면.

20　브라이언 리틀, 이창신 옮김,《성격이란 무엇인가》, 김영사, 2015년, 218~219면.

21　브라이언 리틀, 같은 책, 217면.

22　Frank Barron, *An ego-strength scale which predicts response to psychotherapy*, Journal of Consulting Psychology, 1953;17(5):327~333.

7 성격요인④: 원만성

1　E. C. Tupes, R. E. Christal, *Recurrent personality factors based on trait ratings*, J Pers, 1992;60(2):225~251.

2　P. T. (Jr.) Costa·R. R. McCrae, *NEO-PI-R·NEO Personality Inventory-Revised*, Hogrefe Ltd. The Test People, Oxford, 1992.

3　대니얼 네틀, 김상우 옮김,《성격의 탄생》, 와이즈북, 2009년, 30~32면.

4　대니얼 네틀, 같은 책, 187~188면.

5　Wikipedia: Theory of mind

6　대니얼 네틀, 같은 책, 192~193면.

7　Wikipedia: Mirror neuron

8　대니얼 네틀, 같은 책, 203면.

9　S. Baron-Cohen·A. M. Leslie·U. Frith, *Does the autistic child have a "theory of mind"?*, Cognition, 1985;21(1):37~46.

10　조던 스몰러, 오공훈 옮김,《정상과 비정상의 과학》, 시공사, 2015년, 243~244면.

11 Claire Hughes, Alexandra L. Cutting, *Nature, Nurture, and Individual Differences in Early Understanding of Mind*, Psychological Science, 1999; 10(5):429~432.

12 조던 스몰러, 같은 책, 282~283면.

13 Wikipedia: Oxytocin

14 조던 스몰러, 같은 책, 294면.

15 Heon-Jin Lee · Abbe H. Macbeth · Jerome H. Pagani · W. Scott Young 3rd, *Oxytocin: the Great Facilitator of Life*, Prog Neurobiol, 2009; 88(2):127~151.

16 Heather K. Caldwell · Heon-Jin Lee · Abbe H. Macbeth · W. Scott Young 3rd, *Vasopressin: Behavioral Roles of an "Original" Neuropeptide*, Prog Neurobiol, 2008; 84(1):1~24.

17 Hasse Walum · Lars Westberg · Susanne Henningsson · Jenae M. Neiderhiser · David Reiss · Wilmar Igl · Jody M. Ganiban · Erica L. Spotts · Nancy L. Pedersen · Elias Eriksson · Paul Lichtenstein, *Genetic variation in the vasopressin receptor 1a gene(AVPR1A) associates with pair-bonding behavior in humans*, PNAS, 2008; 105(37):14153~14156.

18 B. Ditzen · M. Schaer · B. Gabriel · G. Bodenmann · U. Ehlert · M. Heinrichs, *Intranasal oxytocin increases positive communication and reduces cortisol levels during couple conflict*, Biol Psychiatry, 2009; 65(9):728~731.

19 조던 스몰러, 같은 책, 299면.

20 한나 홈스, 황혜숙 옮김, 《성격》, 교보문고, 2011년, 174면.

21 Jorge Moll · Frank Krueger · Roland Zahn · Matteo Pardini · Ricardo de Oliveira-Souza · Jordan Grafman, *Human fronto-mesolimbic networks guide decisions about charitable donation*, PNAS, 2006; 103(42):15623~15628.

22 Wikipedia: Pathological Altruism

23 듀크 로빈슨, 정영문 옮김, 《착한 사람이 실패하는 9가지 이유》, 창작시대, 2003년, 210~211면.

24 듀크 로빈슨, 같은 책, 213~214면.

25 임지룡, 〈'착하다'의 의미 확장 양상과 의의〉, 언어, 2014; 39(4):971~996.

26 김양진, 〈'착하다'의 어휘사〉, 한국언어문학, 2015; 93:33~54.

27 임지룡, 같은 논문.

28 이병담, 《한국 근대 아동의 탄생》, 제이앤씨, 2007년, 129면.

29 박제홍, 〈니노미야 긴지로(二宮金次郎)를 통한 착한 어린이像 만들기: 국정수신서를 중심으로〉, 일본어문학, 2006; 29:241~261.

30 가토 다이조, 오근영 옮김, 《착한 아이의 비극》, 한울림, 2003년, 12~13면.

31 고미경, 〈한국과 일본 유아의 착한 아이 의미〉, 일본문화연구, 2007; 24:5~27.

인간의 모든 성격 | 주 |

32 최태진, 《한국인의 성격 특성 요인》, 한국학술정보, 2005년, 274~277면.

33 이장희, 〈악〉, 최진석 외, 《21세기의 동양철학》, 을유문화사, 2005년, 379면.

34 유발 하라리, 조현욱 옮김, 《사피엔스》, 김영사, 2015년, 313~315면.

35 애덤 모턴, 변진경 옮김, 《잔혹함에 대하여》, 돌베개, 2015년, 61면.

36 로버트 D. 헤어, 조은경·황정하 옮김, 《진단명: 사이코패스》, 바다출판사, 2005년, 132~133면.

37 애덤 모턴, 같은 책, 193면.

38 Alan Felthous·Henning Sass, *International Handbook on Psychopathic Disorders and the Law(Vol 1)*, John Wiley&Sons, 2008, p. 10~11.

39 M. E. 토머스, 김학영 옮김, 《나, 소시오패스》, 푸른숲, 2014년, 187면.

40 Wikipedia: Julius Ludwig August Koch

41 로버트 D. 헤어, 같은 책, 55~56면.

42 로버트 D. 헤어, 같은 책, 59~60면.

43 S. D. Hart·D. N. Cox·R. D. Hare, *Hare Psychopathy Checklist Screening Version(PCL:SV)*, MHS, 2004.

44 Michael A. Cummings, *The neurobiology of psychopathy: recent developments and new directions in research and treatment*, CNS Spectrums, 2015;20(3): 200~206.

45 Wikipedia: George E. Partridge

46 M. E. 토머스, 같은 책, 18면.

47 M. E. 토머스, 같은 책, 17~22면.

48 Andrea L. Glenn·Alexandria K. Johnson·Adrian Raine, *Antisocial Personality Disorder: A Current Review*, Current Psychiatry Reports, 2013;15:427.

49 Wikipedia: Psychopathy in the workplace

50 C. R. Boddy, *The Corporate Psychopaths Theory of the Global Financial Crisis*, Journal of Business Ethics, 2011;102(2):255~259.

51 Wikipedia: Kevin Dutton

8 성격요인 ⑤ : 성실성

1 김태훈, 〈'성실'의 미덕에 관한 연구〉, 초등도덕교육, 2014;44:93~112.

2 김현수, 〈栗谷 李珥의 禮論과 哲學的 背景: 誠을 중심으로〉, 동양철학연구, 2011; 67:311~339.

3 김태훈, 같은 논문.

4 류형선·지준호, 〈해방 이후 현대 교육의 이상적 인간상 탐색〉, 한국철학논집, 2014; 43:171~202.

5 　김성동 · 윤영돈, 〈머리말〉, 진교훈 외,《양심》, 서울대학교출판문화원, 2012년, 7면.

6 　장승희, 〈맹자의 양심론〉, 진교훈 외, 같은 책, 38면.

7 　박찬구, 〈버틀러의 양심론〉, 진교훈 외, 같은 책, 134면.

8 　진교훈, 〈인간학의 과제로서 양심의 의미〉, 진교훈 외, 같은 책, 18면.

9 　윤영돈, 〈심리학적 관점에서 본 양심 이해: 융의 관점을 중심으로〉, 도덕윤리과교육,
　　2011;34:115~142.

10 　Willam Lyons, *Conscience—An Essay in Moral Psychology*, Philosophy,
　　2009;84(4):477~494.

11 　이부영,《분석심리학(제3판)》, 일조각, 2011년, 351~354면.

12 　박찬구,《개념과 주제로 본 우리들의 윤리학》, 서광사, 2006년, 218~219면.

13 　P. T. (Jr.) Costa · R. R. McCrae, *NEO-PI-R · NEO Personality Inventory-Revised*,
　　Hogrefe Ltd. The Test People, Oxford, 1992.

14 　대니얼 네틀, 김상우 옮김,《성격의 탄생》, 와이즈북, 2009년, 30~32면.

15 　Wikipedia: Iowa gambling task

16 　Wikipedia: Somatic marker hypothesis

17 　대니얼 네틀, 같은 책, 165~166면.

18 　S. Asahi · Y. Okamoto · G. Okada · S. Yamawaki · N. Yokota, *Negative
　　correlation between right prefrontal activity during response inhibition and
　　impulsiveness: a fMRI study*, Eur Arch Psychiatry Clin Neurosci, 2004;254(4):
　　245~251.

19 　Inge-Marie Eigsti · Vivian Zayas · Walter Mischel · Yuichi Shoda · Ozlem
　　Ayduk · Mamta B. Dadlani · Matthew C. Davidson · J. Lawrence Aber · B. J.
　　Casey, *Predicting Cognitive Control From Preschool to Late Adolescence and
　　Young Adulthood*, Psychological Science, 2006;17(6):478~484.

20 　토마스 자움 알데호프, 엄양선 옮김,《왜 나는 항상 욱하는 걸까》, 21세기북스,
　　2010년, 154~155면.

21 　톰 버틀러 보던, 이정은 옮김,《내 인생의 탐나는 자기계발 50》, 흐름출판, 2009년,
　　82면.

22 　네이버 지식백과 두산백과: 완벽귀조(完璧歸趙)

23 　Wikipedia: Perfection

24 　톰 버틀러 보던, 같은 책, 81면.

25 　Gordon L. Flett · Paul L. Hewitt, 박현주 · 이동귀 · 신지은 · 차영은 · 서해나 옮김,
　　《완벽주의 이론 연구 및 치료》, 학지사, 2013년, 22면.

26 　Gordon L. Flett · Paul L. Hewitt, 같은 책, 22~23면.

27 　Gordon L. Flett · Paul L. Hewitt, 같은 책, 60면.

28 　Gordon L. Flett · Paul L. Hewitt, 같은 책, 297~305면.

29 Gordon L. Flett · Paul L. Hewitt, 같은 책, 297~302면.

30 Gordon L. Flett · Paul L. Hewitt, 같은 책, 203~223면.

31 Gordon L. Flett · Paul L. Hewitt, 같은 책, 219면.

32 사이먼 M. 레이험, 이은비 · 이성하 옮김, 《죄라고 부르는 유익한 것들》, 글로벌콘텐츠, 2016년, 144면.

33 이기동, 《논어강설》, 성균관대학교출판부, 2010년, 194~195면.

34 사이먼 M. 레이험, 같은 책, 173~174면.

35 사이먼 M. 레이험, 같은 책, 175면.

36 Robert V. Levine · Stephen Reysen · Ellen Ganz, *The kindness of strangers revisited: a comparison of 24 US cities*, Social Indicators Research, 2008;85(3): 461~481.

37 사이먼 M. 레이험, 같은 책, 181면.

38 Nigel May Barlow, *Re-Think: How to Think Differently*, John Wiley&Sons, 2006, p. 93.

9 인지구조

1   Inge-Marie Eigsti · Vivian Zayas · Walter Mischel · Yuichi Shoda · Ozlem Ayduk · Mamta B. Dadlani · Matthew C. Davidson · J. Lawrence Aber · B. J. Casey, *Predicting Cognitive Control From Preschool to Late Adolescence and Young Adulthood*, Psychological Science, 2006;17(6):478~484.

2   John M. Darley, C. Daniel Batson, *"From Jerusalem to Jericho": A study of situational and dispositional variables in helping behavior*, Journal of Personality and Social Psychology, 1973;27(1):100~108.

3   Gian Vittorio Caprara · Daniel Cervone, *Personality: Determinants, Dynamics, and Potentials*, Cambridge University Press, 2000, p. 45.

4   Gian Vittorio Caprara · Daniel Cervone, 이한규 · 김기민 옮김, 《성격탐구》, 학지사, 2005년, 81면.

5   William H. Cooper · Michael J. Withey, *The Strong Situation Hypothesis*, Pers Soc Psychol Rev, 2009;13(1):62~72.

6   Gian Vittorio Caprara · Daniel Cervone, 이한규 · 김기민 옮김, 같은 책, 74면.

7   William H. Cooper · Michael J. Withey, 같은 논문.

8   Gerald Matthews · Ian J. Deary · Martha C. Whiteman, *Personality Traits*, Cambridge University Press, 2010, p. 54.

9   Gian Vittorio Caprara · Daniel Cervone, *Personality: Determinants, Dynamics, and Potentials*, Cambridge University Press, 2000, p. 106~107.

10 Gian Vittorio Caprara · Daniel Cervone, 이한규 · 김기민 옮김, 같은 책, 150면.

11 Richard M. Ryckman, 장문선 · 곽호완 · 고재홍 외 옮김, 《성격심리학(제10판)》, 박학사, 2013년, 404~405면.

12 Richard M. Ryckman, 같은 책, 416면.

13 Richard M. Ryckman, 같은 책, 574면.

14 Wikipedia: Social learning theory

15 Richard M. Ryckman, 같은 책, 582면.

16 J. B. Rotter, *Generalized expectancies for internal versus external control of reinforcement*, Psychol Monogr, 1966;80(1):1~28.

17 Marianne Miserandino, 정영숙 · 조옥귀 · 조현주 · 장문선 옮김, 《최신 연구에 기초한 성격심리학》, 시그마프레스, 2013년, 313면.

18 Marianne Miserandino, 같은 책, 312~313면.

19 Marianne Miserandino, 같은 책, 317면.

20 Marianne Miserandino, 같은 책, 322면.

21 Lyn Y. Abramson · Martin E. Seligman · John D. Teasdale, *Learned Helplessness in Humans: Critique and Reformulation*, Journal of Abnormal Psychology, 1978;87(1):49~74.

22 Marianne Miserandino, 같은 책, 342면.

23 M. F. Scheier · C. S. Carver · M. W. Bridges, *Distinguishing optimism from neuroticism (and trait anxiety, self-mastery, and self-esteem): a reevaluation of the Life Orientation Test*, Journal of personality and social psychology, 1994;67(6):1063~1078.

24 Wikipedia: Schema (psychology)

25 민경환, 《성격심리학》, 범문사, 2011년, 339~340면.

26 민경환, 같은 책, 340면.

27 Wikipedia: Self-schema

28 Wikipedia: Self-concept

29 Marianne Miserandino, 같은 책, 140~145면.

30 토머스 W. 펠런, 문세원 옮김, 《아이의 자존감 혁명》, 국민출판사, 2012년, 28~29면.

31 Marianne Miserandino, 같은 책, 139면.

32 Marianne Miserandino, 같은 책, 141면.

33 Marianne Miserandino, 같은 책, 153면.

34 Marianne Miserandino, 같은 책, 152~154면.

35 브라이언 리틀, 이창신 옮김, 《성격이란 무엇인가》, 김영사, 2015년, 132면.

36 브라이언 리틀, 같은 책, 114면.

37 Marianne Miserandino, 같은 책, 150면.

인간의 모든 성격 | 주

38 Marianne Miserandino, 같은 책, 151면.

39 권석만, 《현대 성격심리학》, 학지사, 2015년, 552면.

40 Wikipedia: Self-determination theory

41 Richard M. Ryan · Edward L. Deci, *Intrinsic and Extrinsic Motivations: Classic Definitions and New Directions*, Contemporary Educational Psychology, 2000;25(1):54~67.

42 Richard M. Ryan · Edward L. Deci, 같은 논문.

43 Edward L. Deci · Richard M Ryan, *The General Causality Orientation Scale: Self Determination in Personality*, Journal of Research in Personality, 1985;19(2):109~134.

44 Steven J. Haggbloom · Renee Warnick · Jason E. Warnick · Vinessa K. Jones · Gary L. Yarbrough · Tenea M. Russell · Chris M. Borecky · Reagan McGahhey · John L. Powell III · Jamie Beavers · Emmanuelle Monte, *The 100 Most Eminent Psychologists of the 20th Century*, Review of General Psychology, 2002;6(2):139~152.

45 Wikipedia: Bobo doll experiment

46 Wikipedia: Social learning theory

47 Wikipedia: Albert Bandura

48 Albert Bandura, *Self-efficacy: Toward a unifying theory of behavioral change*, Psychological Review, 1977;84(2):191~215.

49 네이버 지식백과: 박상희, 자기효능감, 심리학용어사전, 2014.

50 Urte Scholz · Benicio Gutiérrez Doña · Shonali Sud · Ralf Schwarzer, *Is General Self-Efficacy a Universal Construct?*, European Journal of Psychological Assessment, 2002;18(3):242~251.

51 http://www.ralfschwarzer.de(http://userpage.fu-berlin.de/~health/faq_gse.pdf)

52 Urte Scholz · Benicio Gutiérrez Doña · Shonali Sud · Ralf Schwarzer, 같은 논문.

10 성격 발달

1 조던 스몰러, 오공훈 옮김, 《정상과 비정상의 과학》, 시공사, 2015년, 247면.

2 조던 스몰러, 같은 책, 248면.

3 조던 스몰러, 같은 책, 247면.

4 홍강의, 《소아정신의학》, 학지사, 2014년, 146면.

5 Wikipedia: Heritability

6 Marianne Miserandino, 정영숙 · 조옥귀 · 조현주 · 장문선 옮김, 《최신 연구에 기초한 성격심리학》, 시그마프레스, 2013년, 168면.

7   Marianne Miserandino, 같은 책, 172면.

8   M. H. de Moor, P. T. Costa, A. Terracciano, R. F. Krueger, E. J. de Geus, D. I. Boomsma, *Meta-analysis of genome-wide association studies for personality*, Mol Psychiatry, 2012;17(3):337~349.

9   Marianne Miserandino, 같은 책, 172면.

10   Marianne Miserandino, 같은 책, 172면.

11   대니얼 네틀, 김상우 옮김, 《성격의 탄생》, 와이즈북, 2009년, 247면.

12   대니얼 네틀, 같은 책, 251면.

13   Richard M. Ryckman, 장문선·곽호완·고재홍 외 옮김, 《성격심리학(제10판)》, 박학사, 2013년, 122~123면.

14   대니얼 네틀, 같은 책, 256~257면.

15   네이버 지식백과: 박상희, 기질, 심리학용어사전, 2014.

16   네이버 지식백과: 김근영, 기질, 심리학용어사전, 2014.

17   김영훈, 《두뇌성격이 아이 인생을 결정한다》, 이다미디어, 2013년, 19~28면.

18   제롬 케이건, 김병화 옮김, 《성격의 발견》, 시공사, 2011년, 56~57면.

19   제롬 케이건, 같은 책, 57~58면.

20   조던 스몰러, 같은 책, 88~89면.

21   제롬 케이건, 같은 책, 61면.

22   제롬 케이건, 같은 책, 63~65면.

23   제롬 케이건, 같은 책, 78~79면.

24   제롬 케이건, 같은 책, 79면.

25   조던 스몰러, 같은 책, 92~93면.

26   네이버 지식백과: 김근영, 기질, 심리학용어사전, 2014.

27   조던 스몰러, 같은 책, 83면.

28   김영훈, 같은 책, 57~58면.

29   M. W. DeVries, *Temperament and infant mortality among the Masai of East Africa*, Am J Psychiatry, 1984;141(10):1189~1194.

30   매튜 D. 리버먼, 최호영 옮김, 《사회적 뇌-인류 성공의 비밀》, 시공사, 2015년, 75면.

31   조던 스몰러, 같은 책, 303면.

32   Marianne Miserandino, 같은 책, 264~265면.

33   조던 스몰러, 같은 책, 314~315면.

34   조던 스몰러, 같은 책, 318~319면.

35   조던 스몰러, 같은 책, 164~167면.

36   조던 스몰러, 같은 책, 319면.

37   Marianne Miserandino, 같은 책, 265~266면.

인간의 모든 성격 | 주

1 Marianne Miserandino, 정영숙·조옥귀·조현주·장문선 옮김, 《최신 연구에 기초한 성격심리학》, 시그마프레스, 2013년, 87면.

2 Marianne Miserandino, 같은 책, 87면.

3 최정윤, 《심리검사의 이해(제3판)》, 시그마프레스, 2016년, 209~210면.

4 Wikipedia: Draw-a-Person test

5 Wikipedia: House-Tree-Person test

6 최정윤, 같은 책, 170면.

7 Irving B. Weiner·W. Edward Craighead, *The Corsini Encyclopedia of Psychology, Vol. 4*, John Wiley&Sons, 2010, p. 1550.

8 Richard W. Robins·Jessica L. Tracy·Jeffrey W. Sherman, *What Makes a Personality Psychologist? A Survey of Journal Editors and Editorial Board Members*, In Richard W. Robins·R. Chris Fraley·Robert F. Krueger, *Handbook of Research Methods in Personality Psychology*, The Guilford Press, 2009, p. 673~678.

9 Richard W. Robins·Jessica L. Tracy·Jeffrey W. Sherman, 같은 책, p. 673~678.

10 토마스 자움 알데호프, 엄양선 옮김, 《왜 나는 항상 욱하는 걸까》, 21세기북스, 2010년, 41~42면.

11 Wikipedia: Woodworth Personal Data Sheet

12 김중술, 《다면적 인성검사-MMPI의 임상적 해석》, 서울대학교출판문화원, 2010년, 3면.

13 김중술, 같은 책, 4면.

14 김중술, 같은 책, 5면.

15 김중술, 같은 책, 6면.

16 Wikipedia: Katharine Cook Briggs

17 Wikipedia: Myers-Briggs Type Indicator

18 Wikipedia: Myers-Briggs Type Indicator

19 Wikipedia: Myers-Briggs Type Indicator

20 Wikipedia: Myers-Briggs Type Indicator

21 Wikipedia: Myers-Briggs Type Indicator

22 브라이언 리틀, 이창신 옮김, 《성격이란 무엇인가》, 김영사, 2015년, 48~49면.

23 S. D. Gosling, P. J. Rentfrow, W. B. Swann Jr., *A Very Brief Measure of the Big Five Personality Domains*, Journal of Research in Personality, 2003;37(6): 504~528.

24 Gian Vittorio Caprara·Daniel Cervone, 이한규·김기민 옮김, 《성격탐구》, 학지사,

2005년, 334면.

25 존 D. 메이어, 김현정 옮김, 《성격, 탁월한 지능의 발견》, 추수밭, 2015년, 74~76면.

26 Ian S. Penton - Voak · Nicholas Pound · Anthony C. Little · David I. Perrett,
    *Personality judgments from natural and composite facial images: More
    evidence for a "kernel of truth" in social perception*, Social Cognition, 2006;
    24(5):607~640.

27 Ian S. Penton - Voak · Nicholas Pound · Anthony C. Little · David I. Perrett, 같은
    논문.

28 존 D. 메이어, 같은 책, 87~88면.

29 존 D. 메이어, 같은 책, 15면.

30 http://personalintelligence.info

31 Wikipedia: Self-deception

32 http://personalintelligence.info

12 성격장애

1   American Psychiatric Association(APA), 권준수 외 옮김, 《정신질환의 진단 및 통계
    편람(제5판)》, 학지사, 2015년, 703면.

2   Online Etymology Dictionary: normal

3   조던 스몰러, 오공훈 옮김, 《정상과 비정상의 과학》, 시공사, 2015년, 68면.

4   Wikipedia: Normal distribution

5   하지현, 《정신의학의 탄생》, 해냄, 2016년, 226~227면.

6   Emil Kraepelin, *Lectures on clinical psychiatry*, Hafner Publishing Company,
    1904.

7   International Classification of Diseases(http://www.wolfbane.com/icd/
    index.html)

8   앨런 프랜시스, 김명남 옮김, 《정신병을 만드는 사람들》, 사이언스북스, 2014년, 56면.

9   Shadia Kawa · James Giordano, *A brief historicity of the Diagnostic and
    Statistical Manual of Mental Disorders: Issues and implications for the future
    of psychiatric canon and practice*, Philos Ethics Humanit Med. 2012;7:2.

10 앨런 프랜시스, 같은 책, 108면.

11 하지현, 같은 책, 260면.

12 앨런 프랜시스, 같은 책, 109면.

13 David L. Rosenhan, *On being sane in insane places*, Science, 1973;179(4070):
    250~258.

14 앨런 프랜시스, 같은 책, 113~116면.

15 Marc-Antoine Crocq, *Milestones in the history of personality disorders*, Dialogues Clin Neurosci, 2013;15(2):147~153.

16 Marc-Antoine Crocq, 같은 논문.

17 The Committee on Nomenclature and Statistics of the American Psychiatric Association, *Diagnostic and Statistical Manual of Mental Disorders*, 1952.

18 The Committee on Nomenclature and Statistics of the American Psychiatric Association, *DSM-Ⅱ Diagnostic and Statistical Manual of Mental Disorders*, 1968.

19 A. Frances, *The DSM-III personality disorders section: a commentary*, Am J Psychiatry, 1980;137(9):1050~1054.

20 최은경·하지현, 〈DSM-5 인격장애에 정신분석적 개념의 진입 시도〉, 정신분석, 2013; 24(2):102~110.

21 APA, 같은 책, 705면.

22 APA, 같은 책, 708~711면.

23 W. J. Livesley·M. West·A. Tanney, *Historical comment on DSM-III schizoid and avoidant personality disorders*, Am J Psychiatry, 1985;142(11):1344~1347.

24 APA, 같은 책, 712~715면.

25 D. R. Rosell·S. E. Futterman·A. McMaster·L. J. Siever, *Schizotypal personality disorder: a current review*, Current Psychiatry Reports, 2014;16(7):452.

26 Thomas R. Kwapil·Neus Barrantes-Vidal, *Schizotypy: Looking Back and Moving Forward*, Schizophr Bull, 2015;41(suppl 2):S366~S373.

27 APA, 같은 책, 715~719면.

28 APA, 같은 책, 719~723면.

29 Wikipedia: Borderline personality disorder

30 APA, 같은 책, 726~727면.

31 Wikipedia: Histrionic personality disorder

32 APA, 같은 책, 727~730면.

33 Wikipedia: Narcissistic personality disorder

34 APA, 같은 책, 730~734면.

35 A. Frances, 같은 논문.

36 APA, 같은 책, 734~737면.

37 APA, 같은 책, 737~740면.

38 K. L. Disney, *Dependent personality disorder: a critical review*, Clin Psychol Rev, 2013;33(8):1184~1196.

39 Wikipedia: Obsessive-compulsive personality disorder

40 S. Balaratnasingam·A. Janca, *Normal personality, personality disorder and*

psychosis: current views and future perspectives, Curr Opin Psychiatry, 2015;28(1):30~34.

13 성격강점

1 조던 스몰러, 오공훈 옮김,《정상과 비정상의 과학》, 시공사, 2015년, 519면.
2 권석만,《인간의 긍정적 성품》, 학지사, 2011년, 24면.
3 Richard M. Ryckman, 장문선·곽호완·고재홍 외 옮김,《성격심리학(제10판)》, 박학사, 2013년, 284~285면.
4 박아청,《성격은 변하지 않는 것인가?》, 교육과학사, 2000년, 237~241면.
5 권석만, 같은 책, 60~61면.
6 Christopher Peterson·Martin Seligman, 문용린·김인자·원현주·백수현·안선영 옮김,《성격 강점과 덕목의 분류》, 한국심리상담연구소, 2009년, 62~63면.
7 Christopher Peterson·Martin Seligman, 같은 책, 72면.
8 네이버 지식백과: 이혜경, 호연지기, 맹자《맹자》(해제), 서울대학교 철학사상연구소, 2004.
9 Christopher Peterson·Martin Seligman, 같은 책, 69면.
10 Christopher Peterson·Martin Seligman, 같은 책, 70면.
11 권석만, 같은 책, 315면.
12 Christopher Peterson·Martin Seligman, 같은 책, 71~72면.
13 Christopher Peterson·Martin Seligman, 같은 책, 74~75면.
14 Christopher Peterson·Martin Seligman, 같은 책, 35면.
15 정창우,《인성교육의 이해와 실천》, 교육과학사, 2015년, 230~231면.
16 정창우, 같은 책, 96~97면.
17 박혜경, 〈인성교육진흥법의 내용과 쟁점 논의〉, 교육법학연구, 2015;27(3):77~100.
18 박혜경, 같은 논문.
19 정창우, 같은 책, 99~102면.
20 추병완,《도덕교육의 이해》, 인간사랑, 2011년, 283면.

14 성격 변화

1 B. W. Roberts·W. F. DelVecchio, *The rank-order consistency of personality traits from childhood to old age: a quantitative review of longitudinal studies*, Psychol Bull, 2000;126(1):3~25.
2 권석만,《현대 성격심리학》, 학지사, 2015년, 720~721면.
3 권석만, 같은 책, 721면.

4   Christopher J. Soto · Oliver P. John · Samuel D. Gosling · Jeff Potter, *Age differences in personality traits from 10 to 65: Big Five domains and facets in a large cross-sectional sample*, Journal of Personality and Social Psychology, 2011;100(2):330~348.

5   B. W. Roberts · K. E. Walton · W. Viechtbauer, *Patterns of mean-level change in personality traits across the life course: a meta-analysis of longitudinal studies*, Psychol Bull, 2006;132(1):1~25.

6   B. W. Roberts · K. E. Walton · W. Viechtbauer, 같은 논문.

7   권석만, 같은 책, 712면.

8   Jule Specht · Boris Egloff · Stefan C. Schmukle, *Stability and Change of Personality Across the Life Course: The Impact of Age and Major Life Events on Mean-Level and Rank-Order Stability of the Big Five*, Journal of Personality and Social Psychology, 2011;101(4):862~882.

9   권석만, 같은 책, 722면.

10   권석만, 같은 책, 724면.

11   박신원 · 정현석 · 류인균, 〈뇌과학분야 기능적 연결체학의 발전: 외상후스트레스장애를 중심으로〉, 생물정신의학, 2015;22(3):101~108.

12   권석만, 같은 책, 728면.

13   전상원 · 한창수 · 최준호 · 백종우 · 배치운 · 채정호, 〈외상후 성장의 개념과 신경생물학〉, 대한정신약물학회지, 2015;26(1):1~9.

14   권석만, 같은 책, 729~730면.

15   권석만, 같은 책, 733~734면.

16   권석만, 같은 책, 741~742면.